丛书编委会

主编 思 美

编委（以姓氏笔画为序）

于爱军　石惠文　付西猛　成　奇
成　虎　刘海生　孙有进　李中臣
吴成刚　赵冬冰　段廉洁　费清天
徐心悦　徐志华　徐建伟　徐森林
黄达鹏　章青海　梁　乐　梁海英
彭　泽　满　涛　颜胤豪

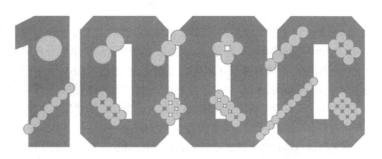

初中数学千题解

主编 思 美

全等与几何综合

主编 成 虎 梁海英

中国科学技术大学出版社

内容简介

《初中数学千题解》是"思美数学"团队为初中学生与数学教师量身打造的精品丛书. 本分册由"全等 100 题"和"几何综合 100 题"两部分组成. 前者注重培养学生对几何图形的分析与模型化能力,选取数十个经典模型. 后者将题型分为 6 类(不含压轴大题,"以小见大"):不定项选择、经典反比例、求路径长度、求面积、求极值、求值. 书中题目都有详解,并设"思路点拨"栏目,使学生不仅知其然,更知其所以然. 此外, 本书还着重介绍了选择题、填空题的解题技巧, 如"12345"模型、"一线三等角"的构造及相关计算技巧、"瓜豆原理"等.

书中题目精选自全国各地知名中学的经典考题,具有很高的实战价值,同时兼顾重点高中的自主招生考试,个别习题难度较大,适合尖子生研习.

图书在版编目(CIP)数据

全等与几何综合/成虎,梁海英主编.—合肥:中国科学技术大学出版社,2018.7(2023.10 重印)

(初中数学千题解)

ISBN 978-7-312-04502-8

Ⅰ. 全⋯　Ⅱ. ① 成⋯ ② 梁⋯　Ⅲ. 中学数学课—初中—题解—升学参考资料　Ⅳ. G634.605

中国版本图书馆 CIP 数据核字(2018)第 141914 号

出版	中国科学技术大学出版社
	安徽省合肥市金寨路 96 号,230026
	http://press.ustc.edu.cn
	https://zgkxjsdxcbs.tmall.com
印刷	安徽国文彩印有限公司
发行	中国科学技术大学出版社
开本	787 mm×1092 mm　1/16
印张	18.75
字数	378 千
版次	2018 年 7 月第 1 版
印次	2023 年 10 月第 10 次印刷
印数	39001—43000 册
定价	48.00 元

总　　序

相遇,是多么动人的词语.茫茫人海中,我们因数学而相识,因数学而结缘.

2017年5月,我被邀请加入"浙江思美数学"微信群,里面汇聚了来自全国各地的近500位数学精英,有大咖,有职业教练,有一线数学教师,也有狂热的业余爱好者.虽然与他们未曾谋面,也与他们有着不同的背景和学历,我却特别感动,因为他们有诚挚的心,以及发自内心的对数学的痴迷和执着的追求,怀揣原创初中数学题的梦想,踏上了兢兢业业研发高端品牌教辅的创作之路.

数学之缘让一切等待不再是等待,因为这些数学爱好者选择了数学研究,一生因数学而生.他们大多数来自一线,从事过多年的数学教育培训,了解学生对数学知识的需求,掌握初中数学命题的规律,善于抓住数学教学中的重点,并巧妙攻克疑难问题.他们针对一线教学中遇到的问题,进行系统总结,摸索出一套解题方法,以题与解的形式呈现给读者.丛书定名为《初中数学千题解》,共分6册:《全等与几何综合》《反比例与最值问题》《二次函数与相似》《一次函数与四边形》《代数综合与圆》《中考压轴题》.丛书拒绝目前一些教辅图书粗制滥造的编写模式,每个题目都经过编者的精心研究,抓住中考数学难题的考查方向,以专题的形式深度剖析解题过程,从不同的角度给学生全程全方位的辅导,希望能够帮助学生从实践运用中找到突破口,寻找问题本质,发散数学思维,提升解题技能.书中的题目解法别致,精彩美妙,令人不禁感叹"高手在民间",相信它一定会给读者一种茅塞顿开之感,帮助读者从中领略到数学之美.

值此新书发行之际,我想对《初中数学千题解》说:"遇见你是广大读者的缘.祝贺浙江思美数学团队!希望你们为数学教育做出更大的努力和贡献."

2018年6月

前　言

当手指在键盘上敲下最后一个字符时,天空已泛起了微白.历经一年时间,《初中数学千题解》第1册《全等与几何综合》终于尘埃落定.《初中数学千题解》是"浙江思美数学"团队呕心沥血之作.多少个日夜的坚守,从不间断的钻研,缘于一份执着——坚持原创,精心打磨作品.这个团队里有一线老师,也有业余数学爱好者,虽然身份不同、地域不同,但他们无不怀着超强的爱心和社会责任心,力求打造高端品牌教辅图书,以使其成为学生学好数学的助推器.

本书分为4个部分,由全等100题和几何综合100题及其解析组成,紧扣课程标准,突出重点,注重启发引导、抽丝剥茧,提升学生的构思能力和解题能力.本书解析细致,推理严谨,经过思路点拨,一定会让学生面对数学问题豁然开朗.

本书也特别适合作为初中生中考数学、自主招生考试数学学科的教学辅导书.书中各章节知识点经过精心打磨,直剖问题本质,不仅破解了各类疑难问题,同时引导设问,循循善诱,使读者面对各类疑难问题能够寻根究底.

我们希望这本书可以带给广大初中学子成功的体验,帮助大家领略"波澜壮阔之势,运筹帷幄之能,对称和谐之美,茅塞顿开之境".我们特别感谢中国科学技术大学苏淳教授对晚辈们的鼓励与支持,也非常感谢参与教研的广大数学题友,欢迎读者朋友加入QQ群731330929讨论交流.书中错误在所难免,望广大读者批评指正!

编　者

2018年5月

目　　录

总序　　　　　　　　　　　　　　　　　　　　　　　　Ⅰ

前言　　　　　　　　　　　　　　　　　　　　　　　　Ⅲ

第一部分　全等100题　　　　　　　　　　　　　　　　001

第二部分　全等100题解析　　　　　　　　　　　　　　053

第三部分　几何综合100题　　　　　　　　　　　　　　143

第四部分　几何综合100题解析　　　　　　　　　　　　195

第一部分　全等100题

1. 如图1.1所示,在 Rt△ABC 中,∠ACB = 90°,∠A = 30°,BD 是∠ABC 的角平分线,DE⊥AB 于点 E.

(1) 如图(a)所示,连接 EC,求证:△EBC 为正三角形.

(2) 如图(b)所示,点 M 是线段 CD 上一点(与点 C、D 不重合),以 BM 为一边,在 BM 的下方作∠BMG = 60°,MG 交 DE 的延长线于点 G,求证:AD = DM + DG.

(3) 如图(c)所示,点 M 是线段 AD 上的一点(与点 A、D 不重合),以 BM 为一边,在 BM 的下方作∠BMG = 60°,MG 交 DE 的延长线于点 G,探究 DM、DG 和 AD 之间的数量关系,并说明理由.

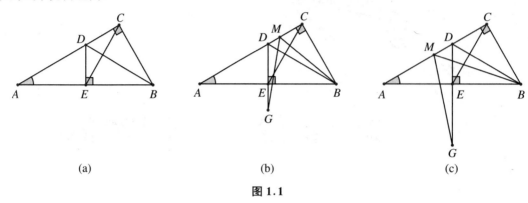

(a)　　　　　　(b)　　　　　　(c)

图 1.1

2. 如图1.2所示,在△ABC 中,AB = AC,BD⊥AC 于点 D,点 E 为线段 AD 上一点,点 F 为线段 BD 上一点,满足 CE = BF,且 BE 平分∠ABD.

求证:∠EBC = ∠BEF = 45°.

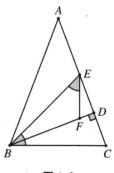

图 1.2

3. 如图 1.3 所示,在菱形 ABCD 中,∠BAD = 60°,M 为对角线 AC 上异于 A、C 的一点,以 AM 为边,作等边△AMN,线段 MN 与 AD 交于点 G,连接 NC、DM,Q 为线段 NC 的中点,连接 DQ、MQ.

求证:(1) DM = 2DQ;(2) DQ⊥MQ.

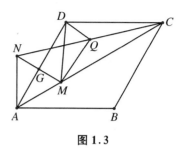

图 1.3

4. 如图 1.4 所示,在凸四边形 ABCD 中,AB>AD,AC 平分∠BAD,过点 C 作 CE⊥AB 于点 E,并且 $AE = \dfrac{1}{2}(AB + AD)$.

求证:∠ABC 与∠ADC 互补.

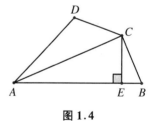

图 1.4

5. 如图 1.5 所示,在等腰 Rt△ABC 中,∠ACB = 90°,点 E 是 AC 上一点,连接 BE,点 D 是线段 BE 延长线上一点,过点 A 作 AF⊥BD 于点 F,连接 CD、CF.

当 AF = DF 时,求证:DC = BC.

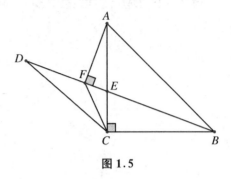

图 1.5

6. 如图 1.6 所示,在等腰 Rt△ABC 中,AD 为斜边上的中线,以 D 为端点任作两条互相垂直的射线与两腰相交于点 E、F,连接 EF 与 AD 相交于点 G.

求证:∠AED = ∠AGF.

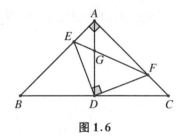

图 1.6

7. 如图1.7所示，AD 是 $\triangle ABC$ 的中线，点 E、F 分别在 AB、AC 上，且 $DE \perp DF$。求证：$BE + CF > EF$。

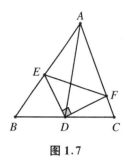

图1.7

8. 如图1.8所示，已知正方形 $ABCD$，点 E 为边 AB 上异于点 A、B 的一动点，$EF \parallel AC$，交 BC 于点 F，点 G 为 DA 延长线上一定点，满足 $AG = AD$，GE 的延长线与 DF 交于点 H，连接 BH。

探究：$\angle EHB$ 是否为定值？如果是定值，请说明理由，并求出该定值；如果不是定值，请说明理由。

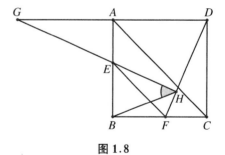

图1.8

9. 如图 1.9 所示，在 Rt△ABC 中，∠ACB = 90°，点 D 是线段 AC 上一点，BC = CD，过点 A 作 AE⊥BD 交 BD 的延长线于点 E．

(1) 如图(a)所示，若 BC = 3，AE = $\sqrt{2}$，求 AB．

(2) 如图(b)所示，点 F 是 AB 的中点，连接 FC、FE，探究 CF、EF 的位置关系与数量关系．

(3) 如图(c)所示，在满足(2)的条件下，EF 与 AC 交于点 H，若 AD = BD，求 $\dfrac{CH}{AE}$．

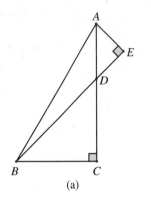 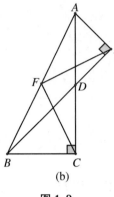 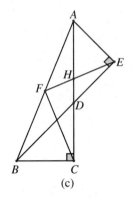

(a)　　　　　　(b)　　　　　　(c)

图 1.9

10. 如图 1.10 所示，已知矩形 ABCD 中，点 E 为 AB 上一点，连接 CE，在 CE 上找一点 F，连接 AF，使得∠FAC = ∠ECB，且∠DCA = ∠DAF．

求证：CF = 2EB．

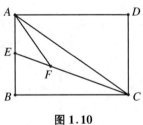

图 1.10

11. 如图1.11所示,点 E 是正方形 $ABCD$ 边 CD 上一动点,BE 的垂直平分线交对角线 AC 于点 G,垂足为点 H,连接 BG,并延长交 AD 于点 F,连接 EF. 若 $AC=\sqrt{2}\,a$,探究：$\triangle DFE$ 的周长 L 是否为定值？如果是定值,求出这个值；如果不是,请说明理由.

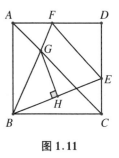

图1.11

12. 如图1.12所示,AD 为 $\triangle ABC$ 的角平分线,直线 $MN \perp AD$ 于点 A,点 E 为 MN 上一动点,且不与点 A 重合. 若 $\triangle ABC$ 的周长记为 P_A,$\triangle EBC$ 的周长记为 P_B,探究 P_A、P_B 的大小关系.

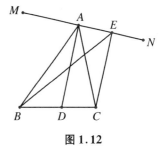

图1.12

13. 如图1.13所示,在△ABC中,∠BAC=120°,AD为中线,将AD绕点A顺时针旋转120°得到AE,点F为AC上一点,连接BF,∠ABE=∠AFB.若AF=6,BE=7,求CF.

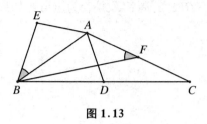

图 1.13

14. 如图1.14所示,在△ABC中,AD平分∠BAC,DG垂直平分BC于点G,DE⊥AB于点E,连接DC.若AB=a,AC=b(a>b),求BE(用含有a、b的代数式表示).

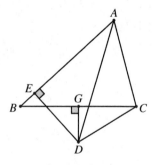

图 1.14

15. 如图 1.15 所示,在等腰 Rt△ABC 中,∠ACB = 90°,点 D、E 是斜边 AB(不包括点 A、B)上的两点,且∠DCE = 45°.

求证:$DE^2 = AD^2 + BE^2$.

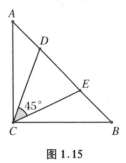

图 1.15

16. 如图 1.16 所示,在△ABD 中,∠ABD = 60°,点 C 为△ABD 外部一点,满足 AB = AC,连接 DC、BC,DE⊥AD 交 BC 于点 E,且 DE 平分∠BDC,若 $\dfrac{AB}{BD} = n(n>1)$,求 $\dfrac{S_{\triangle BDE}}{S_{\triangle CDE}}$.

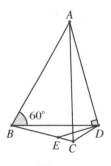

图 1.16

17. 如图 1.17 所示，在等腰 Rt△ABC 中，∠BAC = 90°，点 E 在 Rt△ABC 外部，连接 BE，以 BE 为直角边作等腰 Rt△BED，连接 AD、AE，点 H 是 AE 的中点，过点 C 作 CF∥AD，过点 D 作 DF∥AC，两线交于点 F，连接 AF，点 G 是 AF 的四等分点.

求证：$HG \perp AF$.

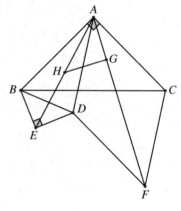

图 1.17

18. 如图 1.18 所示，在等腰 Rt△ABC 中，∠BAC = 90°，点 D 是 △ABC 内一点，且 ∠DAC = ∠DCA = 15°. 若 $BD = \sqrt{2}a$，求 $S_{\triangle ABC}$.

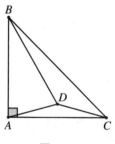

图 1.18

19. 如图1.19所示,在△ABC中,∠ABC = 45°,AD⊥BC 于点D,点E在AD上,CD = DE,连接BE并延长交AC于点F,延长FD到点G,连接BG.

若FG = BG,求证:BG⊥FG.

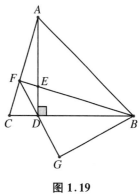

图1.19

20. 如图1.20所示,在矩形ABCD中,点O为AC的中点,AO = AE = CF.若OE = $4\sqrt{2}$,OF = 6,求AE.

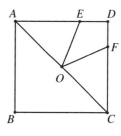

图1.20

21. 如图 1.21 所示,在△ABC 中,点 P 为 BC 上一动点,且不与点 B、C 重合,AP⊥BE 于点 E,AP⊥CD 于点 D,点 F 为 BC 的中点.

求证:EF = DF.

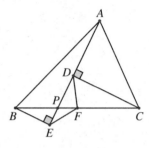

图 1.21

22. 如图 1.22 所示,菱形 ABCD 是由两个正三角形拼成的,点 P 是△ABD 内任意一点,现把△BPD 绕点 B 旋转到△BQC 的位置.

(1) 若四边形 BPDQ 是平行四边形,求∠BPD.

(2) 若△PQD 是等腰直角三角形,求∠BPD.

(3) 若∠APB = 100°,且△PQD 是等腰三角形,求∠BPD.

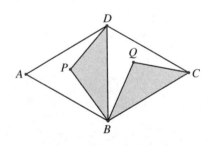

图 1.22

23. 如图 1.23 所示,$AB = AC$,$\angle ABC = \beta$,$EC = ED$,$\angle CED = 2\beta$,点 P 为 BD 的中点,连接 AE、PE. 当 $\beta = 60°$ 时,求 $\dfrac{AE}{PE}$.

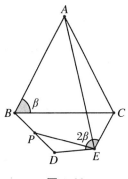

图 1.23

24. 如图 1.24 所示,在等边 $\triangle ABC$ 中,点 F 在 AC 的延长线上,点 D 在 BC 上,延长 BF 与射线 DA 交于点 E,连接 EC,且 $AF + CD = AD$,$DE = 15$,$AF = 4$.

求:(1) $\angle BEC$;(2) $\dfrac{S_{\triangle AEC}}{S_{\triangle AEB}}$;(3) $S_{\triangle BEC}$.

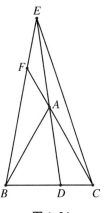

图 1.24

25. 如图 1.25 所示，在四边形 ABCD 中，∠ABC = ∠ADC = 90°，以 AD、AB 为邻边作平行四边形 ABED，连接 BD，且 ∠ADB = 45°，连接 EC.

(1) 求证：△ABC 为等腰直角三角形.
(2) 求证：点 C 为 △BED 的垂心.
(3) 若 $BD = 6\sqrt{2}$，且以线段 AC、BD、CE 为边构造的三角形的面积为 12，求 CE.

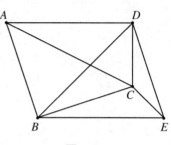

图 1.25

26. 如图 1.26 所示，在 △ABC 中，AB = a，AC = b，分别以 AB、AC 为边作正方形 ABED、ACGF，连接 BD，点 H、I 分别是 BD、BC 的中点，连接 HI. 若 HI = c，求 △ABC 的面积.

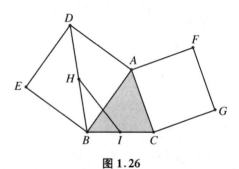

图 1.26

27. 如图1.27所示,在等腰 Rt△ABC 中,∠BAC = 90°,在等腰 Rt△EFC 中,∠FEC = 90°,连接 AE、BF,点 M 为 AE 的中点,点 N 为 BF 的中点.探究 AE 与 MN 的位置关系和数量关系.

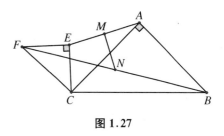

图1.27

28. 如图1.28所示,点 P 为正方形 ABCD 的边 BC 上一点,DH⊥AP,点 E 为 AP 上一点,AH = EH,∠CDE 的平分线交 AP 的延长线于点 F,连接 BF,求 $\dfrac{DF + BF}{AF}$.

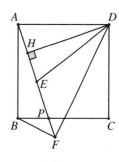

图1.28

29. 如图1.29所示,在等边△ABC内,点P为任意一点,连接AP、BP、CP.

(1) 求证:以AP、BP、CP为边,一定能构成一个三角形.

(2) 若∠APB = 110°,∠BPC = 135°,求以边AP、BP、CP所构成的三角形的三个内角的值.

(3) 若∠APB = 110°,问∠BPC为何值时,以边AP、BP、CP所构成的三角形为直角三角形?

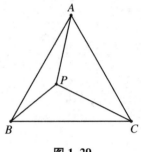

图1.29

30. 如图1.30所示,在四边形ABDE中,点C是BD的中点,BD = DE = 8,AB = 2,∠ACE = 135°,求AE的最大值.

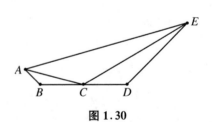

图1.30

31. 如图1.31所示，△ABF、△ADE都是等边三角形，BE与DF交于点C，连接AC.

(1) 如图(a)所示，求证：AC平分∠BCD.

(2) 如图(b)所示，当∠EAF = 30°时，连接EF，EF⊥FA于点F，连接BD交AE于点G，若EG = 3，求EF.

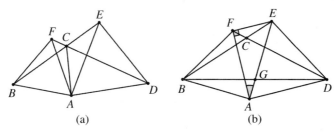

图1.31

32. 在等腰Rt△ABC中，AB = AC，如图1.32所示.

(1) 如图(a)所示，点P是线段BC上的一点，BM⊥AP于点M，CN⊥AP于点N，线段BM、MN、CN之间的数量关系为_____.

(2) 如图(b)所示，点P是线段AC上的一点，AM⊥BP于点M，CN⊥BP于点N，线段BM、MN、CN之间的数量关系为_____.

(3) 如图(c)所示，点P是线段AC延长线上的一点，其他条件不变，线段BM、MN、CN之间的数量关系为_____.

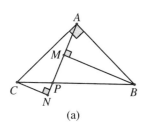 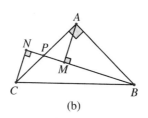 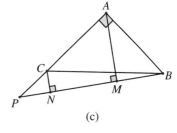

图1.32

33. (1) 如图 1.33(a) 所示，$OA = 3$，$OB = 6$，以点 A 为顶点在第四象限作等腰 Rt△ABC，则点 C 的坐标为_____．

(2) 如图 1.33(b) 所示，在(1)的基础上，在第四象限是否存在一点 P，使得 △PBA ≌ △CAB？若存在，求点 P 的坐标；若不存在，说明理由．_____．

(3) 如图 1.33(c) 所示，Q 为 y 轴负半轴上一个动点，当点 Q 沿着 y 轴负半轴向下运动时，以 Q 为顶点，作等腰 Rt△AQD，过点 D 作 $DE \perp x$ 轴于点 E，则 $OQ - DE =$ _____．

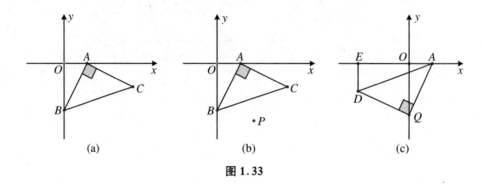

图 1.33

34. 如图 1.34 所示，在等腰 Rt△BCD 中，$\angle CBD = 90°$，点 A 在 Rt△BCD 的外部，使得 $\angle BAC = 45°$．若 $S_{\triangle ACD} = 4.5$，求 AC．

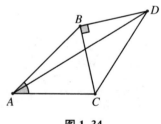

图 1.34

35. 如图1.35所示,在等腰 Rt△ABC 中,∠BAC = 90°,CE 平分∠ACB 交 AB 于点 E.

(1) 如图(a)所示,若点 D 在斜边 BC 上,DM 垂直平分 BE,垂足为点 M. 求证:BD = AE.

(2) 如图(b)所示,过点 B 作 BF⊥CE 交 CE 的延长线于点 F,若 BF = 2,求 $S_{\triangle BEC}$.

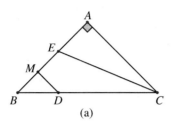 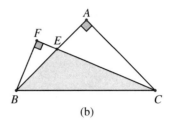

图 1.35

36. 如图1.36所示,在等腰 Rt△ABC 中,BC = AB,点 A 在 x 轴负半轴上,直角顶点 B 在 y 轴上,点 C 在 x 轴上方.

(1) 如图(a)所示,若点 A 的坐标是(−3,0),点 B 的坐标是(0,1),求点 C 的坐标.

(2) 如图(b)所示,过点 C 作 CD⊥y 轴于点 D,探究 OA、OD、CD 之间的等量关系.

(3) 如图(c)所示,若 x 轴恰好平分∠BAC,BC 与 x 轴交于点 E,过点 C 作 CF⊥x 轴于点 F,点 B 的坐标是(0,−1),求 $S_{\triangle ABE}$ 和 $S_{\triangle AEC}$.

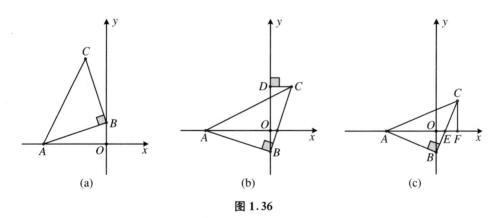

图 1.36

37. 如图 1.37 所示,在梯形 ABCD 中,AB // DC,BC = BD,∠ADB = 2∠ACB,AB = 19,AD = 25,求 BD.

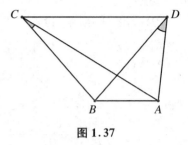

图 1.37

38. (1) 如图 1.38(a)所示,在平面直角坐标系 xOy 中,直线 AB 与 x 轴交于点 A,与 y 轴交于点 B,且 ∠ABO = 45°,A(−6,0),直线 BC 与直线 AB 关于 y 轴对称,求 $S_{\triangle ABC}$.

(2) 如图 1.38(b)所示,点 D 为 OA 延长线上一动点,以 BD 为直角边,点 D 为直角顶点,作等腰 Rt△BDE,连接 AE. ∠ABO = 45°,求证:AB ⊥ AE.

(3) 如图 1.38(c)所示,点 E 是 y 轴正半轴上一点,且 ∠OAE = 30°,AF 平分 ∠OAE,点 M 是射线 AF 上一动点,点 N 是线段 AO 上一动点,是否存在这样的点 M、N,使得 OM + MN 取得最小值?若存在,求其最小值;若不存在,请说明理由.

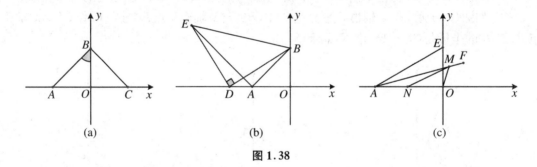

图 1.38

39. 如图1.39所示,在等腰 Rt△ABC 中,∠BAC = 90°,CD 是 AB 边上的中线,BE 是 AC 边上的中线,BE⊥AF 于点 G,AF 交 BC 于点 F,连接 EF 交 CD 于点 H.

求证:(1) $EF \perp CD$;(2) $S_{\triangle ABC} = 6 S_{\triangle EFC}$.

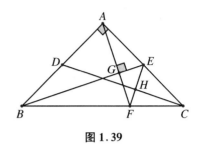

图 1.39

40. 如图1.40所示,点 A 的坐标为 (6,0),点 B 为 y 轴负半轴上的一个动点,分别以 OB、AB 为直角边在第三、第四象限作等腰 Rt△OBE、等腰 Rt△ABF,连接 EF 交 y 轴于点 P.当点 B 在 y 轴上移动时,求证:PB 为定值.

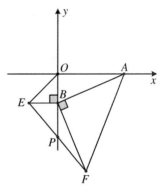

图 1.40

41. 如图 1.41 所示,在等腰 Rt△ABC 中,∠ACB = 90°,点 D 为 CB 的延长线上一点,AE = AD,且 AE⊥AD,BE 与 AC 的延长线交于点 P.

(1) 求证:BP = PE.

(2) 若 AC = 3PC,求 $\dfrac{DB}{BC}$.

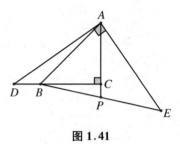

图 1.41

42. 如图 1.42 所示,在△ABC 内,∠BAC = 60°,∠ACB = 40°,点 P、Q 分别在 BC、CA 上,并且 AP、BQ 分别为∠BAC、∠ABC 的平分线.

求证:BQ + AQ = AB + BP.

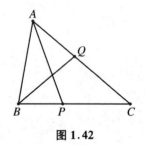

图 1.42

43. 如图1.43所示,已知△ABC,点 D 为 CA 延长线上的一点,AP 平分∠BAD,点 E 为 BC 的中点,PE⊥BC,PH⊥CD.

求证:AB = AH + HC.

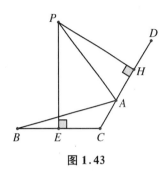

图 1.43

44. 如图1.44所示,点 M 为正△ABD 的边 AB 所在射线 AE 上的任意一点(点 B 除外),作∠DMN = 60°,射线 MN 与∠DBE 的平分线交于点 N,DM 与 MN 有怎样的数量关系?

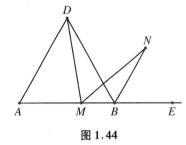

图 1.44

45. 如图1.45所示,已知等腰 Rt△ABC,点 D 为线段 AB 外一点(点 D、C 在 AB 同侧),BD⊥AD.

求证:$AD = BD + \sqrt{2}CD$.

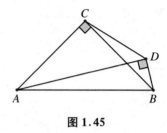

图 1.45

46. 如图1.46所示,△ABC 与 △CDE 均为等边三角形,点 B、C、E 在同一直线上,AE、BD 交于点 G,AC 交 BD 于点 M,CD 交 AE 于点 N,连接 CG.

(1) 若 $AB = 2, CE = 5$,求 AE.

(2) 求证:$GE = CG + DG$.

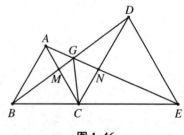

图 1.46

47. 在 Rt△ABC 中,∠BAC = 90°,以 AC 为边向外作△ACD,点 F 为 BC 上一点,连接 AF,如图 1.47 所示.

(1) 如图(a)所示,若∠ACD = 90°,∠CAD = 30°,CD = 1,AB = BF = 2,求 FC.

(2) 如图(b)所示,若 AB = AC,延长 DC 交 AF 的延长线于点 H,且∠AHD = 90°,∠BCH = ∠CAD,连接 BD 交 AF 于点 M.求证:CD = 2MH.

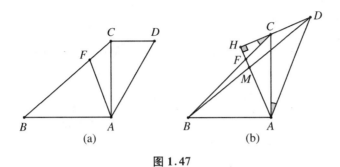

图 1.47

48. 如图 1.48 所示,在等腰△ABC 中,AC = BC,点 D 是 AB 边上一点,连接 DC,满足 DA = DC.

(1) 如图(a)所示,点 G 在 AB 边上且 BG = CG,若∠ACB = 80°,求∠GCD.

(2) 如图(b)所示,点 E 在 BC 边上且 DE = DB,点 F 和点 H 分别为 AB 和 EC 的中点,连接 FH.求证:CD = FH + DF.

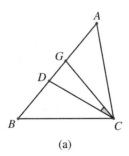 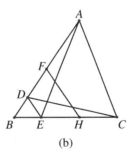

图 1.48

49. 如图 1.49 所示,在 △ABC 中,分别以 AB、BC 为边在 △ABC 外作等边三角形,连接 CD、AE 交于点 P,AB 与 CD 相交于点 O.

(1) 如图(a)所示,若 $AC=6$,$BC=8$,$\angle ACB=30°$,求 CD.

(2) 如图(b)所示,连接 PB,求证:$AP+PB+PC=AE$.

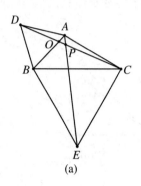
(a)

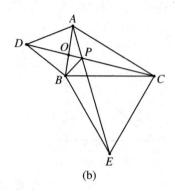
(b)

图 1.49

50. 如图 1.50 所示,已知 $BE \perp AE$ 于点 E,$\angle ABC = \angle CBE$,$CF \perp AE$ 于点 F,延长 CF 至点 G,点 D 是 △ABC 的边 BC 上一点,使得 $GD=AD$,且满足 $\angle G = \angle DAB$,连接 DE、DF.

求证:$DE=DF$.

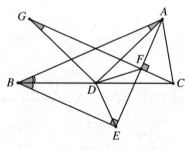

图 1.50

51. 如图 1.51 所示，在△ABC 中，AB = AC，∠ABC = 30°，点 H 为 BC 的中点．

(1) 如图(a)所示，过点 H 作 HG⊥AB 于点 G，点 P 在 HG 的延长线上，连接 PB，在线段 PB 上取一点 N，连接 CN 交 HP 于点 K，若 PN = NK，求 ∠PBG − ∠NCB．

(2) 如图(b)所示，在(1)的条件下，连接 PC，若 HC = $4\sqrt{3}$，求 $S_{\triangle PCK}$．

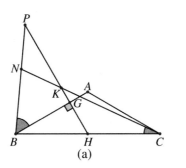
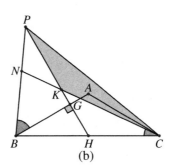

图 1.51

52. 如图 1.52 所示，在等边△ABC 中，CE 平分∠ACB，点 D 为 BC 边上一动点（与点 B、C 不重合），满足 DE = CD，连接 BE．

(1) 如图(a)所示，若 CE = 4，BC = $6\sqrt{3}$，求 BE．

(2) 如图(b)所示，取 BE 的中点 P，连接 AP、PD、AD，探究线段 AP 与 PD 的位置与数量关系．

(3) 如图(c)所示，把图(b)中的△CDE 绕点 C 顺时针旋转任意角度，然后连接 BE，点 P 为 BE 的中点，连接 AP、PD、AD，问(2)中的结论还成立吗？若成立，请证明；若不成立，请说明理由．

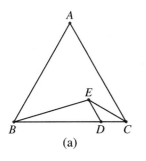
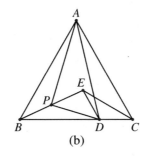
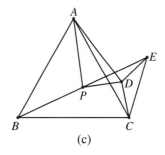

图 1.52

53. 如图 1.53 所示,在菱形 ABCD 中,∠ADC = 120°,点 E 是 AC 上一点,过点 E 作 EG⊥AC,过点 A 作 AG⊥AB,AG 与 EG 交于点 G,过点 G 作 GH⊥AD 于点 H,取 BG 的中点 F,连接 FH、FE.求证:EF = FH.

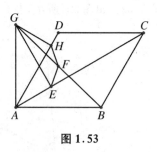

图 1.53

54. 如图 1.54 所示,AD 是△ABC 的角平分线.

(1) 如图(a)所示,过点 C 作 CE∥AD 交 BA 延长线于点 E,若点 F 为 CE 的中点,连接 AF.求证:AF⊥AD.

(2) 如图(b)所示,点 M 为 BC 的中点,过点 M 作 MN∥AD 交 AC 于点 N,若 AB = 4,AC = 7,求 NC.

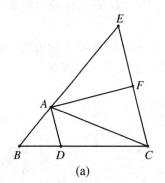
(a)

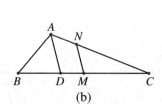
(b)

图 1.54

55. 如图1.55所示,在△ABC和△ADE中,AB=AC,AD=AE,∠BAC=∠DAE,点B、A、D在同一条直线上,连接BE、CD,点F、P分别为BE、CD的中点,连接AF、AP、PF.
求证:(1) BE=CD;(2) △APF是等腰三角形.

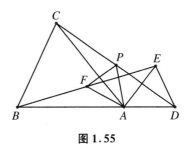

图1.55

56. 如图1.56(a)所示,点P、Q分别是边长为4 cm的等边△ABC边AB、BC上的动点,点P从顶点A、点Q从顶点B同时出发,分别沿边AB、BC运动,设运动时间为t s,且它们的速度都为1 cm/s.

(1) 连接AQ、CP交于点M,则在点P、Q运动的过程中,∠CMQ的大小是否变化?若变化,请说明理由;若不变,求其值.

(2) 当t取何值时,△PBQ为直角三角形?

(3) 如图(b)所示,若点P、Q在运动到终点后继续在射线AB、BC上运动,直线AQ、CP交于点M,则∠CMA的大小是否变化?若变化,请说明理由;若不变,求其值.

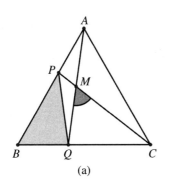
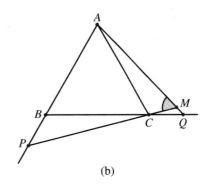

图1.56

57. 如图 1.57 所示,四边形 ABCD 中,∠ACB = 90°,∠ADC = 45°,AC > BC,AC、BD 交于点 E,2∠ADB = ∠DBC.若 BD = 7,AB = 5,求 CE.

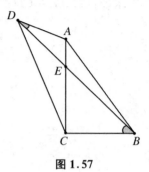

图 1.57

58. 在 △ABC 中,CD⊥AB 于点 D,∠A = 2∠BCD,如图 1.58 所示.

(1) 如图(a)所示,求证:AB = AC.

(2) 如图(b)所示,点 E 是 AB 上一点,点 F 是 AC 延长线上一点,连接 CE、BF,满足 CE = BF.求证:∠BEC = ∠CFB.

(3) 如图(c)所示,在(2)的条件下,作 EG // BC 交 AC 于点 G,若 ∠CBF = 2∠ACE,EG = 2,BC = 6,求 BF.

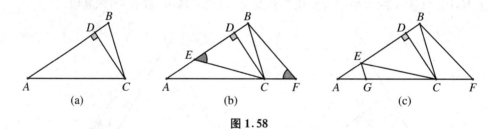

图 1.58

59. 如图1.59所示,在△ABC中,AB = AC,延长BC到点D,使BD = 2BC,连接AD,过点C作CE⊥BD交AD于点E,连接BE交AC于点O.

求证:(1) $\angle CAD = \angle ABE$;(2) $OA = OC$.

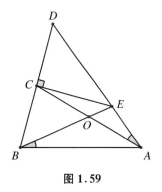

图1.59

60. 如图1.60所示,在△ABC中,$\angle ABC = 45°$,点D在边AB上,点E在边BC上,且AE⊥CD.若AE = CD,CE = 2,求$S_{\triangle CDE}$.

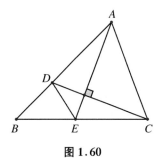

图1.60

61. 如图1.61所示,在等边△ABC中,点D、E分别是边BC、AC上的点,且AE=CD,AD与BE相交于点F,CF⊥BE.

求证:(1) BE=AD;(2) BF=2AF.

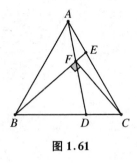

图1.61

62. 如图1.62所示,点C是线段DE上一点,△ABC是等边三角形,DA∥BE,∠D=30°. 若$AD=\sqrt{3}CE, BE=6$,求CD.

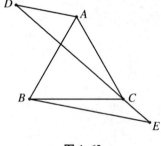

图1.62

63. 如图 1.63 所示,在△ABC 中,点 D、E 分别为边 BC、AC 上的点,AB = BD = AE,点 F 在边 AB 上,连接 EF 交 AD 于点 G,$\angle AGF = 2\angle C = 60°$,$AG = 2\sqrt{3}$,求 GD.

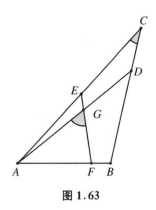

图 1.63

64. 如图 1.64 所示,已知△ACE,以 AC、CE 为边作等边△ABC、△CED($\angle ACE < 120°$),点 P 与点 M 分别是线段 BE 和 AD 的中点.

求证:△CPM 是等边三角形.

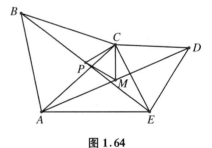

图 1.64

65. 如图 1.65 所示,已知△ABC,分别以 AC、BC 为斜边作等腰 Rt△AEC 与等腰 Rt△BCD,点 P 为 AB 的中点,连接 PE、PD,探究 PE 和 PD 的关系.

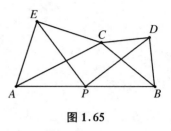

图 1.65

66. 如图 1.66 所示,在四边形 ABCD 中,对角线 $AC \perp BD$ 于点 O,$AO = BO = 4$,$CO = 8$,$\angle ADB = 2\angle ACB$,求 S_{ABCD}.

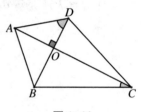

图 1.66

67. 如图 1.67 所示,已知正方形 ABCD 和正方形 EBGF,点 M 是线段 DF 的中点,BE 与 AB 之间的夹角为 α(α<90°).探究 ME 与 MC 之间的数量关系和位置关系.

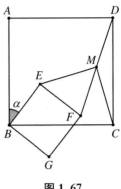

图 1.67

68. 如图 1.68 所示,在 Rt△ABC 中,∠BAC = 90°,AD⊥BC 于点 D,点 E 为 Rt△ABC 外部一点,连接 AE、ED,满足 $AE = AB = 2\sqrt{7}$,∠C = ∠E,AD = 2DE,求 $S_{\triangle AED}$.

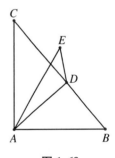

图 1.68

69. 已知四边形 $ABCD$ 与四边形 $CGEF$ 是正方形,如图 1.69 所示.

(1) 如图(a)所示,点 B、C、F 在同一条直线上,点 M 是线段 AE 的中点,DM 的延长线交 EF 于点 N,连接 FM.求证:$DM = FM$.

(2) 如图(b)所示,点 B、C、E 在同一条直线上,点 M 是线段 AE 的中点,DM 的延长线交 CE 的延长线于点 N,连接 FM.求证:$DM = FM$.

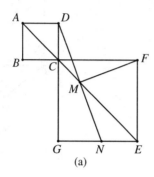 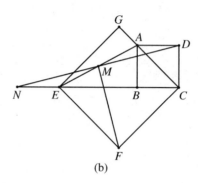

图 1.69

70. 如图 1.70 所示,在四边形 $ABCD$ 中,$AB = BD$,$AC = AD$,$\angle ABC + \angle ACD = 180°$.若 $BC = 4$,$AC = 6\sqrt{7}$,求 $\dfrac{S_{\triangle ABC}}{S_{\triangle ABD}}$.

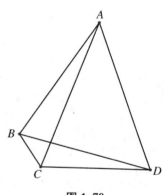

图 1.70

71. 如图1.71所示,已知△ABC、△CED、△EKH 都是等边三角形,且点 A、D、K 共线,AD = DK.

求证:△BDH 为等边三角形.

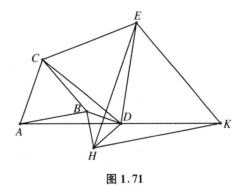

图 1.71

72. 如图1.72所示,在等腰 Rt△ABC 中,∠ACB = 90°,点 F 是 AC 的中点,过点 A 作 AD⊥BD 于点 D,连接 CD,过点 C 作 CE⊥CD 交 BD 于点 E,连接 AE,求 $\dfrac{S_{\triangle ABE}}{S_{\triangle ABC}}$.

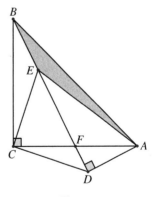

图 1.72

73. 如图 1.73 所示,在△ABC 中,点 D 在 AC 上,DF⊥BC 于点 F,点 E 在 CB 的延长线上,且满足∠A + ∠E = ∠C,DE = AB.

求证:BE = 2FC.

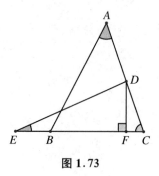

图 1.73

74. 如图 1.74 所示,在△ABC 中,∠ABC = 90°,点 D 是 BC 的中点,以 BD 为边作等边△BDE,连接 AE,过点 A 作 AF⊥BE,点 G 是 AC 的中点,连接 GF、GE.

求证:FG = GE.

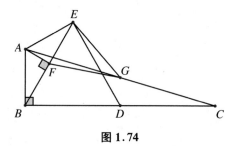

图 1.74

75. 如图1.75所示,在△ABC中,已知$AB=AC$,$\angle BAC=90°$,$BC=8$ cm,$CM\perp BC$,动点D从点C开始沿射线CB方向以2 cm/s的速度运动,动点E也同时从点C在直线CM上以1 cm/s的速度运动,连接AD、AE.设运动时间为t s.

(1) 当t为何值时,$S_{\triangle ABD}=10$ cm^2?

(2) 当t为何值时,△ABD≌△ACE?

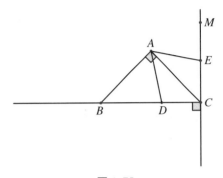

图 1.75

76. 如图1.76所示,在边长为6的正方形$ABCD$中,点E是BC上一点,点F是AB上一点,点F关于直线DE的对称点G恰好在BC的延长线上,FG交DE于点H,点M为AD的中点,若$MH=\sqrt{17}$,求EG.

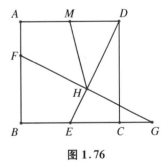

图 1.76

77. 如图1.77所示,在△ABM中,∠ABM=45°,AM⊥BM 于点M,点C是BM延长线上一点,连接AC,点D是线段AM上一点,MD=MC,点E是△ABC外一点,EC=AC,连接ED并延长交BC于点F,且点F是线段BC的中点.求证:∠BDF=∠CEF.

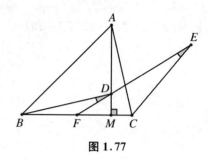

图1.77

78. 如图1.78所示,在△ABC中,∠ACB=90°,点D在边AB上,DE⊥BC于点E,且DE=BC,点F在边AC上,连接BF交DE于点G.若∠DBF=45°,DG=5,BE=3,求CF.

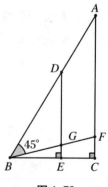

图1.78

79. 如图1.79所示,在△ABC中,∠ABC = 45°,CD⊥AB 于点D,点 G 为DC 上一点,且 AD = DG,连接 BG 并延长交AC 于点E,过点 B 作BF⊥ED 交ED 延长线于点F.

(1) 若∠GBC = 30°,DB = $2\sqrt{2}$,求△GBC 的面积.

(2) 求证:AC + GE = $\sqrt{2}$BF.

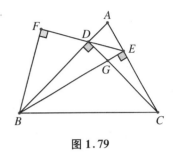

图 1.79

80. 如图1.80所示,已知等腰Rt△ABC,∠ABC = 90°,点 D 在AB 边上(不与点 A、B 重合),以 CD 为腰作等腰 Rt△CDE,∠DCE = 90°.

(1) 如图(a)所示,作 EF⊥BC 于点F.求证:△DBC≌△CFE.

(2) 在图(a)中,连接 AE 交BC 于点M,求$\dfrac{AD}{BM}$.

(3) 如图(b)所示,过点 E 作 EH⊥CE 交CB 的延长线于点H,过点 D 作 DG⊥DC 交 AC 于点G,连接 GH.当点 D 在边 AB 上运动时,探究线段 HE、HG 和 DG 之间的数量关系,并说明理由.

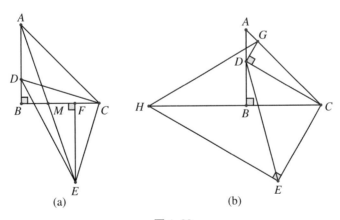

图 1.80

81. 如图1.81所示,在等边△ABC中,∠BDC=120°,DC=GD,AG交CD的延长线于点E.

求证:AE=EG.

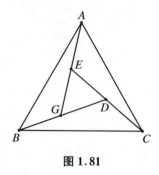

图1.81

82. 如图1.82所示,在Rt△ABC中∠ABC=90°,在Rt△DBE中∠DBE=90°,AB=DB,∠BAC=∠BDE,连接AE,与BD交于点F,点F恰好是AE的中点.

求证:CD=2BF.

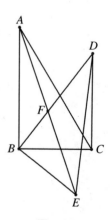

图1.82

83. 如图 1.83(a)所示,在 Rt△ABC 中,∠ABC = 90°,D、E 分别为斜边 AC 上两点,且 AD = AB,CE = CB,连接 BD、BE.

(1) 求∠EBD.

(2) 如图 1.83(b)所示,过点 D 作 FD⊥BD,交 BE 的延长线于点 F,在 AB 上选取一点 H,使得 BH = BC,连接 CH,在 AC 上选取一点 G,使 GD = CD,连接 FH、FG.

求证:FH = FG.

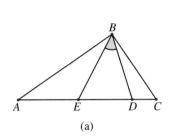
(a)

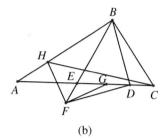
(b)

图 1.83

84. 如图 1.84 所示,在菱形 ABCD 中,∠BAD = 60°,点 M 为对角线 BD 延长线上一点,连接 AM、CM,点 E 为 CM 上一点,且满足 BC = CE,连接 BE 交 CD 于点 F.

求证:AM = CF + DM.

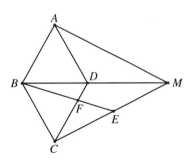

图 1.84

85. 如图 1.85 所示,在 △ABC 中,点 D 在边 BC 的延长线上,点 E 是边 AB 的中点,连接 DE, DE = AC,且 ∠B = ∠A + ∠D, EF ⊥ BC,连接 CE. 若 EF = 3BF, $S_{\triangle BEC} = \dfrac{1}{2}$,求 ∠A 和 AC.

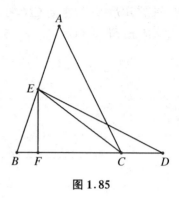

图 1.85

86. 如图 1.86 所示,已知 △ABC 和 △DEB 都是等腰直角三角形,∠BAC = ∠EDB = 90°,且 C、D、E 三点共线, EC 交 AB 于点 H. 求证: ∠EAH = 2∠HCB.

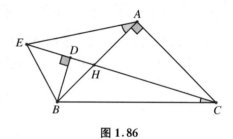

图 1.86

87. 如图 1.87 所示,已知点 D 为 $\triangle ABC$ 的边 BC 上一点,连接 AD, $\angle B + \angle BAC = 90° + \dfrac{1}{2}\angle CAD$.

(1) 如图(a)所示,求证:$AC = AD$.

(2) 如图(b)所示,过点 C 作 $CE \parallel AB$,连接 AE、DE,若 $\angle DAE = 2\angle B$,$\angle ACE = 45°$,求 $\angle EDC$.

(3) 如图(c)所示,在(2)的条件下,过点 A 作 AF 平分 $\angle CAD$ 交 DE 于点 F,若 $EF = 3DF$,$S_{\triangle ACD} = 12$,求 AC.

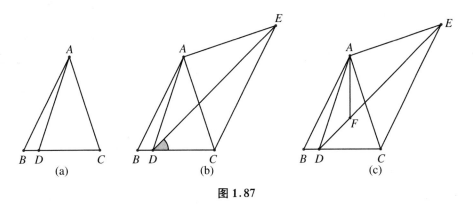

图 1.87

88. 如图 1.88 所示,在等腰 $\text{Rt}\triangle ABC$ 中,$\angle ACB = 90°$,点 D 是 AC 边上一点,$\angle CBD = 30°$,点 E 是 BD 边上一点,且 $CE = \dfrac{1}{2}AB$.

(1) 如图(a)所示,若 $AB = 2\sqrt{2}$,求 $S_{\triangle BCE}$.

(2) 如图(b)所示,过点 E 作 $EQ \perp BD$ 交 BC 于点 Q. 求证:$AC = \dfrac{1}{2}BD + 2EQ$.

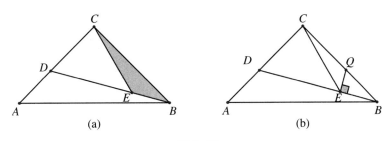

图 1.88

89. 如图 1.89 所示,在正方形 $ABCD$ 的外部有一点 P,以 AD 为斜边作 $Rt\triangle PAD$,点 O 为 AC 的中点,连接 PO 交 AD 于点 E,若 $PD:DE=7:5$,$PO=7\sqrt{2}$,求 $S_{\triangle OAP}$.

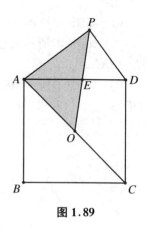

图 1.89

90. 如图 1.90 所示,已知等腰 $Rt\triangle ABC$,$\angle ACB=90°$,以 BC 为边向外作等边 $\triangle CBD$,连接 AD,过点 C 作 $\angle ACB$ 的角平分线与 AD 交于点 E,连接 BE.

(1) 若 $AE=4$,求 CE.

(2) 以 AB 为边向下作 $\triangle AFB$,$\angle AFB=60°$,连接 FE,若 $FA+FB=4\sqrt{3}$,求 EF.

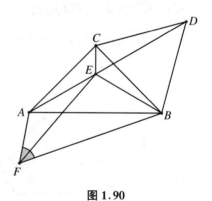

图 1.90

91. 如图 1.91 所示,在 Rt△ABC 中,点 F 为 AC 上一点,CF = AB,点 E 为 Rt△ABC 内一点,连接 EF、CE、BF,$\angle ACB = 2\angle EFC$,$\angle ACB + \angle ECF = 90°$,$CE = 2$,$BC = 3$,求 AF.

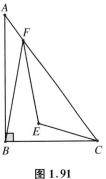

图 1.91

92. 如图 1.92 所示,在矩形 ABCD 中,BE 平分 $\angle ABC$ 交 AD 于点 E,点 F 为 BE 上一点,连接 DF,过点 F 作 $FG \perp DF$ 交 BC 于点 G,连接 BD 交 FG 于点 H. 若 $FD = FG$,$BF = 3\sqrt{2}$,$BG = 4$,求 GC.

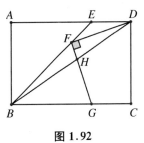

图 1.92

93. 如图1.93所示,在等边△ABC中,点D在边AB上,点E在CB的延长线上.已知CD=ED,点M是CD的中点,$AM=2\sqrt{2}$,求AE.

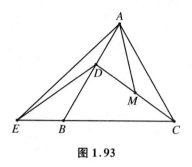

图1.93

94. 如图1.94所示,在△ABC中,∠C=30°,∠ABC=90°,点D、E分别为AB、AC上的点,BD=CE,点F为AC的中点,连接DF,点G为FD的中点,连接AG、BE.

(1) 如图(a)所示,求证:BE=2AG.

(2) 如图(b)所示,延长AG交BE于点M,过点F作FN∥BE交AM于点N,若GN=1,EM=2,求BM.

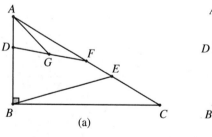

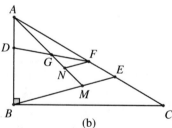

(a) (b)

图1.94

95. 如图1.95所示,已知△ABC为等边三角形,$AC=2\sqrt{3}$,点D为线段AB上异于点A、B的一动点,连接CD,射线$AM \parallel BC$,点E是AM上一动点,始终满足$DE=CD$,连接CE.求△DEC周长L的最小值.

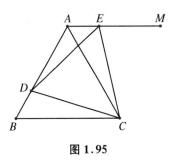

图1.95

96. 如图1.96所示,在矩形ABCD中,$AB=15$,$AD=24$,点E是线段BC上一点,点F是CD的延长线上一点,且AE平分∠BAF,$AE=AF$.求DF.

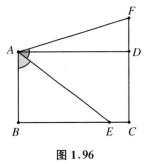

图1.96

97. 如图 1.97 所示,在正方形 $ABCD$ 中,点 G 为 CB 的延长线上一点,连接 AG,过点 G 作 $GE \perp AG$ 交 $\angle BCD$ 外角平分线于点 E,EC 交 AD 的延长线于点 F,AC 为对角线.

(1) 如图 (a) 所示,① 求证 $AG = GE$,② 求 $\dfrac{AC+CE}{CG}$.

(2) 如图 (b) 所示,延长 DC 交 AE 的延长线于点 K,连接 GK,当点 G 在线段 AB 左侧沿着 CB 方向运动时,$\dfrac{BG+GK}{DK}$ 的值是否为定值?若是,求其值;若不是,请说明理由.

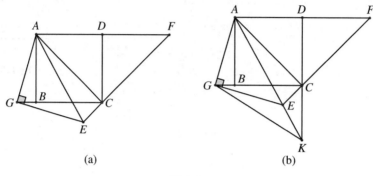

(a)　　　　(b)

图 1.97

98. 如图 1.98 所示,在等腰 $\triangle ABC$ 中,$AB = AC$,$\angle BAC = 120°$,$\triangle CDE$ 为等边三角形,连接 BE,取其中点 P,连接 AP、DP、AD,求 $\angle ADP$.

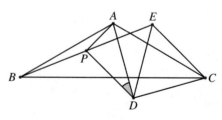

图 1.98

99. 如图1.99所示,在 Rt△ABC 中,∠A = 90°,点 F 为 Rt△ABC 的内心,CF 交 AB 于点 E,BF 交 AC 于点 D.

(1) 求证:$S_{BCDE} = 2S_{\triangle BCF}$.

(2) 若 $CF = \dfrac{7}{2}$,$S_{BCDE} = 14$,求 BC.

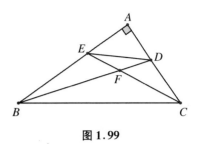

图 1.99

100. 如图1.100所示,在 Rt△ABC 中,AB = AC,AH⊥BC 于点 H,过点 C 作 CD⊥AC,连接 AD,点 M 为 AC 上一点,且 AM = CD,连接 BM 交 AH 于点 N,交 AD 于点 E.若点 E 为 AD 的中点,求 $\dfrac{AD}{BN}$.

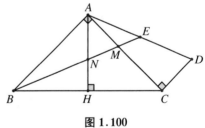

图 1.100

第二部分　全等100题解析

1. 证 (1) ∵ $\angle ACB = 90°$,$\angle A = 30°$,如图 2.1 所示,

∴ $\angle ABC = 60°$,$BC = \dfrac{1}{2}AB$.

∵ BD 平分 $\angle ABC$,

∴ $\angle 1 = \angle DBA = \angle A = 30°$,

∴ $DA = DB$.

∵ $DE \perp AB$ 于点 E,

∴ $AE = BE = \dfrac{1}{2}AB$,

∴ $BC = BE$,

∴ $\triangle EBC$ 是正三角形.

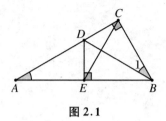

图 2.1

(2) 结论:$AD = DG + DM$.

延长 ED 至点 W,使得 $DW = DM$,连接 MW,如图 2.2 所示.

∵ $\angle ACB = 90°$,$\angle A = 30°$,BD 是 $\angle ABC$ 的角平分线,$DE \perp AB$ 于点 E,

∴ $\angle ADE = \angle BDE = 60°$,$AD = BD$.

又 $DM = DW$,

∴ $\triangle WMD$ 是等边三角形,

∴ $MW = DM$.

∵ $\angle WMG = \angle WMD + \angle DMG = 60° + \angle DMG$,

$\angle DMB = \angle BMG + \angle DMG = 60° + \angle DMG$,

∴ $\angle WMG = \angle DMB$.

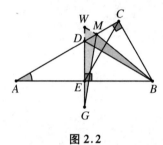

图 2.2

∵ $\begin{cases} \angle W = \angle MDB = 60° \\ MW = DM \\ \angle WMG = \angle DMB \end{cases}$

∴ $\triangle WGM \cong \triangle DBM$(ASA),

∴ $BD = WG = DG + DW = DG + DM$,

∴ $AD = DG + DM$.

(3) 结论:$DG = AD + DM$.

延长 BD 至点 H,使得 $DH = DM$,连接 HM,如图 2.3 所示.

∵ $\angle CDB = \angle HDM = 60°$,

∴ $\triangle MDH$ 是等边三角形,

∴ $MH = MD$,$\angle MHB = \angle MDG = 60°$.

∵ $\angle HMB = \angle HMD + \angle BMD = 60° + \angle BMD$,

$\angle DMG = \angle BMG + \angle BMD = 60° + \angle BMD$,

∴ $\angle HMB = \angle DMG$.

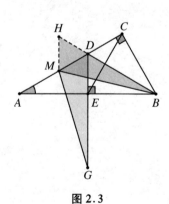

图 2.3

$$\because \begin{cases} \angle MHB = \angle MDG, \\ MH = MD, \\ \angle HMB = \angle DMG, \end{cases}$$

$\therefore \triangle MHB \cong \triangle MDG(ASA)$,

$\therefore HB = DG$.

$\because HB = HD + DB = MD + AD$,

$\therefore DG = MD + AD$.

思路点拨

此题主要考查了等边三角形的判定与性质以及全等三角形的判定与性质,根据已知作出正确辅助线是解题的关键.

2. **证** 设 $\angle ABE = \angle DBE = \alpha$,$\angle DBC = \beta$,如图 2.4 所示.

$\therefore \angle ABC = \angle ACB = 2\alpha + \beta$,$\angle A = 90° - 2\alpha$,

$\therefore 2(2\alpha + \beta) + (90° - 2\alpha) = 180°$,

$\therefore \alpha + \beta = 45°$,

$\therefore \angle EBC = 45°$.

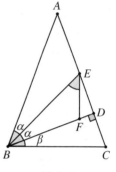

图 2.4

作 $EG \parallel BC$ 交 AB 于点 G,如图 2.5 所示,

$\therefore \angle GEB = \angle EBC$,

又四边形 $GBCE$ 为等腰梯形,

$\therefore BG = CE = BF$.

$\because \begin{cases} BG = BF, \\ \angle GBE = \angle FBE, \\ BE = BE, \end{cases}$

$\therefore \triangle GBE \cong \triangle FBE(SAS)$,

$\therefore \angle GEB = \angle FEB$,

$\therefore \angle EBC = \angle BEF = 45°$.

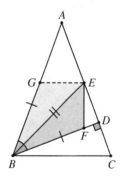

图 2.5

思路点拨

本题是角平分线模型.先通过导角可得 $\angle EBC = 45°$,接下来利用角平分线模型证明 $\triangle GBE \cong \triangle FBE$,再由平行线条件可得 $\angle EBC = \angle BEF = 45°$.

3. **证** (1) 延长 CD 至点 P,使得 $DP = DC$,连接 PA、PN,如图 2.6 所示.

$\because \angle PDA = 60°$,$DP = DC = AD$,

$\therefore \triangle PDA$ 为等边三角形,

$\therefore PA = DA$,$\angle PAD = 60°$,

$\therefore \angle PAN + \angle NAD = 60°$,$\angle DAM + \angle NAD = 60°$,

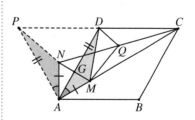

图 2.6

∴ ∠PAN = ∠DAM.

∵ $\begin{cases} PA = DA, \\ \angle PAN = \angle DAM, \\ AN = AM, \end{cases}$

∴ △PAN ≌ △DAM(SAS),

∴ PN = DM, ∠APN = ∠ADM.

∵ PD = DC, NQ = CQ,

∴ DQ 为 △CPN 的中位线,

∴ $DQ = \frac{1}{2}PN = \frac{1}{2}DM$, DQ // PN,

∴ DM = 2DQ.

(2) ∵ DQ // PN,

∴ ∠NPD = ∠QDC.

∵ ∠APN + ∠NPD = 60°, ∠APN = ∠ADM, 如图 2.7 所示,

∴ ∠ADM + ∠QDC = 60°,

∴ ∠MDQ = 120° − 60° = 60°.

取 DM 的中点 E, 连接 EQ, 如图 2.8 所示.

∵ DM = 2DQ,

∴ DQ = DE = EM,

∴ △DEQ 为等边三角形.

∴ ∠DEQ = 60°,

∴ EQ = EM,

∴ $\angle EMQ = \frac{1}{2}\angle DEQ = 30°$,

∴ DQ ⊥ MQ.

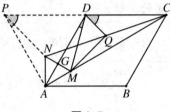

图 2.7

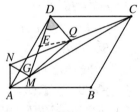

图 2.8

思路点拨

第一问,证明线段两倍关系时,构造中位线是常规套路. 点 Q 为 CN 的中点,倍长 CD 至点 P, 可使 DQ 为中位线,即 PN = 2DQ, 现只需证 PN = DM 即可.

第二问,DM = 2DQ 成立,通过平行线和全等结论转移角度关系,可知 ∠MDQ = 60°, 那么可构造等边三角形证明 ∠EMQ = 30°.

4. 证 过点 C 作 AD 的垂线交 AD 的延长线于点 F, 如图 2.9 所示.

∵ AC 平分 ∠BAD,

∴ ∠FAC = ∠EAC.

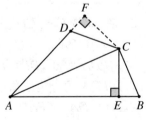

图 2.9

$$\begin{cases} \angle FAC = \angle EAC, \\ \angle AFC = \angle AEC, \\ AC = AC, \end{cases}$$

∴△AFC≌△AEC(AAS),

∴FC = EC, AF = AE.

∵AB = BE + AE, AF = AD + DF,

∴AB + AD = BE + AE + AF - DF = (BE - DF) + 2AE,

∴$AE = \frac{1}{2}[(AB+AD) - (BE-DF)]$.

∵$AE = \frac{1}{2}(AB+AD)$,

∴DF = BE.

$$\begin{cases} DF = BE, \\ \angle CFD = \angle CEB, \\ CF = CE, \end{cases}$$

∴△CFD≌△CEB(SAS),

∴∠CDF = ∠ABC.

∵∠CDF + ∠ADC = 180°,

∴∠ABC + ∠ADC = 180°.

思路点拨

本题是角平分线模型与对角互补模型的合体.

对于全等证明而言,一条角平分线就会提供两个必要条件,只要再找出一个等角关系,即可证明全等.

对角互补模型是常考题型,通常通过构造补角寻求等角关系,这是一般性规律.

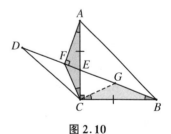

图 2.10

5. 证 作 CG⊥CF 交 BD 于点 G,如图 2.10 所示.

∵∠FAE + ∠AEF = 90°, ∠GBC + ∠BEC = 90°,

∠AEF = ∠BEC,

∴∠FAC = ∠GBC.

∵∠ACF + ∠ECG = 90°, ∠BCG + ∠ECG = 90°,

∴∠ACF = ∠BCG.

$$\begin{cases} \angle FAC = \angle GBC, \\ \angle ACF = \angle BCG, \\ AC = BC, \end{cases}$$

∴△FAC≌△GBC(AAS),

∴FC = GC,

∴△FCG 为等腰直角三角形,

∴∠GFC = 45°,

∴ ∠AFC = 135°,
∴ ∠DFC = 360° − 90° − 135° = 135°,
∴ ∠AFC = ∠DFC.
∵ $\begin{cases} AF = DF, \\ \angle AFC = \angle DFC, \\ CF = CF, \end{cases}$
∴ △AFC ≌ △DFC（SAS），如图 2.11 所示，
∴ AC = DC = BC.

思路点拨

本题通过构造共角互余模型解决问题.通过构造共角互余来达到证明△FCG 为等腰直角三角形的目的,为证明△AFC ≌ △DFC 创造必要的条件.

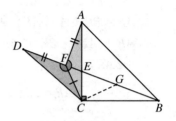

图 2.11

6. 证 ∵ △ABC 是等腰直角三角形，AD 是斜边上的高,如图 2.12 所示,
∴ AD = CD，∠DAE = ∠DCF = 45°.
∵ ∠ADE + ∠ADF = ∠CDF + ∠ADF = 90°,
∴ ∠ADE = ∠CDF.
∵ $\begin{cases} \angle DAE = \angle DCF, \\ AD = CD, \\ \angle ADE = \angle CDF, \end{cases}$
∴ △ADE ≌ △CDF（ASA），
∴ DE = DF,
∴ △EDF 为等腰直角三角形,
∴ ∠DEF = 45°.
∵ ∠AGF = ∠AEG + ∠BAD = ∠AEG + 45°,
∠AED = ∠AEG + ∠DEF = ∠AEG + 45°,
∴ ∠AED = ∠AGF.

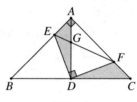

图 2.12

思路点拨

根据图形特征,本题是典型的共角互余模型.

同时,逆向推导结论对于解题常常起到推进的作用.以本题为例:
∵ ∠AED = ∠AEG + ∠DEF,
∠AGF = ∠AEG + ∠BAD,
∴ ∠AED = ∠AGF ⇒ ∠DEF = ∠BAD = 45° ⇒
DE = DF.
那么,接下来只需证明△ADE ≌ △CDF，命题即可得证.

7. 解 延长 ED 至点 G, 使得 ED = DG, 连接 CG、FG, 如图2.13所示.

$$\because \begin{cases} ED = GD, \\ \angle EDF = \angle GDF, \\ FD = FD, \end{cases}$$

$\therefore \triangle EFD \cong \triangle GFD$ (SAS),

$\therefore EF = GF$.

$$\because \begin{cases} ED = GD, \\ \angle EDB = \angle CDG, \\ BD = CD, \end{cases}$$

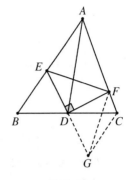

图2.13

$\therefore \triangle EDB \cong \triangle GDC$ (SAS),

$\therefore BE = GC$,

$\therefore BE + CF = GC + CF > GF = EF$.

思路点拨

由于三条线段比较分散, 不利于比较大小, 因此采用几何变换的手段将三条线段规整到一个三角形中, 就便于比较大小了. 本题采用的是中心旋转对称的几何变换.

8. 结论: $\angle EHB = 45°$ 为定值.

证 $\because EF \parallel AC$, 如图 2.14 所示,

$\therefore \angle EFB = \angle ACB = 45°$,

$\therefore \triangle EBF$ 为等腰直角三角形,

$\therefore BE = BF$,

$\therefore AE = CF$.

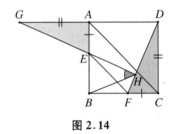

图2.14

$$\because \begin{cases} AG = CD, \\ \angle GAE = \angle DCF, \\ AE = CF, \end{cases}$$

$\therefore \triangle GAE \cong \triangle DCF$ (SAS),

$\therefore \angle GEA = \angle DFC$.

过点 B 作 BH 的垂线交 DF 的延长线于点 K, 如图2.15 所示,

$\therefore \angle HEB = \angle KFB$.

$\because \angle EBH + \angle HBF = 90°, \angle FBK + \angle HBF = 90°$,

$\therefore \angle EBH = \angle FBK$.

$$\because \begin{cases} \angle HEB = \angle KFB, \\ BE = BF, \\ \angle EBH = \angle FBK, \end{cases}$$

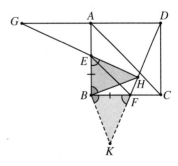

图2.15

$\therefore \triangle BEH \cong \triangle BFK$ (ASA)

$\therefore BH = BK, \angle EHB = \angle FKB$,

∴△BHK 为等腰直角三角形,
∴∠EHB=∠FKB=45°.

思路点拨

本题先证明△GAE≌△DCF,为证明△BEH≌△BFK 提供了充分条件.利用两次全等关系完美解决问题.特别是第二次全等图形的构造,本质上是将△BEH 绕点 B 顺时针旋转 90°.

9. (1) **解** ∵∠C=90°,BC=DC,如图 2.16 所示,

∴△BCD 为等腰直角三角形,

∴∠BDC=45°=∠ADE.

∵∠E=90°,

∴△ADE 为等腰直角三角形,

∴$AD=\sqrt{2}AE=2$,

∴$AC=5$,

∴$AB=\sqrt{AC^2+BC^2}=\sqrt{34}$.

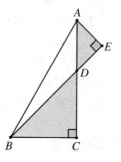

图 2.16

(2) 结论:$CF \perp EF$,$EF=CF$.

证 ∵CF 为 Rt△ABC 斜边上的中线,如图 2.17 所示,

∴$CF=\frac{1}{2}AB$.

同理,$EF=\frac{1}{2}AB$.

∴$EF=CF$.

设∠BAC=α,∠ABC=β,

∴α+β=90°.

∵∠DAE=45°,

∴∠FAE=α+45°.

∵$EF=FA$,

∴∠FAE=∠FEA=α+45°,

∴∠AFE=180°−2(α+45°)=90°−2α.

∵$BF=CF$,∠ABC=β,

∴∠BFC=180°−2β,

∴∠AFE+∠BFC=270°−2(α+β)=90°,

∴∠CFE=90°,

∴$CF \perp EF$.

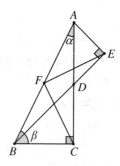

图 2.17

(3) **解** ∵ $\begin{cases} \angle ADE=\angle BDC, \\ \angle BCD=\angle AED, \\ AD=BD, \end{cases}$

∴△ADE≌△BDC(AAS),如图 2.18 所示,

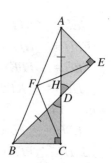

图 2.18

∴ $DE = DC$.

连接 CE，$EP \perp AC$ 交 AC 于点 G，交 CF 的延长线于点 P，如图 2.19 所示.

∵ $CF \perp EF$，$EF = CF$，

∴ △CFE 为等腰直角三角形，

∴ $\angle FCE = 45°$.

∵ $\angle ADE = 45°$，$DE = DC$，

∴ $\angle DCE = \dfrac{1}{2}\angle ADE = 22.5°$，

∴ AC 平分 $\angle FCE$，

又 $AC \perp PE$，

∴ △PEC 为等腰三角形，

∴ $PC = EC$，$PG = EG$.

∵ $\angle PEF + \angle GHE = 90°$，$\angle HCF + \angle FHC = 90°$，

$\angle GHE = \angle FHC$，

∴ $\angle PEF = \angle HCF$.

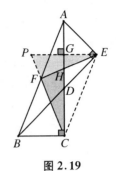

图 2.19

∵ $\begin{cases} \angle PEF = \angle HCF, \\ \angle PFE = \angle HFC, \\ CF = EF, \end{cases}$

∴ △$PEF \cong$ △HCF（AAS），

∴ $CH = PE = 2GE$.

∵ △AGE 为等腰直角三角形，

∴ $AE = \sqrt{2}GE$，

∴ $\dfrac{CH}{AE} = \dfrac{2GE}{\sqrt{2}GE} = \sqrt{2}$.

思路点拨

第一问，根据等腰直角三角形的三边关系和勾股定理求解. 第二问，利用"直角三角形斜边上的中线等于斜边的一半"，得出等量关系，再通过等腰三角形底角与顶角的关系并导角即可证明垂直关系. 第三问，通过全等证明，可以得出 AC 既是角平分线也是垂线，那么根据等腰三角形三线合一的性质，可知 AC 垂直平分 PE，再通过蝶状导角，为全等证明提供充分的条件，从而证明 $CH = PE = 2GE$，最后由等腰直角三角形的三边关系求出 $\dfrac{CH}{AE} = \sqrt{2}$.

10. 证 延长 AB 至点 G，使得 $EB = GB$，连接 CG，如图 2.20 所示.

$$\because \begin{cases} EB = GB, \\ \angle EBC = \angle GBC = 90°, \\ BC = BC, \end{cases}$$

$\therefore \triangle EBC \cong \triangle GBC(SAS),$

$\therefore CE = CG, \angle ECB = \angle GCB.$

设 $\angle FAC = \angle ECB = \angle GCB = \alpha, \angle EAF = \beta,$

$\therefore \angle DCA = \angle DAF = \alpha + \beta,$

$\therefore \angle DAC = \angle ACB = \angle DAF - \angle FAC$
$\qquad = (\alpha + \beta) - \alpha = \beta,$

$\therefore \angle ACF = \angle ACB - \angle ECB = \beta - \alpha,$

$\therefore \angle AFE = \angle FAC + \angle ACF$
$\qquad = \alpha + (\beta - \alpha) = \beta = \angle EAF,$

$\therefore AE = EF.$

$\because \angle GAC = \alpha + \beta,$

$\angle ACG = \angle ACF + 2\angle GCB = (\beta - \alpha) + 2\alpha = \alpha + \beta,$

$\therefore \angle GAC = \angle ACG,$

$\therefore CG = AG,$

$\therefore CE = AG,$

$\therefore CF + EF = AE + 2EB,$

$\therefore CF = 2EB.$

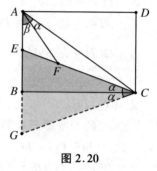

图 2.20

 思路点拨

本题的关键在于,通过轴对称构造 $\triangle BCG$,然后在错综复杂的边角关系中,通过两次导角判定 $\triangle AEF$、$\triangle AGC$ 为等腰三角形,那么问题便迎刃而解.

11. 结论:$\triangle DFE$ 的周长为定值,等于 $2a$.

证 如图 2.21 所示,过点 G 作 AB 的垂线,交 AB 于点 N,交 DC 于点 P;过点 G 作 BC 的垂线,交 BC 于点 Q,交 AD 于点 M,连接 GE.

$\because AC$ 为正方形 $ABCD$ 的对角线,

$\therefore \angle BAC = \angle DAC = 45°,$

$\because$ 四边形 $ANGM$ 为正方形,

$\therefore AN = AM,$

$\therefore BN = DM.$

$\because$ 四边形 $MGPD$ 为矩形,

$\therefore DM = PG,$

$\therefore BN = PG.$

$\because GH$ 垂直平分 $BE,$

$\therefore BG = GE.$

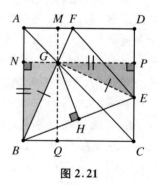

图 2.21

∴ $\begin{cases} BN = PG, \\ BG = GE, \end{cases}$

∴ Rt△BNG≌Rt△GPE(HL),

∴ ∠NBG = ∠PGE.

∵ ∠NBG + ∠NGB = 90°,如图 2.22 所示,

∴ ∠PGE + ∠NGB = 90°,

∴ ∠BGE = 90°,

∴ △BGE 为等腰直角三角形,

∴ ∠GBE = ∠GEB = 45°.

延长 DA 至点 K,使得 $AK = CE$,如图 2.23 所示.

∵ $\begin{cases} AK = CE, \\ \angle KAB = \angle ECB, \\ AB = CB, \end{cases}$

∴ △KAB≌△ECB(SAS),

∴ $BK = BE$, ∠KBA = ∠EBC.

∵ ∠EBC + ∠ABE = 90°,

∴ ∠KBA + ∠ABE = ∠KBE = 90°.

∵ ∠GBE = 45°,

∴ ∠KBF = ∠EBF = 45°.

∵ $\begin{cases} BK = BE, \\ \angle KBF = \angle EBF, \\ BF = BF, \end{cases}$

∴ △KBF≌△EBF(SAS),如图 2.24 所示,

∴ $KF = FE = AF + AK = AF + EC$,

∴ $L = EF + FD + DE = AF + EC + FD + DE$
    $= (AF + FD) + (EC + DE) = 2AB$.

∵ $AC = \sqrt{2}a$,

∴ $AB = a$,

∴ $L = 2a$.

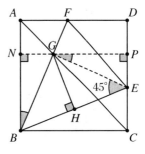

图 2.22

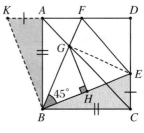

图 2.23

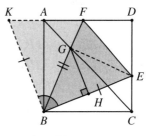

图 2.24

思路点拨

本题首先通过构造一线三直角,证明△BGE 为等腰直角三角形,那么就将问题转化为半角模型,通过半角模型最终解决定值问题.

12. 结论:$P_A < P_B$.

证 (1) 当点 E 在点 A 右侧时,延长 BA 至点 F,使得 $AF = AC$,连接 FE,如图 2.25 所示.

∵ ∠CAE + ∠DAC = 90° = ∠FAE + ∠BAD,
   ∠DAC = ∠BAD,

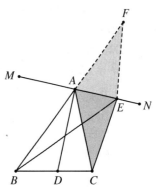

图 2.25

$\therefore \angle FAE = \angle CAE$.

$\because \begin{cases} AF = AC, \\ \angle FAE = \angle CAE, \\ AE = AE, \end{cases}$

$\therefore \triangle FAE \cong \triangle CAE(SAS)$,

$\therefore FE = CE$.

$\because AB + AC = BF < BE + FE = BE + CE$,

$\therefore AB + AC + BC < BE + CE + BC$,

$\therefore P_A < P_B$.

(2) 如图 2.26 所示,当点 E 在点 A 左侧时,同理可证 $P_A < P_B$.

思路点拨

当三角形内角平分线与过该角顶点的直线垂直时,解决此类问题的常用方法是延长该角的一边,得到两边的线段和,从而构造全等三角形,通过全等解决问题.

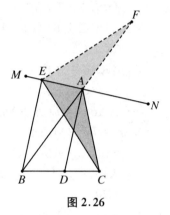

图 2.26

13. **解** 过点 D 作 $DM \parallel BF$ 交 AC 于点 M,如图 2.27 所示.

$\because DM \parallel BF$,

$\therefore \angle AFB = \angle AMD$.

$\because \angle ABE = \angle AFB$,

$\therefore \angle ABE = \angle AMD$.

$\because \angle BAE + \angle BAD = 120°, \angle MAD + \angle BAD = 120°$,

$\therefore \angle BAE = \angle MAD$.

$\because \begin{cases} \angle BAE = \angle MAD, \\ AE = AD, \\ \angle ABE = \angle AMD, \end{cases}$

$\therefore \triangle AEB \cong \triangle ADM(ASA)$,

$\therefore AB = AM, BE = MD$.

$\because BD = CD$,

$\therefore DM$ 为 $\triangle BFC$ 的中位线,

$\therefore BF = 2MD = 2BE = 14, FM = MC$.

过点 B 作 $BN \perp AC$ 交 CA 的延长线于点 N,如图 2.28 所示.

$\because \angle BAC = 120°$,

$\therefore \angle BAN = 60°$,

$\therefore BN = \sqrt{3}AN, AB = 2AN$.

设 $AN = x$,则在 Rt$\triangle BNF$ 中,$BN = \sqrt{3}x$, $BF = 14$,

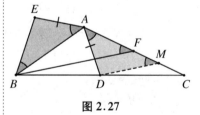

图 2.27

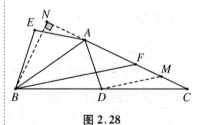

图 2.28

$FN = AF + AN = 6 + x$,

$\therefore 14^2 = (\sqrt{3}x)^2 + (x+6)^2 \Rightarrow x^2 + 3x - 40 = 0 \Rightarrow$
$(x-5)(x+8) = 0$,

$\therefore AN = 5, AB = AM = 10$,

$\therefore FM = AM - AF = 4$,

$\therefore CF = 2MF = 8$.

思路点拨

本题的关键在于构造中位线 DM,将角度相等的关系转化到 $\triangle ADM$ 中,这样既构造了全等三角形也构造了平行线.再根据 $\angle BAC = 120°$,解 $\text{Rt}\triangle ANB$,得 $AB = 10$.这样一来,图形中线段的数量关系一目了然.

14. **解** 作 $DF \perp AC$ 交 AC 延长线于点 F,连接 BD,如图 2.29 所示.

$\because AD$ 平分 $\angle BAC, DF \perp AC, DE \perp AB$,

$\therefore DE = DF, AE = AF$.

$\because DG$ 垂直平分 BC,

$\therefore BD = CD$,

$\therefore \text{Rt}\triangle DBE \cong \text{Rt}\triangle DCF(\text{HL})$,

$\therefore BE = CF$.

$\because AE = AB - BE, AF = AC + CF = AC + BE$,

$\therefore AB - BE = AC + BE$,

$\therefore BE = \dfrac{AB - AC}{2} = \dfrac{a - b}{2}$.

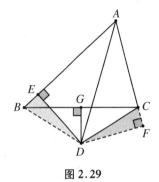

图 2.29

思路点拨

角平分线的性质与中垂线的性质是解题的关键.角平分线上的任意一点到角的两边距离相等,线段的中垂线上任意一点到线段两个端点的距离相等.图形中原本缺少两条关键线段,只要补上了,自然"柳暗花明又一村".

15. **证** 将 $\triangle ACD$ 沿 CD 翻折得到 $\triangle FDC$,连接 FE,如图 2.30 所示,

$\therefore \triangle ACD \cong \triangle FCD$,

$\therefore AD = DF, \angle DFC = \angle CAD = 45°, AC = FC = BC$.

又 $\angle ACD + \angle BCE = 45°, \angle FCD + \angle FCE = 45°$,

$\angle ACD = \angle FCD$,

$\therefore \angle BCE = \angle FCE$.

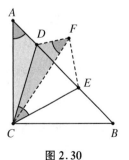

图 2.30

$$\because \begin{cases} FC = BC, \\ \angle FCE = \angle BCE, \\ CE = CE, \end{cases}$$

$\therefore \triangle FCE \cong \triangle BCE$ (SAS),

$\therefore \angle CFE = \angle CBE = 45°.$

在 $\triangle DEF$ 中, $AD = DF, BE = FE, \angle DFE = 45° + 45° = 90°,$

$\therefore DE^2 = DF^2 + EF^2 = AD^2 + BE^2.$

思路点拨

本题是典型的半角模型. 半角模型是指有公共顶点,锐角等于较大角的一半,且组成这个较大角的两边相等. 解决半角模型的方法主要是通过旋转或翻折,将角的倍分关系转化为角的相等关系,并进一步构造全等或相似三角形,弱化条件,变更载体,把握问题的本质.

另解 将 $\triangle ACD$ 绕点 C 顺时针旋转 $90°$ 得到 $\triangle BFC$,连接 EF,如图 2.31 所示,

$\because \triangle ACD \cong \triangle BFC \Rightarrow \triangle DCE \cong \triangle FCE,$

$\therefore AD = BF, EF = ED, \angle EBF = 90°,$

$\therefore DE^2 = AD^2 + BE^2.$

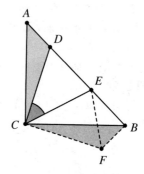

图 2.31

16. **解** 延长 BD 至点 G,使得 $DG = DC$,连接 AG,如图 2.32 所示.

设 $\angle BDC = 2\alpha$,则 $\angle BDE = \angle CDE = \alpha,$

$\therefore \angle ADC = 90° + \alpha, \angle ADB = 90° - \alpha,$

$\therefore \angle ADG = 180° - (90° - \alpha) = 90° + \alpha,$

$\therefore \angle ADG = \angle ADC.$

$\because \begin{cases} AD = AD, \\ \angle ADC = \angle ADG, \\ DC = DG, \end{cases}$

$\therefore \triangle ADC \cong \triangle ADG$ (SAS),如图 2.33 所示,

$\therefore AG = AC = AB.$

$\because \angle ABD = 60°,$

$\therefore \triangle ABG$ 为等边三角形,

$\therefore AB = BG = BD + DG = BD + DC.$

$\because \dfrac{AB}{BD} = n\ (n > 1),$

$\therefore AB = nBD,$

$\therefore nBD = BD + DC \Rightarrow \dfrac{BD}{DC} = \dfrac{1}{n-1}.$

由三角形内角平分线定理得 $\dfrac{BD}{DC} = \dfrac{BE}{CE},$

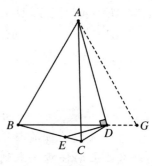

图 2.32

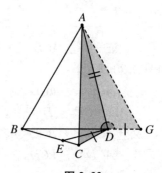

图 2.33

$$\therefore \frac{S_{\triangle BDE}}{S_{\triangle CDE}} = \frac{BE}{CE} = \frac{1}{n-1}.$$

思路点拨

因为 $\dfrac{S_{\triangle BDE}}{S_{\triangle CDE}} = \dfrac{BE}{CE}$，由角平分线定理可知 $\dfrac{BD}{DC} = \dfrac{BE}{CE}$，本题要解决面积比的问题，其实就是解决线段比的问题，根本上是解决 AB、BD、CD 三者之间数量关系的问题. 由于存在 $60°$ 角，构造等边三角形寻求全等是首选的思路.

17. **证** 延长 FD 交 AB 于点 P，连接 EF，如图2.34所示.

$\because CF \parallel AD, DF \parallel AC$，

$\therefore$ 四边形 $ADFC$ 为平行四边形，

$\therefore FD = AC = AB$.

$\because AC \perp AB$，

$\therefore FP \perp AB$.

$\because \angle BED = 90°$，

$\therefore$ 点 B、E、D、P 在以 BD 为直径的圆上，

$\therefore$ 四边形 $BEDP$ 为圆的内接四边形，

$\therefore \angle ABE = \angle FDE$.

$\therefore \begin{cases} AB = FD, \\ \angle ABE = \angle FDE, \\ BE = DE, \end{cases}$

$\therefore \triangle ABE \cong \triangle FDE$（SAS），如图 2.35 所示，

$\therefore AE = FE, \angle AEB = \angle FED$.

$\because \angle AEB + \angle AED = 90°$，

$\therefore \angle FED + \angle AED = \angle AEF = 90°$，

$\therefore \triangle AEF$ 为等腰直角三角形，

$\therefore \angle EAF = 45°$.

取 AF 的中点 Q，连接 HQ，如图 2.36 所示.

$\because AH = HE$，

$\therefore HQ$ 为 $\triangle AEF$ 的中位线，

$\therefore HQ \parallel EF$，

$\therefore HQ \perp AE$，

$\therefore \triangle AHQ$ 为等腰直角三角形.

$\because AG = \dfrac{1}{4}AF, AQ = \dfrac{1}{2}AF$，

$\therefore AG = \dfrac{1}{2}AQ$，

$\therefore$ 点 G 为等腰 $\text{Rt}\triangle AHQ$ 斜边的中点，

$\therefore HG \perp AF$.

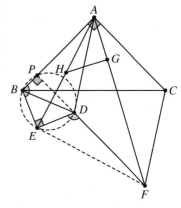

图 2.34

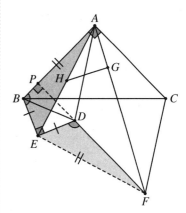

图 2.35

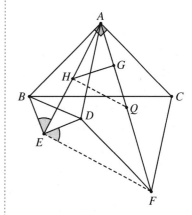

图 2.36

本题的关键在于证明 $\angle ABE = \angle FDE$,延长 FD 交 AB 于点 P,由于四点共圆,根据圆内接四边形的一个外角等于它的内对角可得 $\angle ABE = \angle FDE$.那么 $\triangle ABE \cong \triangle FDE$ 可证,继而 $\triangle AEF$ 为等腰直角三角形可证.构造中位线后,$\triangle AHQ$ 为等腰直角三角形可证.从而证明 $HG \perp AF$.

18. 解 以 AD 为边,在 $\triangle ADB$ 内作等边 $\triangle ADE$,连接 BE,如图 2.37 所示.

∵ $\angle DAC = \angle DCA = 15°$,
∴ $AD = CD = AE = ED$,
∴ $\angle BAE = 90° - 60° - 15° = 15°$.

∵ $\begin{cases} AB = AC, \\ \angle BAE = \angle DAC, \\ AE = AD, \end{cases}$

∴ $\triangle BAE \cong \triangle CAD$(SAS),
∴ $\angle AEB = \angle ADC = 150°$,
∴ $\angle BED = 360° - 60° - 150° = 150°$,
∴ $\angle AEB = \angle BED$.

∵ $\begin{cases} AE = DE, \\ \angle AEB = \angle DEB, \\ BE = BE, \end{cases}$

∴ $\triangle AEB \cong \triangle DEB$(SAS),
∴ $AB = BD = \sqrt{2}a$,
∴ $S_{\triangle ABC} = \frac{1}{2}AB^2 = a$.

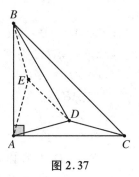

图 2.37

对于等腰直角三角形而言,只要知其腰或底即可求面积.那么,本题实际上是求等腰 $Rt\triangle ABC$ 的腰或底与 BD 的数量关系.从图形上看,我们大胆猜测 $AB = BD$,只要这个猜测能被证明,自然就水到渠成.接下来我们试着构造分别以 AB、BD 为边的两个全等三角形.在已知的图形中,除了 $\triangle ABD$ 本身,还有 $\triangle BDC$ 和 $\triangle ADC$.如果试图构造与 $\triangle BDC$ 全等的三角形,那么辅助线必定在 $\triangle ABC$ 外部,这样一来,图形更加复杂,并且破坏了原来等腰直角三角形的图形结构,实在是得不偿失.那么,必然先考虑构造与 $\triangle ADC$ 全等的等腰三角形.由于 $\angle DAC = \angle DCA = 15°$,必然要构造出 $15°$ 的角,考虑到等腰且底角为 $15°$,那么以 AD 为边构造等边三角形是最佳方案,既构造了等边也构造了等角.

19. 证 如图2.38所示,

∵ $\begin{cases} AD = BD, \\ \angle ADC = \angle BDE, \\ CD = ED, \end{cases}$

∴ △ADC≌△BDE(SAS),

∴ ∠CAD = ∠EBD.

作 DH⊥FD 交 FB 于点 H,如图2.39所示.

∵ ∠ADF + ∠ADH = 90°,∠BDH + ∠ADH = 90°,

∴ ∠ADF = ∠BDH.

∵ $\begin{cases} \angle FAD = \angle HBD, \\ AD = BD, \\ \angle ADF = \angle BDH, \end{cases}$

∴ △ADF≌△BDH(ASA),

∴ DF = DH,

∴ △FDH 为等腰直角三角形,

∴ ∠GFB = 45°.

∵ FG = BG,

∴ △FGB 为等腰直角三角形,

∴ BG⊥FG.

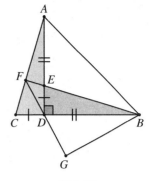

图 2.38

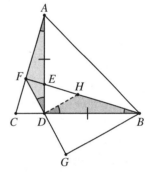

图 2.39

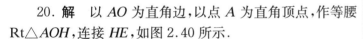

从结论出发,如果命题成立,那么△FGB 为等腰直角三角形,则∠GFB=45°.通过构造共角互余模型,即可证明△FDH 为等腰直角三角形,从而解决问题.

20. 解 以 AO 为直角边,以点 A 为直角顶点,作等腰 Rt△AOH,连接 HE,如图2.40所示.

∴ AH = AO = CO = AE = CF,HO = $\sqrt{2}$AE.

∵ ∠HAE + ∠DAC = 90°,∠FCO + ∠DAC = 90°,

∴ ∠HAE = ∠FCO.

∵ $\begin{cases} AH = CO, \\ \angle HAE = \angle FCO, \\ AE = CF, \end{cases}$

∴ △HAE≌△FCO(SAS),

∴ HE = FO = 6.

∵ AH = AE = AO,

∴ 点 H,E,O 在以点 A 为圆心、以 AO 为半径的圆上.

∵ ∠HAO = 90°,

∴ $\overset{\frown}{HEO}$ = 90°,

∴ ∠HEO = $\dfrac{360° - 90°}{2}$ = 135°.

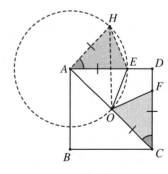

图 2.40

作 $HG \perp OE$ 交 OE 的延长线于点 G,如图 2.41 所示,
∴ $\angle HEG = 45°$,
∴ $\triangle HEG$ 为等腰直角三角形.
∵ $HE = 6$,
∴ $GE = GH = 3\sqrt{2}$,
∴ $GO = GE + EO = 7\sqrt{2}$.
设 $AE = x$,则 $HO = \sqrt{2}x$.
∴ $(\sqrt{2}x)^2 = (3\sqrt{2})^2 + (7\sqrt{2})^2 \Rightarrow x^2 = 58 \Rightarrow x = \sqrt{58}$.

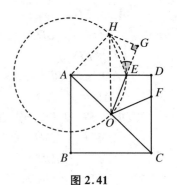

图 2.41

思路点拨

本题的关键在于构造 $Rt\triangle AOH$,将相关线段规整到一个三角形中,最终通过解 $Rt\triangle HOG$ 求出 AE 的长度.

21. 证 延长 EF 交 DC 于点 G,如图 2.42 所示.
∵ $AP \perp BE$,$AP \perp CD$,
∴ $BE \parallel CD$,
∴ $\angle EBF = \angle GCF$.
∵ $\begin{cases} \angle EBF = \angle GCF, \\ \angle BFE = \angle CFG, \\ BF = CF, \end{cases}$
∴ $\triangle EBF \cong \triangle GCF$(AAS),
∴ $EF = GF$.
∵ $AP \perp CD$,
∴ $\triangle EDG$ 为直角三角形,DF 为斜边上的中线,
∴ $EF = DF$.

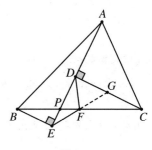

图 2.42

思路点拨

证明线段相等之类的题目有很多,证明等腰或全等都是证明线段相等的手段之一. 斜边的中点模型也是常见题型. 在本题中,点 F 是中点,$BE \parallel CD$,这就为中心旋转提供了两个必备条件. 那么,延长 EF 交 DC 于点 G 就是顺理成章的事情.

22. 解 连接 DQ、PQ、AP,如图 2.43 所示.
据题意,$\triangle BPD$ 绕点 B 旋转到 $\triangle BQC$ 的位置,那么旋转角 $\angle PBQ = 60°$.
根据旋转定义,$PB = QB$,得 $\triangle PBQ$ 是等边三角形.
(1) 当四边形 $BPDQ$ 是平行四边形时,$\angle BPD + \angle PBQ = 180°$.
∵ $\triangle PBQ$ 是等边三角形,
∴ $\angle PBQ = 60°$,

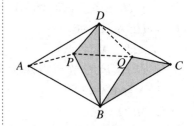

图 2.43

∴∠BPD = 120°.

(2) 当△PQD是等腰直角三角形时,有以下三种情况:

① 当 DP = DQ,∠PDQ = 90°时,∠DPQ = 45°,∠BPD = 105°.

② 当 DQ = PQ,∠PQD = 90°时,∠DPQ = 45°,∠BPD = 105°.

③ 当 PD = PQ,∠DPQ = 90°时,∠BPD = 150°.

∴∠BPD = 105°或150°.

(3) 当∠APB = 100°,且△PQD是等腰三角形时,

∵△PAB≌△QDB(SAS),

∴∠APB = ∠DQB = 100°.

∵△PBQ是等边三角形,

∴∠BQP = 60°,

∴∠DQP = 40°.

这时也有以下三种情况:

① 当 PQ = PD 时,∠DPQ = 100°,∠BPD = 160°.

② 当 PQ = DQ 时,∠DPQ = 70°,∠BPD = 130°.

③ 当 PD = DQ 时,∠DPQ = 40°,∠BPD = 100°.

∴∠BPD = 160°或130°或100°.

思路点拨

本题涉及初中几何的难点:几何图形的变换——旋转,以及数学中的分类讨论思想.这是一道经典试题,对应试者要求较高,不仅要分析变化中的不确定的数量关系,也要分析变化中的确定的数量关系,"以不变应万变"且不能疏漏.

本题中,"确定的关系"至少有两个:

(1) 不论点 P 在何位置,△PBQ 都是等边三角形.

(2) 不论点 P 在何位置,△PAB≌△QDB(SAS).

只有牢牢地把握以上两点,才能"以静制动",从而"柳暗花明".

23. **解** 作 BF∥ED 交 EP 的延长线于点 F,连接 AF,延长 AB 交 ED 的延长线于点 G,如图2.44所示.

∵BF∥ED,

∴∠BFP = ∠DEP.

∵ $\begin{cases} \angle BFP = \angle DEP, \\ BP = DP, \\ \angle BPF = \angle DPE, \end{cases}$

∴△FBP≌△EDP(AAS),

∴BF = DE = CE,FP = EP.

∵在△ABC中,∠BAC + 2β = 180°,

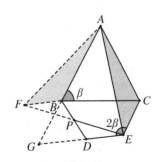

图2.44

又在四边形 $ACEG$ 中,$\angle CED=2\beta$,
∴ $\angle BAC+\angle CEG=180°$,
∴ $\angle ACE+\angle G=180°$.
∵ $BF\parallel ED$,
∴ $\angle ABF+\angle G=180°$,
∴ $\angle ACE=\angle ABF$.
∴ $\begin{cases} AB=AC, \\ \angle ABF=\angle ACE, \\ BF=CE, \end{cases}$
∴ $\triangle ABF\cong\triangle ACE$(SAS),
∴ $AF=AE$,$\angle FAB=\angle EAC$,
∴ $\angle FAB+\angle BAE=\angle EAC+\angle BAE$,
∴ $\angle FAE=\angle BAC$,
∵ 等腰 $\triangle ABC$ 的顶角与等腰 $\triangle AFE$ 的顶角相等,
∴ 这两个等腰三角形的底角必然相等,
∴ $\beta=\angle AEP$,
∴ 当 $\beta=60°$ 时,$\angle AEP=60°$,
∴ $\triangle AFE$ 为正三角形,
∴ $\dfrac{AE}{PE}=2$.

思路点拨

本题的关键是证明 $\angle ABF=\angle ACE$,这就是作交点 G 的根本原因.同时,本题出现中点模型,利用中点构造全等三角形,基本方法就是中心旋转对称,但是这需要两个必要条件:一是出现中点;二是有平行线的条件,这就是作 $BF\parallel ED$ 的原因.

24. **解** （1）延长 BC 至点 G,使得 $CG=AF$,如图 2.45 所示.

∴ $\begin{cases} AF=CG, \\ \angle BAF=\angle ACG=120°, \\ AB=CA, \end{cases}$

∴ $\triangle ABF\cong\triangle CAG$(SAS),
∴ $\angle BFA=\angle G$,$\angle ABF=\angle CAG$.
∵ $AF+CD=AD$,
∴ $CD+CG=AD$,
∴ $AD=DG$,
∴ $\angle G=\angle DAG=\angle DAC+\angle CAG$.
∵ $\angle BFA=\angle FEA+\angle FAE=\angle FEA+\angle DAC$,
∴ $\angle DAC+\angle CAG=\angle FEA+\angle DAC$,
∴ $\angle ABF=\angle CAG=\angle FEA$,

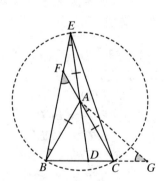

图 2.45

∴ $AB = AE = AC$,
∴ 点 B、C、E 在以点 A 为圆心、以 AB 为半径的圆上.
∵ $\angle BAC = 60°$,
∴ $\angle BEC = 30°$.

(2) 作 $AH \perp BC$ 于点 H,如图 2.46 所示.
设 $BH = HC = x$,则 $AH = \sqrt{3}x$,$BC = AE = 2x$.
∴ $AD = DG = DE - AE = 15 - 2x$,
∴ $DC = DG - CG = DG - AF = 15 - 2x - 4 = 11 - 2x$,
∴ $HD = HC - DC = x - (11 - 2x) = 3x - 11$.
在 Rt△ADH 中,$AD^2 = AH^2 + HD^2$,
∴ $(15 - 2x)^2 = (\sqrt{3}x)^2 + (3x - 11)^2 \Rightarrow$
$(x - 4)(4x + 13) = 0$,
∴ $x = 4$(负值舍去),
∴ $BC = 8$,$DC = 3$,
∴ $BD = 5$,
∴ $\dfrac{S_{\triangle AEC}}{S_{\triangle AEB}} = \dfrac{DC}{BD} = \dfrac{3}{5}$.

(3) ∵ $BC = 8$,如图 2.47 所示,
∴ $S_{\triangle ABC} = \dfrac{\sqrt{3}}{4}BC^2 = 16\sqrt{3}$.
∵ $AE = 8$,$AD = 15 - AE = 7$,
∴ $\dfrac{S_{\triangle AEB}}{S_{\triangle ABD}} = \dfrac{AE}{AD} = \dfrac{S_{\triangle AEC}}{S_{\triangle ADC}} = \dfrac{8}{7}$,
∴ $\dfrac{S_{\triangle AEB} + S_{\triangle AEC}}{S_{\triangle ABD} + S_{\triangle ADC}} = \dfrac{S_{\triangle BEC} - S_{\triangle ABC}}{S_{\triangle ABC}} = \dfrac{8}{7} \Rightarrow$
$S_{\triangle BEC} = \dfrac{15}{7}S_{\triangle ABC} = \dfrac{240\sqrt{3}}{7}$.

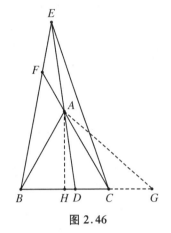

图 2.46

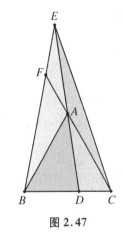

图 2.47

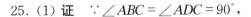
思路点拨

第一问,主要是通过构造全等三角形,再导角证明 $AB = AC = AE$,最终由圆心角与圆周角的关系求解.第二问,通过勾股定理求解△ABC 的边长和 CD 的长度,由燕尾定理求解.第三问,根据等比性质求解.

25. (1) 证 ∵ $\angle ABC = \angle ADC = 90°$,
∴ A、B、C、D 四点在以 AC 为直径的圆上,
∴ $\angle ADB = \angle ACB = 45°$,
∴ △ABC 为等腰直角三角形.

(2) 证 延长 DC 交 BE 于点 G,延长 BC 交 DE 于点 H,如图 2.48 所示.
∵ $ABED$ 为平行四边形,
∴ $\angle ABE = \angle ADE$,即 $\angle 1 + 90° = \angle 2 + 90°$,

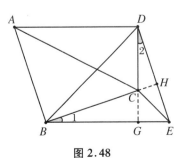

图 2.48

∴∠1=∠2.

又 AD∥BE，AD⊥DG，

∴DG⊥BE.

在△BCG 与△DCH 中，∠1=∠2，∠BCH=∠DCH，

∴∠DHC=∠BGC=90°，即 BH⊥DC，

∴点 C 为△BED 的垂心．

(3) **解** 作 NB⊥BE 交 EC 的延长线于点 N，EN 交 BD 于点 M，连接 AN，如图 2.49 所示．

∵点 C 为△BED 的垂心，

∴EM⊥AD.

在△BCG 与△DCH 中，∠DMC=∠EGC=90°，∠DCM=∠ECG，

∴∠MDC=∠GEC=45°，

∴△BEN 为等腰直角三角形，

∴BN=BE=AD.

∵∠ABN+∠NBC=∠CBE+∠NBC=90°，

∴∠ABN=∠CBE.

∵∠ABN+∠DAB=∠CBE+∠NBC=90°，

∴∠DAB=∠NBC，

∴△DAB≌△NBC（SAS），

∴BD=CN.

易证△ABN≌△CBE（SAS），如图 2.50 所示，

∴AN=CE，∠ANB=∠CEB=45°，

∴∠ANC=90°.

在△ANC 中，AN=CE，BD=CN，AC=AC，

∴$S_{\triangle ANC}=\frac{1}{2}AN \cdot CN=\frac{1}{2}CE \cdot BD=12$.

∵$BD=6\sqrt{2}$，

∴$CE=2\sqrt{2}$.

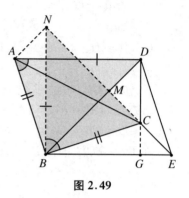

图 2.49

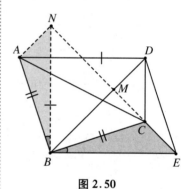

图 2.50

思路点拨

第一问，比较简单，两个直角三角形共斜边，必然共圆，利用圆的知识可速证。

第二问，要求证明 C 为△BED 的垂心，我们知道，三角形内心必然交于一点，那么只需证明两条高交于点 C 即可。

第三问，有些难度，首先利用上面的结论证明△BEN 为等腰直角三角形，这就为我们采用旋转解题创造了有利条件，采用两次全等的办法，将三条分散的线段整合到 Rt△ANC 中，从而解决问题。

26. 解 连接 DC、BF 交于点 Q，BF 交 AC 于点 P，如图 2.51 所示．

$\because \angle DAC = \angle DAB + \angle BAC = 90° + \angle BAC$，
$\angle BAF = \angle CAF + \angle BAC = 90° + \angle BAC$，
$\therefore \angle DAC = \angle BAF$．

$\because \begin{cases} DA = BA, \\ \angle DAC = \angle BAF, \\ AC = AF, \end{cases}$

$\therefore \triangle DAC \cong \triangle BAF (\text{SAS})$，
$\therefore DC = BF, \angle DCA = \angle BFA$．

连接 AQ，如图 2.52 所示．

$\because \angle AFQ = \angle ACQ$，
$\therefore A、Q、C、F$ 四点共圆，
$\therefore \angle CAF = \angle CQF = 90°$，
$\therefore DC \perp BF$．

连接 DF，如图 2.53 所示．

$\because$ 四边形 $DBCF$ 的对角线相互垂直且相等，

$\therefore S_{DBCF} = \dfrac{1}{2} DC^2$．

$\because HI$ 为 $\triangle BDC$ 的中位线，
$\therefore DC = 2HI = 2c$，
$\therefore S_{DBCF} = 2c^2$．

$\because \angle DAF + \angle BAC = 180°$，
$\therefore \triangle DAF$ 与 $\triangle BAC$ 为共角三角形，如图 2.54 所示，

$\therefore \dfrac{S_{\triangle DAF}}{S_{\triangle BAC}} = \dfrac{DA \cdot AF}{AB \cdot AC} = 1$，

$\therefore S_{\triangle ADF} = S_{\triangle ABC}$．

$\because S_{\triangle ADB} = \dfrac{1}{2} AB^2 = \dfrac{1}{2} a^2, S_{\triangle ACF} = \dfrac{1}{2} AC^2 = \dfrac{1}{2} b^2$，

$\therefore S_{DBCF} = \dfrac{1}{2} a^2 + \dfrac{1}{2} b^2 + 2 S_{\triangle ABC} = 2c^2$，

$\therefore S_{\triangle ABC} = \dfrac{4c^2 - a^2 - b^2}{4}$．

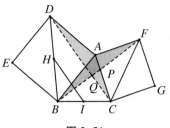

图 2.51

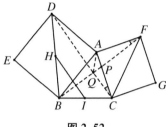

图 2.52

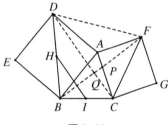

图 2.53

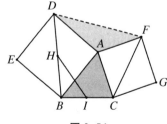

图 2.54

思路点拨

本题是正方形手拉手模型的加强版．首先要确定四边形 $DBCF$ 的对角线相互垂直且相等，并结合中位线求得对角线的长度．再由共角成比例定理判定 $S_{\triangle ADF} = S_{\triangle ABC}$，那么问题就迎刃而解.

27. 结论：$AE \perp MN$ 且 $AE = 2MN$.

证 取 FC 的中点 G，连接 EG、NG，取 BC 的中点 D，连接 AD、ND、EN、AN，如图 2.55 所示.

$\because \triangle ABC$、$\triangle EFC$ 均为等腰直角三角形，

$\therefore AD \perp BC, AD = CD = BD,$

$\quad EG \perp FC, EG = GC = FG.$

$\because$ 点 N 为 FB 的中点，

$\therefore GN$ 为 $\triangle FCB$ 的中位线，

$\therefore GN \parallel BC$ 且 $GN = \dfrac{1}{2}BC = CD = AD.$

同理，$DN \parallel FC$ 且 $DN = \dfrac{1}{2}FC = GC = GE.$

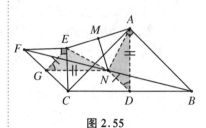

图 2.55

$\therefore$ 四边形 $GCDN$ 为平行四边形，

$\therefore \angle NGC = \angle NDC.$

$\because \angle EGN = 90° - \angle NGC,$

$\quad \angle ADN = 90° - \angle NDC,$

$\therefore \angle ADN = \angle NGE.$

$\because \begin{cases} AD = NG, \\ \angle ADN = \angle NGE, \\ EG = ND, \end{cases}$

$\therefore \triangle ADN \cong \triangle NGE$（SAS），

$\therefore AN = NE.$

$\therefore AM = ME,$

$\therefore AE \perp MN.$

$\because \angle ACE = \angle ADN,$

且 $\dfrac{EC}{AC} = \dfrac{\frac{FC}{\sqrt{2}}}{\frac{BC}{\sqrt{2}}} = \dfrac{FC}{BC} = \dfrac{2ND}{2AD} = \dfrac{ND}{AD},$

$\therefore \triangle ACE \sim \triangle ADN,$ 如图 2.56 所示，

$\therefore \angle CAE = \angle DAN.$

$\because \angle DAN + \angle CAN = 45°,$

$\therefore \angle CAE + \angle CAN = \angle EAN = 45°,$

$\therefore \triangle ENA$ 为等腰直角三角形，

$\therefore AE = 2MN.$

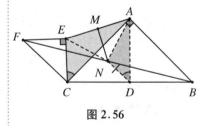

图 2.56

思路点拨

题目中出现两个中点，那么构造中位线是首选方案，将边角关系转化到全等三角形中，这是常规解题套路. 再利用相似三角形判定，证明角度之间的数量关系，最终解决问题.

28. 解 作 $AG \perp AF$ 交 FD 的延长线于点 G，如图 2.57 所示.

据题意，点 A 与点 E 关于 HD 对称，
$\therefore \angle ADH = \angle EDH$.
又 $\angle EDF = \angle CDF$，
$\therefore \angle EDH + \angle EDF = \dfrac{1}{2}(\angle ADE + \angle EDC)$
$\qquad\qquad\qquad\quad = \dfrac{1}{2}\angle ADC = 45°$，
$\therefore \angle HDF = 45°$，
$\therefore \triangle HDF$ 为等腰直角三角形，
$\therefore \angle AFG = 45°$，
$\therefore \triangle AFG$ 为等腰直角三角形，
$\therefore AF = AG, \angle AGD = 45°$.
$\because \angle BAF + \angle FAD = 90°, \angle DAG + \angle FAD = 90°$，
$\therefore \angle BAF = \angle DAG$.
$\because \begin{cases} AB = AD, \\ \angle BAF = \angle DAG, \\ AF = AG, \end{cases}$
$\therefore \triangle BAF \cong \triangle DAG \text{(SAS)}$，
$\therefore BF = DG$，
$\therefore \dfrac{DF + BF}{AF} = \dfrac{DF + DG}{AF} = \dfrac{FG}{AF} = \sqrt{2}$.

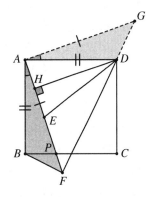

图 2.57

思路点拨

本题的关键在于证明 $\triangle HDF$ 为等腰直角三角形，那么将 $\triangle ABF$ 绕点 A 顺时针旋转 $90°$ 得到 $\triangle ADG$，才能将 BF、DF 转化到一个三角形中. 在正方形中，常常采用旋转解决问题.

29.（1）**证** 将线段 BP 绕点 B 逆时针旋转 $60°$ 至 BE 处，连接 AE、PE，如图 2.58 所示.

$\because \triangle BEP$ 为等边三角形，
$\therefore \angle EBP = \angle EBA + \angle ABP = 60°$.
$\because \triangle ABC$ 为等边三角形，
$\therefore \angle ABC = \angle ABP + \angle PBC = 60°$.
$\therefore \angle EBA = \angle PBC$.
$\because \begin{cases} BE = BP, \\ \angle EBA = \angle PBC, \\ AB = CB, \end{cases}$
$\therefore \triangle EBA \cong \triangle PBC \text{(SAS)}$，
$\therefore AE = CP$.

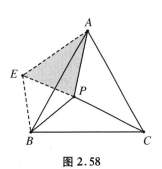

图 2.58

∴在△APE中，AE=CP，EP=BP，第三边为AP，

∴以AP、BP、CP为边长，一定能构成和△APE全等的三角形．

(2) **解** ∵△EBA≌△PBC，

∴∠AEB=∠CPB=135°，

∴∠AEP=135°-60°=75°，

∴∠APE=∠APB-60°=50°，

∠EAP=180°-75°-50°=55°．

∴以边AP、BP、CP所构成的三角形的三个内角的值分别为50°、55°和75°．

(3) **解** 由以上分析可知，当∠APB=110°时，∠APE=50°．

当△APE为直角三角形时，有以下两种情况：

① 若∠AEP=90°，则∠BPC=∠AEB=90°+60°=150°．

② 若∠PAE=90°，则∠AEP=90°-50°=40°，∠BPC=∠AEB=40°+60°=100°．

所以，当∠BPC=150°或∠BPC=100°时，以边AP、BP、CP所构成的三角形为直角三角形．

 思路点拨

旋转是三大几何变换之一．在等边三角形中，由于等边三角形既是中心对称图形也是轴对称图形，遇到涉及等边三角形的题目时往往通过旋转来解决问题．

30. **解** 将△ABC沿AC翻折得到△AFC，将△CDE沿CE翻折得到△CGE，连接FG，如图2.59所示．

由翻折性质得

∠ACB=∠ACF，∠ECD=∠ECG．

∵∠ACE=135°，

∴∠ACB+∠ECD=45°，

∴∠ACF+∠ECG=45°，

∴∠FCG=135°-45°=90°．

又BC=FC，CD=CG，BC=CD，

∴CF=CG，

∴△FCG为等腰直角三角形，

∴$FG=\sqrt{2}BC=4\sqrt{2}$．

根据两点之间的距离最短得

AE≤AF+FG+GE．

∵AF=AB=2，$FG=4\sqrt{2}$，GE=DE=8，

∴$AE\leq 10+4\sqrt{2}$．

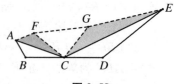

图2.59

> **思路点拨**
>
> 翻折是三大几何变换之一,是中考的高频考点.通过翻折构造全等图形,将分散的线段有效地联系在一起,为解决问题创造充分条件,这是基本思路.

31. (1) 证 ∵ $\angle BAE = \angle BAF + \angle FAE = 60° + \angle FAE$,
$\angle FAD = \angle EAD + \angle FAE = 60° + \angle FAE$,如图2.60所示,
∴ $\angle BAE = \angle FAD$.
∴ $\begin{cases} AB = AF, \\ \angle BAE = \angle FAD, \\ AE = AD, \end{cases}$
∴ $\triangle ABE \cong \triangle AFD$(SAS),
∴ $\angle BEA = \angle FDA$,$\angle ABE = \angle AFD$,
∴ A、C、D、E 四点共圆,如图2.61所示,
∴ $\angle ACD = \angle AED = 60°$.
同理,$\angle ACB = \angle AFB = 60°$.
∴ $\angle ACD = \angle ACB$,
∴ AC 平分 $\angle BCD$.

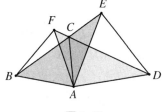

图2.60

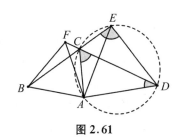

图2.61

(2) 解 作 $DH \perp AE$ 于点 H,如图2.62所示.
∵ $\angle BAE = \angle BAF + \angle EAF = 60° + 30° = 90°$,
∴ $AB \perp AE$.
∵ $DH \perp AE$,
∴ $AB \parallel DH$,
∴ $\angle ABG = \angle HDG$.
设 $EF = x$,则 $AF = AB = \sqrt{3}x$,$AE = 2x$,
∴ $HD = \sqrt{3}x$.
∵ $\begin{cases} \angle ABG = \angle HDG, \\ \angle AGB = \angle HGD, \\ AB = HD, \end{cases}$
∴ $\triangle ABG \cong \triangle HDG$(AAS),
∴ $AG = HG$.
∵ $AH = \dfrac{1}{2}AE = x$,
∴ $AG = \dfrac{1}{2}AH = \dfrac{1}{2}x$,
∴ $EG = AE - AG = 2x - \dfrac{1}{2}x = \dfrac{3}{2}x = 3$,
∴ $EF = x = 2$.

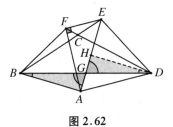

图2.62

> **思路点拨**
>
> 本题是等边三角形手拉手模型的综合题.通过证明△ABE≌△AFD,达到证明四点共圆的目的,从而解决问题.对于第二问,通过作 DH⊥AE 来证明△ABG≌△HDG,从而将 AG 与 EG 的数量关系建立起来.

32. (1) $BM = CN + MN$;(2) $BM = CN + MN$;
(3) $BM = MN - CN$.

解 (1) ∵ 如图 2.63 所示,$\angle CAN + \angle MAB = 90°$,

$\angle ABM + \angle MAB = 90°$,

∴ $\angle CAN = \angle ABM$.

∴ $\begin{cases} \angle CAN = \angle ABM, \\ \angle CNA = \angle AMB, \\ CA = AB, \end{cases}$

∴ △CAN≌△ABM(AAS),

∴ $CN = AM, AN = BM = AM + MN$,

∴ $BM = CN + MN$.

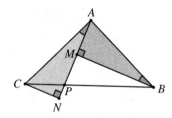

图 2.63

(2) 作 $CD \perp AM$ 交 AM 的延长线于点 D,则四边形 $NCDM$ 为长方形,如图 2.64 所示.

∴ $CD = MN, CN = MD$.

∴ $\begin{cases} \angle CAD = \angle ABM, \\ \angle CDA = \angle AMB, \\ CA = AB, \end{cases}$

∴ △ACD≌△BAM(AAS),

∴ $CD = AM, AD = BM = AM + MD$,

∴ $BM = CN + MN$.

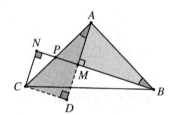

图 2.64

(3) 作 $CD \perp AM$ 交 AM 于点 D,则四边形 $NCDM$ 为长方形,如图 2.65 所示.

∴ $CD = MN, CN = MD$.

∴ $\begin{cases} \angle CAD = \angle ABM, \\ \angle CDA = \angle AMB, \\ CA = AB, \end{cases}$

∴ △ACD≌△BAM(AAS),

∴ $CD = AM, AD = BM = AM - MD$,

∴ $BM = MN - CN$.

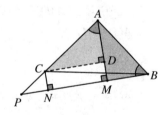

图 2.65

思路点拨

本题是双垂线段模型,是中考的高频考点.通过双垂线模型解决全等问题,建立题设要求的线段之间的关系,这是基本思路.

33. (1) $(9,-3)$;(2) $(6,-9)$;(3) 3.

解 (1) 作 $CD \perp x$ 轴于点 D,如图2.66所示.

$\because \angle ABO + \angle OAB = 90°$,$\angle CAD + \angle OAB = 90°$,

$\therefore \angle ABO = \angle CAD$.

$\because \begin{cases} \angle ABO = \angle CAD, \\ \angle BOA = \angle ADC, \\ AB = CA, \end{cases}$

$\therefore \triangle ABO \cong \triangle CAD$(AAS),

$\therefore AO = CD, BO = AD$,

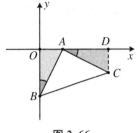

图2.66

$\therefore$ 第四象限中点 C 的坐标为 $\begin{cases} x = 3+6=9, \\ y = -3. \end{cases}$

(2) 作点 A 关于线段 BC 的对称点 P,连接 PB、PA,作 $PD \perp y$ 轴于点 D,如图2.67所示.

由对称性质可知

$\triangle PBA \cong \triangle CAB$.

$\because \triangle AOB \cong \triangle BDP$(AAS),

$\therefore BD = AO, PD = BO$,

$\therefore$ 第四象限中点 P 的坐标为 $\begin{cases} x = 6, \\ y = -6-3 = -9. \end{cases}$

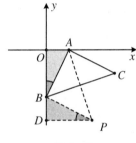

图2.67

(3) 作 $DP \perp y$ 轴于点 P,则 $OP = ED$,如图2.68所示.

$\because \triangle AOQ \cong \triangle QPD$(AAS),

$\therefore AO = PQ$,

$\therefore OQ - DE = OQ - OP = PQ = AO = 3$.

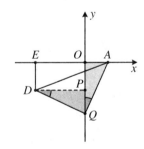

图2.68

思路点拨

本题(1)、(2)通过构造一线三直角模型解决问题.(3)通过作 $DP \perp y$ 轴构造全等三角形来解决问题.本题中多次出现共角互余,这是证明角度相等的常见模型.

34. **解** 作 $BE \perp AB$ 交 AC 的延长线于点 E,连接 DE,如图2.69所示.

$\because \angle BAC = 45°$,

$\therefore \triangle BAE$ 为等腰直角三角形,

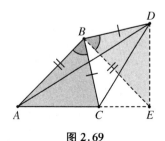

图2.69

∴ $AB = EB$，$\angle BEA = 45°$．
∵ $\angle ABC + \angle CBE = 90°$，$\angle EBD + \angle CBE = 90°$，
∴ $\angle ABC = \angle EBD$．
∵ $\begin{cases} AB = EB, \\ \angle ABC = \angle EBD, \\ BC = BD, \end{cases}$
∴ $\triangle ABC \cong \triangle EBD$（SAS），
∴ $AC = ED$，$\angle BAC = \angle BED = 45°$，如图 2.70 所示，
∴ $\angle AED = \angle BEA + \angle BED = 90°$，
∴ $S_{\triangle ACD} = \dfrac{1}{2} ED \cdot AC = \dfrac{1}{2} AC^2 = 4.5$，
∴ $AC = 3$．

本题的本质是将 $\triangle ABC$ 绕点 B 逆时针旋转 $90°$，由于 $\angle BAC = 45°$，故 $DE \perp AC$，且 $ED = AC$，再根据三角形面积公式求解 AC．

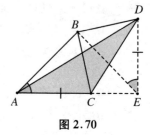

图 2.70

35．(1) 证 连接 ED，如图 2.71 所示．
∵ $\triangle ABC$ 是等腰直角三角形，
∴ $\angle ABC = 45°$．
∵ DM 垂直平分 BE 于点 M，
∴ $DE = BD$，
∴ $\angle DEB = \angle EBD = 45°$，
∴ $\angle EDB = 90°$．
∵ EC 平分 $\angle ACB$，
∴ $\angle ECA = \angle ECD$．
∵ $\begin{cases} \angle EAC = \angle EDC, \\ CE = CE, \\ \angle ECA = \angle ECD, \end{cases}$
∴ $\triangle EAC \cong \triangle EDC$（ASA），
∴ $ED = AE$，
∴ $BD = AE$．

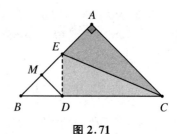

图 2.71

(2) 解 延长 BF、CA 交于点 G，如图 2.72 所示．
∵ $\begin{cases} \angle BFC = \angle GFC, \\ FC = FC, \\ \angle 2 = \angle 1, \end{cases}$
∴ $\triangle BFC \cong \triangle GFC$（ASA），
∴ $BG = 2BF = 4$．
∵ $\angle 1 + \angle AEC = \angle 3 + \angle FEB = 90°$，$\angle FEB = \angle AEC$，

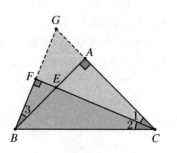

图 2.72

∴ ∠1 = ∠3.

∵ $\begin{cases} \angle GAB = \angle EAC, \\ AB = AC, \\ \angle 3 = \angle 1, \end{cases}$

∴ △ABG≌△ACE(ASA),如图 2.73 所示,

∴ CE = BG = 4,

∴ $S_{\triangle BEC} = \dfrac{1}{2} EC \cdot BF = \dfrac{1}{2} \times 4 \times 2 = 4.$

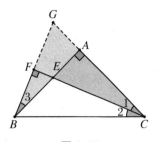

图 2.73

思路点拨

角平分线的辅助线也是轴对称的重点所在.常见的角平分线辅助线分为图 2.74 所示的三类,都利用了角平分线的轴对称性质.

对于问题(1),需要联想到的是第一类辅助线,考虑有垂直平分线的存在,可证 ∠EDB = 90°.

对于问题(2),要求面积,需先算出 EC 的长度.考虑第二类辅助线,可得 BG = 2BF = 4,同时 △ABC 是等腰直角三角形,图形可视为 △ACE 绕点 A 顺时针旋转 90°至△ABG,可得 EC = BG = 4,从而不难求出面积.

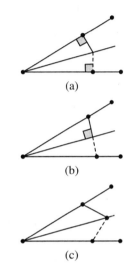

图 2.74

36. (1) **解** ∵如图 2.75 所示,点 A 和点 B 的坐标分别为(-3,0)和(0,1),

∴ OA = 3,OB = 1.

∵ △ABC 为等腰直角三角形,

∴ ∠ABC = 90°,

∴ ∠1 + ∠2 + ∠ABC = 180°,

∴ ∠1 + ∠2 = 90°.

又 ∠1 + ∠3 = 90°,

∴ ∠2 = ∠3.

又 AB = CB,

∴ △ABO≌△BCD(AAS),

∴ CD = OB = 1,BD = AO = 3,

∴ OD = OB + BD = 4,

∴ 点 C 的坐标为(-1,4).

(2) 结论:OA = OD + CD.

证 如图 2.76 所示,在 Rt△AOB 和 Rt△DBC 中,

∵ $\begin{cases} \angle BOA = \angle CDB, \\ \angle 1 = \angle 2, \\ AB = CB, \end{cases}$

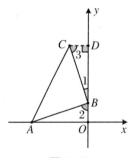

图 2.75

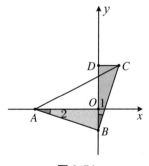

图 2.76

∴ Rt△AOB≌Rt△BDC(AAS),
∴ OA = BD, OB = CD,
∴ OA = BD = OD + OB = OD + CD.

(3) **解** 延长CF和AB交于点G,如图2.77所示.
∵ AF平分∠CAB,
∴ ∠1 = ∠3,
∵ ∠BOA = ∠CFA = 90°,
∴ △CAF∽△BAO(AA),

∴ $\dfrac{CF}{OB} = \dfrac{AC}{AB} = \sqrt{2}$,

∴ $CF = \sqrt{2}$.

又 AF = AF, ∠CFA = ∠GFA = 90°,
∴ △CFA≌△GFA(ASA),
∴ FG = CF,
∴ $CG = 2CF = 2\sqrt{2}$.
∵ CF ∥ y轴,
∴ ∠4 = ∠2 = ∠1.
又 CB = AB, ∠CBG = ∠ABE = 90°,
∴ △ABE≌△CBG(ASA),
∴ $AE = CG = 2\sqrt{2}$,

∴ $S_{\triangle ABE} = \dfrac{1}{2}AE \cdot OB = \dfrac{1}{2} \times 2\sqrt{2} \times 1 = \sqrt{2}$,

$S_{\triangle ACE} = \dfrac{1}{2}AE \cdot CF = \dfrac{1}{2} \times 2\sqrt{2} \times \sqrt{2} = 2$.

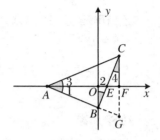

图 2.77

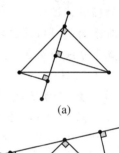

(a)

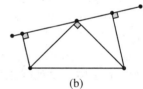

(b)

图 2.78

思路点拨

注意图2.78所示的常见构型.

等腰直角三角形+一条过顶点的直线(从两底角端点作该直线的垂线)常常会出现全等图形,该模型也是研究该类问题的一线三等角模型.

此外,在图2.79所示的等腰直角三角形+底角平分线的垂直构型中,有下列常见结论:AE = 2BD.

本质:角平分线的轴对称性+旋转,详见问题(3).

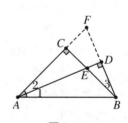

图 2.79

37. **解** 延长CB至点E,使得BD = BE,连接AE,如图2.80所示.

设 ∠DBA = α.
∵ AB ∥ DC, BC = BD,
∴ ∠BCD = ∠BDC = α,
∴ ∠CBD + 2α = 180° = ∠CBD + ∠EBA + α,

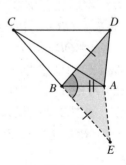

图 2.80

∴∠EBA = ∠DBA = α.

∵ $\begin{cases} BD = BE, \\ \angle DBA = \angle EBA, \\ BA = BA, \end{cases}$

∴△BDA≌△BEA(SAS),

∴∠BDA = ∠BEA = 2∠BCA, AE = AD.

延长 CE 至点 G, 使得 EG = AE, 连接 AG, 如图 2.81 所示,

∴∠BEA = 2∠AGE,

∴∠BCA = ∠AGE,

∴△ACG 为等腰三角形.

作 AH⊥CE 于点 H, 则 AH 垂直平分 CG, 如图 2.81 所示.

∵ $AH^2 = AB^2 - BH^2 = AE^2 - HE^2$,

∴ $19^2 - BH^2 = 25^2 - HE^2 \Rightarrow HE^2 - BH^2 = 6 \times 44$.

∵ CH = HG,

∴ CB + BH = HE + EG,

∴ CB + BH = HE + 25 ⇒ HE - BH = BC - 25.

设 BD = BC = BE = x,

∴ (HE + BH)(HE - BH) = 6 × 44,

∴ BE · (BC - 25) = 6 × 44,

∴ x(x - 25) = 6 × 44 ⇒ (x - 33)(x + 8) = 0,

∴ BD = 33.

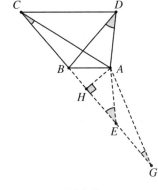

图 2.81

思路点拨

本题本质上是将△BDA 沿 AB 翻折, 构造二倍角 ∠ACE, 对于解二倍角三角形的基本策略就是构造等腰 △ACG, 再由勾股定理求解.

38. (1) **解** 如图 2.82 所示, 根据对称性, $S_{\triangle ABC} = 2S_{\triangle ABO}$.

∵∠ABO = 45°,

∴△ABO 是等腰直角三角形,

∴ AO = BO = 6,

∴ $S_{\triangle ABC} = 2S_{\triangle ABO} = 2 \times \frac{1}{2} AO^2 = 36$.

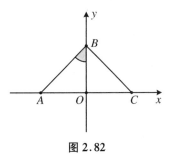

图 2.82

(2) **证** 作 EF⊥x 轴于点 F, 如图 2.83 所示.

∵∠EDF + ∠BDO = 90°, ∠EDF + ∠DEF = 90°,

∴∠BDO = ∠DEF.

∵ $\begin{cases} \angle BDO = \angle DEF, \\ \angle DOB = \angle EFD, \\ DB = ED, \end{cases}$

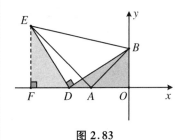

图 2.83

∴△BDO≌△DEF(AAS).
∴DF = OB = AO,EF = DO.
在 Rt△EFA 中,
FA = FD + DA = AO + DA = DO = EF,
∴△EFA 是等腰直角三角形,如图 2.84 所示,
∴∠EAF = 45°.
∵∠ABO = 45°,
∴∠EAB = 90°,
∴AB⊥AE.

(3) 结论:(DM + MN)$_{min}$ = 3.

证 作点 NN'⊥AF 交 AE 于点 N',连接 MN'、ON',如图 2.85 所示.
∵AF 平分∠OAE,NN'⊥AF,
∴点 N、N'关于射线 AF 轴对称,
∴MN = MN',
∴OM + MN = OM + MN'≥ON'.
作 OQ⊥AE 于点 Q,则 ON'≥OQ,
∴OM + MN≥OQ.
当取等号时,点 M、N 的位置如图 2.86 所示.
∵AO = 6,∠OAE = 30°,
∴OQ = $\frac{1}{2}$AO = 3,
∴OM + MN≥3.

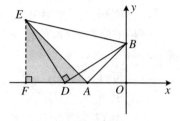

图 2.84

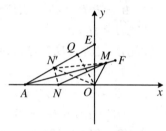

图 2.85

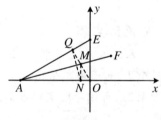

图 2.86

思路点拨

第一问比较简单,根据对称性求得 $S_{\triangle ABO}$ 即可求 $S_{\triangle ABC}$.第二问是一线三垂直模型.第三问是双动点极值类型,通过几何变换将 OM + MN 的最小值转化为求点 O 到线段 AE 的垂线段的问题.

39. 证 (1) 作 CP⊥AC 交 AF 的延长线于点 P,如图 2.87 所示,
易证△ADC≌△AEB≌△CPA,
∴CE = CP,∠1 = ∠2.
又∠ACB = ∠PCF = 45°,CF = CF,
∴△ECF≌△PCF(SAS),
∴∠5 = ∠6.
∵CP∥AB,
∴∠5 = ∠4 = ∠6,
又∠2 + ∠4 = 90°,

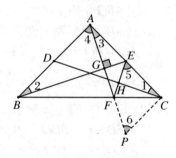

图 2.87

$\therefore \angle 1 + \angle 5 = 90°$,

$\therefore EF \perp CD$.

(2) 由(1)得 $\angle 4 = \angle 5$,

又 $\angle ABC = \angle ACB = 45°$,

$\therefore \triangle BAF \backsim \triangle CEF$,

$\therefore \dfrac{BF}{CF} = \dfrac{AB}{EC} = 2$,

$\therefore FC = \dfrac{1}{3} BC$,

$\therefore S_{\triangle EFC} = \dfrac{1}{3} S_{\triangle BEC} = \dfrac{1}{6} S_{\triangle ABC}$,

$\therefore S_{\triangle ABC} = 6 S_{\triangle EFC}$.

思路点拨

(1) 目标为了证明 $\angle 4 = \angle 6$, 直接证明并不好证明, 所以通过等量代换, 构造平行线 CP 将 $\angle 4$ 等量代换为 $\angle 5$, 并且此时 $\angle ACB = \angle PCF = 45°$. 与此同时, 存在 CP 与 CE 的等量关系, 可证 $\triangle ECF \cong \triangle PCF$, 从而得证.

(2) 存在比例关系, 优先考虑相似, 本题若想证明 $\dfrac{1}{6}$ 关系, 可从 $\dfrac{CF}{BC} = \dfrac{1}{3}$ 即 $\dfrac{CF}{BF} = \dfrac{1}{2}$ 入手, 从而找到对应的三角形相似, 得证.

40. 证 作 $FQ \perp y$ 轴于点 Q, 如图 2.88 所示.

$\because \angle ABO$ 与 $\angle BAO$、$\angle FBQ$ 均是互余关系,

$\therefore \angle BAO = \angle FBQ$.

$\because \begin{cases} \angle AOB = \angle BQF, \\ \angle BAO = \angle FBQ, \\ AB = BF, \end{cases}$

$\therefore \triangle AOB \cong \triangle BQF(AAS)$,

$\therefore AO = BQ, BO = FQ = EB$.

$\because \begin{cases} \angle EPB = \angle FPQ, \\ \angle EBP = \angle FQP, \\ EB = FQ, \end{cases}$

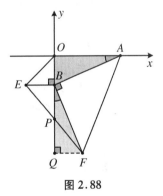

图 2.88

$\therefore \triangle EPB \cong \triangle FPQ(AAS)$, 如图 2.89 所示,

$\therefore PB = QP$.

$\because PB + QP = BQ = AO$,

$\therefore PB = \dfrac{1}{2} AO = 3$ (为定值).

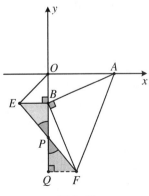

图 2.89

本题是双垂线模型.过等腰直角三角形的两个锐角顶点向经过该三角形直角顶点的一条直线作垂线段构造全等三角形的一类题目,称为双垂线模型.

以本题为例,通过作 $FQ \perp y$ 轴,构造双垂线模型.

构造全等是解决双垂线模型问题的基本手段.通过全等的证明,将题设条件向有利于解题的方向转化,从而达到解题的目的.

41.（1）证 作 $EM \perp AC$ 于点 M,如图 2.90 所示.

$\because \angle ADC + \angle DAC = 90°, \angle EAM + \angle DAC = 90°$,

$\therefore \angle ADC = \angle EAM$.

$\because \begin{cases} \angle ADC = \angle EAM, \\ \angle ACD = \angle EMA, \\ AD = EA, \end{cases}$

$\therefore \triangle ADC \cong \triangle EAM$（AAS）,

$\therefore AC = EM = BC, DC = AM$.

$\because EM \perp AC, BC \perp AC$,

$\therefore EM \parallel BC$,

$\therefore \angle CBP = \angle MEP$.

$\because \begin{cases} \angle CBP = \angle MEP, \\ \angle CPB = \angle EPM, \\ BC = EM, \end{cases}$

$\therefore \triangle CBP \cong \triangle MEP$（AAS）,如图 2.91 所示.

$\therefore BP = PE, CP = PM$.

（2）解 设 $PC = k$,则 $PM = k, AC = BC = 3k$,

$\therefore DC = AM = AC + 2PM = 5k$,

$\therefore DB = DC - BC = 2k$,

$\therefore \dfrac{DB}{BC} = \dfrac{2k}{3k} = \dfrac{2}{3}$.

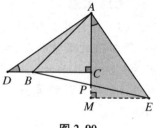

图 2.90

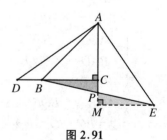

图 2.91

第一问本质上是将 $\triangle CBP$ 通过中心旋转对称形成 $\triangle MEP$,这样可以得到相关线段的数量关系,从而解决问题.题目中有中点条件或结论,常常通过中心旋转解决问题.

42. 证 延长 AB 至点 D，使得 $AD = AC$，连接 CD、DP，如图 2.92 所示.

$\because AD = AC, \angle DAC = 60°,$

$\therefore \triangle ADC$ 是等边三角形.

$\because \angle BAC = 60°, \angle ACB = 40°,$

$\therefore \angle ABC = 80°.$

$\because BQ$ 平分 $\angle ABC,$

$\therefore \angle QBC = \dfrac{1}{2}\angle ABC = 40°,$

$\therefore \angle QBC = \angle QCB,$

$\therefore BQ = CQ.$

$\because AP$ 平分 $\angle BAC,$

$\therefore \angle DAP = \angle CAP.$

$\because \begin{cases} AD = AC, \\ \angle DAP = \angle CAP, \\ AP = AP, \end{cases}$

$\therefore \triangle DAP \cong \triangle CAP \text{(SAS)},$

$\therefore \angle ADP = \angle ACP = 40°,$

$\therefore \angle BPD = \angle ABC - \angle ADP = 40°,$

$\therefore \angle BDP = \angle BPD,$ 如图 2.93 所示,

$\therefore BD = BP,$

$\therefore BQ + AQ = CQ + AQ = AC,$

$AB + BP = AB + DB = AD,$

$\therefore BQ + AQ = AB + BP.$

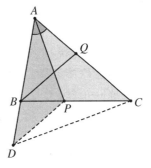

图 2.92

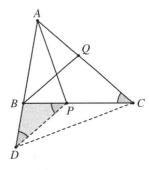

图 2.93

思路点拨

60°角在题目中出现，一定要围绕它去展开讨论．结论中出现线段和差的等量关系，是截长补短的全等构造题型的常见结论类型．再注意到 $\triangle ABC$ 中内角度数的关系，围绕60°角构造等边三角形，充分利用"角平分线是对称轴"这一点寻找全等三角形，根据等角的条件依次去找与结论中线段相等的线段．

43. 证 过点 P 作 $PG \perp AB$ 于点 G，如图 2.94 所示.

$\because \begin{cases} \angle PAH = \angle PAG, \\ \angle PHA = \angle PGA, \\ PA = PA, \end{cases}$

$\therefore \triangle PAH \cong \triangle PAG \text{(AAS)},$

$\therefore AH = AG, PH = PG.$

连接 PB、PC，如图 2.95 所示.

$\because PE$ 垂直平分 $BC,$

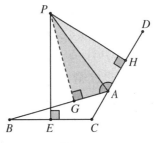

图 2.94

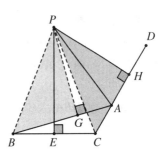

图 2.95

∴ $PB = PC$.

∵ $\begin{cases} PB = PC, \\ PG = PH, \end{cases}$

∴ Rt△PGB≌Rt△PHC(HL),

∴ $BG = CH$,

∴ $AB = AG + BG = AH + HC$.

本题是角平分线模型与中垂线模型的结合,并且要求证明的结论是截长补短型,角平分线、中垂线、截长补短型是中考高频考点.只有把握住它们的性质与特点,才能高效地解题.

44. 结论: $DM = MN$.

证 (1) 当点 M 在线段 AB 上时,作 $MP \parallel BD$ 交 AD 于点 P,如图 2.96 所示.

∵ △ABD 是等边三角形,

∴ △AMP 是等边三角形,

∴ $DP = MB$, ∠$DPM = 120°$.

∵ BN 平分∠DBE,

∴ ∠$MBN = 120°$,

∴ ∠$DPM = $∠$MBN$.

∵ ∠$DMN = 60°$,

∴ ∠$PMD + $∠$BMN = 60°$.

∵ ∠$PMD + $∠$PDM = 60°$,

∴ ∠$PDM = $∠$BMN$.

∵ $\begin{cases} \angle PDM = \angle BMN, \\ DP = MB, \\ \angle DPM = \angle MBN, \end{cases}$

∴ △PDM≌△BMN(ASA),

∴ $DM = MN$.

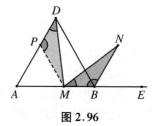

图 2.96

利用全等是一种方案,如果利用圆的知识来解决则更为简捷.如图 2.97 所示,简证如下:

∠$DMN = $∠$DBN = 60° \Rightarrow D、M、B、N$ 四点共圆$\Rightarrow$∠$DNM = $∠$DBA = 60° \Rightarrow$△$DMN$ 为等边三角形$\Rightarrow DM = MN$.

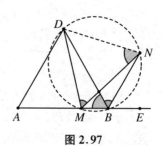

图 2.97

(2) 当点 M 在线段 AB 的延长线上时,作 $MF \parallel BD$ 交

AD 的延长线于点 F,如图 2.98 所示.

∵△ABD 是等边三角形,

∴△AMF 是等边三角形,

∴$DF = MB$,∠$DFM = 60°$.

∵BN 平分∠DBE,

∴∠$MBN = 60°$,

∴∠$DFM = ∠MBN$.

∵∠$BMN = ∠AMD + ∠DMN$,

∠$FDM = ∠AMD + ∠DAM$,

∠$DMN = ∠DAM = 60°$,

∴∠$FDM = ∠BMN$.

∵$\begin{cases} ∠FDM = ∠BMN, \\ DF = MB, \\ ∠DFM = ∠MBN, \end{cases}$

∴△$FDM ≌ △BMN$(ASA),

∴$DM = MN$.

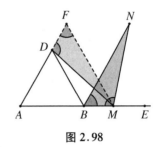

图 2.98

 思路点拨

利用全等是一种方案,如果利用圆的知识来解决则更为简捷.如图 2.99 所示,简证如下:

∠$DBN = ∠DMN = 60° ⇒ D$、B、M、N 四点共圆 ⇒ ∠$NDM = ∠NBE = 60° ⇒ △DMN$ 为等边三角形 ⇒ $DM = MN$.

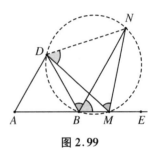

图 2.99

45. 证 在 AD 上取点 E,使得 $AE = BD$,如图 2.100 所示.

∵∠$ACB = ∠ADB = 90°$,

∴点 A、C、D、B 在以 AB 为直径的圆上,

∴∠$CAE = ∠CBD$.

∵$\begin{cases} AC = CB, \\ ∠CAE = ∠CBD, \\ AE = BD, \end{cases}$

∴△$CAE ≌ △CBD$(SAS),

∴∠$ACE = ∠BCD$,$CE = CD$.

∵∠$ACE + ∠ECB = 90°$,

∴∠$BCD + ∠ECB = ∠ECD = 90°$,

∴△ECD 是等腰直角三角形,

∴$ED = \sqrt{2}CD$,

∴$AD = AE + ED = BD + \sqrt{2}CD$.

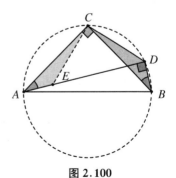

图 2.100

> **思路点拨**
>
> 本题的本质是将△CBD绕点C顺时针旋转90°得到△ACE,再通过全等证明△ECD是等腰直角三角形,从而解决问题.旋转变换是三大几何变换之一,是中考的高频考点.

46.(1) **解** 过点 A 作 $AP \perp BE$ 于点 P,如图2.101所示.

在等边△ABC中,$AB=2$,

∴ $CP = \dfrac{1}{2}AB = 1, AP = \sqrt{3}$.

∵ $CE = 5$,

∴ $PE = PC + CE = 6$.

在 Rt△APE 中,$AE = \sqrt{AP^2 + PE^2} = \sqrt{39}$.

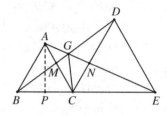

图 2.101

(2) **证** ∵ $\angle ACE = \angle DCE + \angle ACD$,

$\angle BCD = \angle ACB + \angle ACD$,

$\angle DCE = \angle ACB = 60°$,如图 2.102 所示,

∴ $\angle ACE = \angle BCD$.

∵ $\begin{cases} AC = BC, \\ \angle ACE = \angle BCD, \\ CE = CD, \end{cases}$

∴ △ACE≌△BCD(SAS),

∴ $\angle AEC = \angle BDC$,

∴ G、C、E、D 四点共圆,如图 2.103 所示,

∴ $\angle DGE = \angle DCE = 60°$,$\angle CGE = \angle CDE = 60°$,

∴ $\angle DGC = 120°$.

在 EG 上取一点 F,使得 $GF = GC$,连接 CF,如图 2.104 所示,

∴ △GCF 是等边三角形,

∴ $CG = CF$,

∴ $\angle CFE = 120°$.

∵ $\begin{cases} \angle DGC = \angle EFC, \\ \angle GDC = \angle FEC, \\ DC = EC, \end{cases}$

∴ △DGC≌△EFC(AAS),

∴ $DG = EF$,

∴ $GE = GF + FE = CG + DG$.

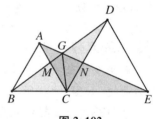

图 2.102

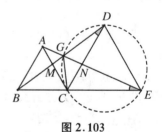

图 2.103

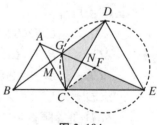

图 2.104

思路点拨

本题第一问考查等边三角形三边与高的数量关系以及勾股定理.第二问是等边三角形手拉手模型.本题的解法结合四点共圆,非常简捷.结论是截长补短型,所以通过截长或补短解决问题.

47. (1) 解 ∵ $\angle CAD = 30°$,如图2.105所示,

∴ $AC = \sqrt{3}$.

∵ $\angle BAC = 90°$,

∴ $BC = \sqrt{AC^2 + AB^2} = \sqrt{7}$.

∵ $BF = 2$,

∴ $CF = \sqrt{7} - 2$.

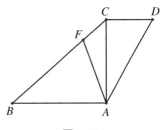

图 2.105

(2) 证 ∵ $AB = AC, \angle BAC = 90°$,

∴ $\angle BCA = 45°$.

∵ $\angle HCA = \angle BCH + \angle BCA = \angle CAD + \angle CDA$,

$\angle BCH = \angle CAD$,

∴ $\angle CDA = 45°$.

∵ $\angle AHD = 90°$,

∴ △AHD 是等腰直角三角形.

过点 A 作 $AE \perp AD$ 交 DH 的延长线于点 E,连接 BE,如图2.106所示,

∴ △AED 是等腰直角三角形,AH 垂直平分 ED.

∵ $\begin{cases} AD = AE, \\ \angle DAC = \angle EAB, \\ AC = AB, \end{cases}$

∴ △ACD ≌ △ABE(SAS),

∴ $CD = BE, \angle ADC = \angle AEB = 45°$,

∴ $\angle BED = 90°$,

∴ $BE \parallel MH$,

∴ MH 是△BED 的中位线,如图2.107所示,

∴ $BE = CD = 2MH$.

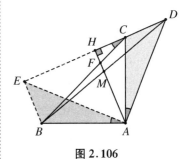

图 2.106

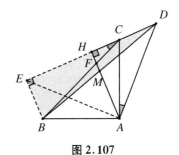

图 2.107

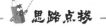 思路点拨

第一问考查含 30°角的直角三角形三边关系.第二问要求证明 2 倍关系.对于 2 倍关系的线段,常常通过构造中位线来解决问题.

48．（1）解 ∵ $AC = BC$，$\angle ACB = 80°$，如图 2.108 所示，

∴ $\angle A = \angle B = 50°$.

∵ $DA = DC$，

∴ $\angle A = \angle ACD = 50°$，

∴ $\angle ADC = 80°$.

同理，$\angle B = \angle BCG = 50°$，

∴ $\angle AGC = 100°$，

∴ $\angle GCD = 20°$.

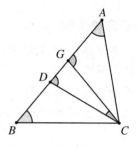

图 2.108

(2) 证 ∵ $DE = DB$，如图 2.109 所示，

∴ $\angle BDE = 180° - 2\angle B$.

同理，$\angle ADC = 180° - 2\angle BAC$.

∵ $\angle BAC = \angle B$，

∴ $\angle BDE = \angle ADC$，

∴ $\angle BDE + \angle CDE = \angle ADC + \angle CDE$，

∴ $\angle BDC = \angle EDA$.

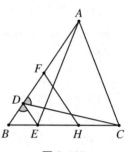

图 2.109

∵ $\begin{cases} BD = DE, \\ \angle BDC = \angle EDA, \\ DC = AD, \end{cases}$

∴ $\triangle BDC \cong \triangle EDA$（SAS），如图 2.110 所示，

∴ $BC = AE = AC$.

连接 AH，如图 2.111 所示.

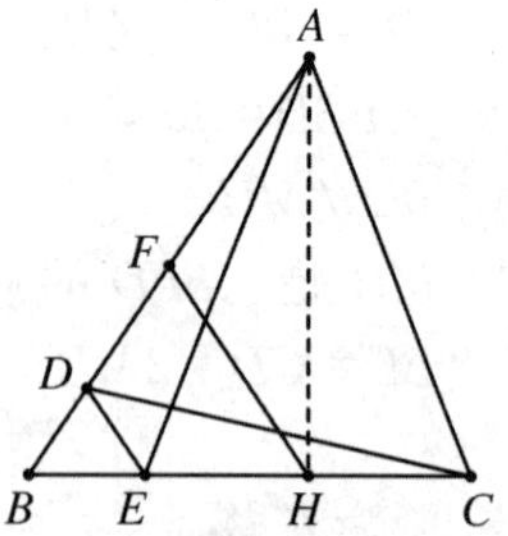

∵ 点 H 是等腰 $\triangle AEC$ 底边的中点，

∴ $AH \perp BH$，

∴ $\triangle ABH$ 是直角三角形.

∵ 点 F 为斜边的中点，

∴ $FH = AF$，

∴ $AD = CD = AF + DF = FH + DF$.

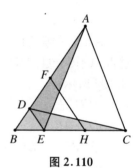

图 2.110

思路点拨

第一问考查等腰三角形的边角关系．对于第二问，通过证明 $\triangle ABH$ 是直角三角形得出 $FH = AF$，从而将 DF、FH 转化到一条边上，再解决 $CD = FH + DF$ 的问题.

图 2.111

49. (1) 解 ∵∠DBC = ∠DBA + ∠ABC,
∠ABE = ∠CBE + ∠ABC,
∠DBA = ∠CBE = 60°,
∴∠DBC = ∠ABE.

∵ $\begin{cases} DB = AB, \\ \angle DBC = \angle ABE, \\ BC = BE, \end{cases}$

∴△DBC≌△ABE(SAS),如图 2.112 所示,
∴CD = AE.
∵∠ACB = 30°,
∴∠ACE = 90°,如图 2.113 所示.
∵AC = 6,BC = 8,
∴CD = AE = 10.

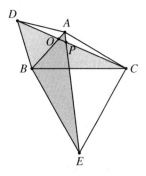

图 2.112

(2) 证 ∵△DBC≌△ABE(SAS),
∴∠DCB = ∠AEB,
∴B、P、C、E 四点共圆,如图 2.114 所示,
∴∠CPE = ∠CBE = 60°,∠CBP = ∠CEP.
在 AE 上取点 F,使得 PC = PF,如图 2.115 所示,
∴△PCF 为等边三角形,
∴∠PCF = 60°.
∵∠PCB + ∠BCF = ∠ECF + ∠BCF = 60°,
∴∠PCB = ∠ECF.

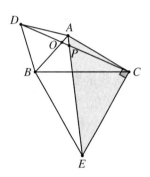

图 2.113

∵ $\begin{cases} \angle PBC = \angle FEC, \\ \angle PCB = \angle ECF, \\ BC = CE, \end{cases}$

∴△PBC≌△FEC(AAS),
∴PB = FE,
∴AE = AP + PF + FE = AP + PB + PC.

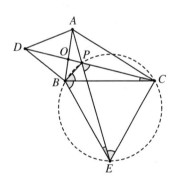

图 2.114

思路点拨

本题是等边三角形手拉手模型.对于第一问,通过全等证明,将 CD 转化为 AE,在直角三角形中利用勾股定理求解.第二问是典型的截长补短型结论,通过截长证明是常规方法,其中利用圆的知识使得证明过程简洁明快.

50. 证 ∵CF⊥AE,BE⊥AE,
∴GC∥BE,
∴∠GCD = ∠CBE = ∠ABD.

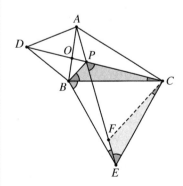

图 2.115

$$\because \begin{cases} \angle ABD = \angle GCD, \\ \angle DAB = \angle DGC, \\ DA = DG, \end{cases}$$

∴△ABD≌△GCD(AAS),如图 2.116 所示,

∴BD = CD.

连接 CE,取 CE 的中点 M,连接 DM,交 FE 于点 N,如图 2.117 所示,

∴DM 为△BCE 的中位线,

∴DM // BE,

∴MN 为 Rt△ECF 的中位线,即

∴DM 垂直平分 EF,

∴DE = DF.

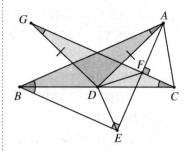

图 2.116

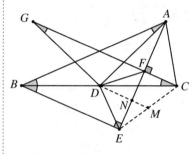

图 2.117

思路点拨

由 CF⊥AE 和 BE⊥AE 可得出平行关系,再由内错角相等,等量代换得∠GCD = ∠ABD,结合 DG = DA、∠G = ∠DAB 可证△ABD≌△GCD,得出点 D 为 BC 的中点. 由本题结论 DE = DF 及条件 CF⊥AE、BE⊥AE,若 EF 上有一点 N 使得 DN⊥EF 且 EN = FN,那么此题得证. 由已证的点 D 为中点,可想到过点 D 作△BCE 的中位线 DM,根据中位线的性质和平行线的传递性,问题便迎刃而解.

51. 解 (1) 设∠PBG = α,∠NCB = β,如图 2.118 所示.

∵PN = NK,

∴∠NPK = ∠PKN = ∠CKH.

∵HP⊥AB,

∴∠NPK = 90°− α.

∵∠KHB = 60°,

∴∠CKH = 60°− β,

∴90°− α = 60°− β ⇒ α − β = 30°,

∴∠PBG − ∠NCB = 30°.

(2) 在线段 PH 上取一点 Q,使得 HQ = BH,连接 BQ,如图 2.119 所示.

∵∠QHB = 60°,

∴△QBH 为等边三角形,

∴BQ = HQ = BH = HC,∠PQB = 120°.

∵BG⊥HQ,

∴∠QBG = 30°,

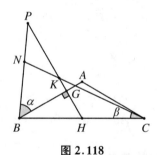

图 2.118

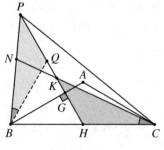

图 2.119

∴ ∠PBQ = ∠PBG − 30° = ∠HCK.
∵ ∠KHB = 60°,
∴ ∠CHK = 120°.
∵ $\begin{cases} \angle PBQ = \angle KCH, \\ BQ = CH, \\ \angle PQB = \angle CHK, \end{cases}$
∴ △PBQ ≌ △KCH（ASA），
∴ PQ = KH,
∴ PQ + QK = QK + KH,
∴ PK = QH = HC.
作 CM⊥PH 于点 M，如图 2.120 所示，
∴ Rt△HMC 与 Rt△HGB 关于点 H 中心对称，
∴ CM = BG.
∵ ∠GBH = 30°,
∴ BG = 6,
∴ $S_{\triangle PCK} = \dfrac{1}{2}PK \cdot CM = \dfrac{1}{2}HC \cdot BG = 12\sqrt{3}$.

思路点拨

第一问，通过导角可解决. 第二问，利用两次全等，注意到 ∠KHB = 60°，首先要想到构造等边三角形，然后再分别求得 PK、CM，则水到渠成.

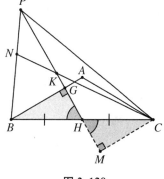

图 2.120

52.（1）解 作 EH⊥BC 于点 H，如图 2.121 所示.
∵ CE = 4，∠ECH = 30°，
∴ EH = 2，HC = 2√3，
∴ BH = BC − HC = 4√3，
∴ $BE = \sqrt{BH^2 + EH^2} = 2\sqrt{13}$.

（2）结论：AP⊥PD 且 $AP = \sqrt{3}PD$.

证 延长 DP 至点 F，使得 PF = PD，连接 AF、BF，如图 2.122 所示.
∵ $\begin{cases} PF = PD, \\ \angle FPB = \angle DPE, \\ PB = PE, \end{cases}$
∴ △FPB ≌ △DPE（SAS），
∴ FB = DE = DC，∠BFP = ∠EDP，
∴ BF // ED，
∴ ∠EDB + ∠FBD = 180°.
∵ ED = DC，∠ECD = 30°，
∴ ∠EDB = 60°.

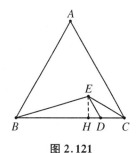

图 2.121

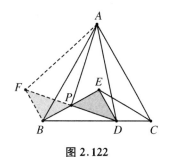

图 2.122

∵ ∠FBD = ∠FBA + ∠ABD = ∠FBA + 60°,
∴ 60° + ∠FBA + 60° = 180°,
∴ ∠FBA = 60° = ∠DCA.

∵ $\begin{cases} FB = DC, \\ \angle FBA = \angle DCA, \\ AB = AC, \end{cases}$

∴ △FBA ≌ △DCA(SAS),如图 2.123 所示,
∴ ∠BAF = ∠CAD, AF = AD.
∵ ∠CAD + ∠BAD = 60°,
∴ ∠BAF + ∠BAD = ∠FAD = 60°,
∴ △AFD 为等边三角形.
∵ FP = PD,
∴ AP ⊥ PD 且 AP = $\sqrt{3}$PD.

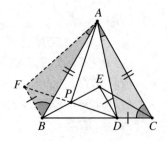

图 2.123

(3) 结论:仍然成立.

证 延长 DP 至点 F,使得 PF = PD,连接 AF、BF,如图2.124所示.

∵ $\begin{cases} PF = PD, \\ \angle FPB = \angle DPE, \\ PB = PE, \end{cases}$

∴ △FPB ≌ △DPE(SAS),
∴ FB = DE = DC, ∠BFP = ∠EDP,
∴ BF // ED.

延长 ED 交 BC 于点 H,如图 2.125 所示,
∴ ∠FBH = ∠DHC.
∵ ∠CDH = 2∠ECD = 60°, ∠ACH = 60°,
∴ ∠ACD + ∠DHC = 60°.
∵ ∠ABF + ∠FBH = 60°,
∴ ∠ABF = ∠ACD.

∵ $\begin{cases} AB = AC, \\ \angle ABF = \angle ACD, \\ BF = CD, \end{cases}$

∴ △ABF ≌ △ACD(SAS),
∴ ∠BAF = ∠CAD, AF = AD.
∴ ∠BAF + ∠FAC = 60°,
∴ ∠CAD + ∠FAC = ∠FAD = 60°,
∴ △AFD 为等边三角形.
∵ FP = PD,
∴ AP ⊥ PD 且 AP = $\sqrt{3}$PD.

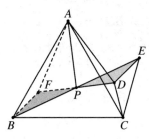

图 2.124

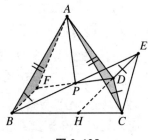

图 2.125

思路点拨

第二问是典型的倍长中线模型，通过中线旋转对称，为解题提供充分的条件.第三问"照葫芦画瓢"，只是在导角时，需要一定的解题功力.

53. 证 延长 GH 交 AC 于点 K，连接 AF、FK，如图 2.126 所示.

$\because \angle GAK = 60°, \angle AGK = 60°$,

$\therefore \triangle AGK$ 为等边三角形.

$\because AF$ 为 $Rt\triangle AGB$ 斜边上的中线,

$\therefore AF = GF$.

$\because \begin{cases} GK = AK, \\ FK = FK, \\ GF = AF, \end{cases}$

$\therefore \triangle GFK \cong \triangle AFK$（SSS）,

$\therefore \angle HKF = \angle EKF$.

$\because AH \perp GK, GE \perp AK, \triangle AGK$ 为等边三角形,

$\therefore HK = EK = \dfrac{1}{2}AG$.

$\because \begin{cases} HK = EK, \\ \angle HKF = \angle EKF, \\ FK = FK, \end{cases}$

$\therefore \triangle HKF \cong \triangle EKF$（SAS），如图 2.127 所示,

$\therefore EF = FH$.

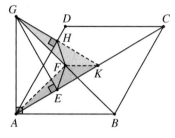

图 2.126

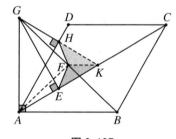

图 2.127

思路点拨

由于 $\angle GAK = 60°, \angle AGK = 60°$，不难发现 $\triangle AGK$ 为等边三角形，在等边三角形中寻求等量关系无疑是明智之举.由于本题中三角形的特殊性，三角形三边之间的数量关系明确.不难证明：$\triangle HKF \cong \triangle EKF$（SAS），故 $EF = FH$.

54.（1）证 设 $\angle BAD = \alpha$，如图 2.128 所示.

$\because AD$ 是 $\triangle ABC$ 的角平分线,

$\therefore \angle CAD = \alpha$.

$\because CE \parallel AD$,

$\therefore \angle E = \alpha, \angle ECA = \alpha$,

$\therefore \angle E = \angle ECA$,

$\therefore AE = AC$.

$\because$ 点 F 为 CE 的中点,

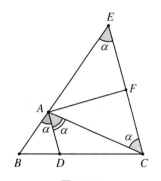

图 2.128

∴ $AF \perp CE$,

∴ $AF \perp AD$.

(2) **解** 延长 BA 交 MN 的延长线于点 P,作 $CQ /\!/ AB$ 交 MN 的延长线于点 Q,如图 2.129 所示.

∵ $CQ /\!/ AB$,

∴ $\angle P = \angle Q$.

由(1)可知,$\angle P = \angle PNA$,$AP = AN$,

∴ $\angle CNQ = \angle PNA = \angle Q$,

∴ $CN = CQ$.

∵ $\begin{cases} \angle BPM = \angle CQM, \\ \angle PMB = \angle QMC, \\ BM = CM, \end{cases}$

∴ $\triangle BPM \cong \triangle CQM$(AAS),

∴ $BP = CQ$,

∴ $BP = CN$,

∴ $AB + AP = AC - AN = AC - AP$,

∴ $AP = AN = \dfrac{AC - AB}{2}$,

∴ $NC = AC - AN = \dfrac{AC + AB}{2} = \dfrac{11}{2}$.

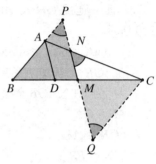

图 2.129

> **思路点拨**
>
> 第一问,通过平行线将相等的两个角转化到 $\triangle AEC$ 中,再由等腰三角形三线合一的性质得 $AF \perp CE$,由于 $CE /\!/ AD$,故 $AF \perp AD$.
>
> 第二问,在第一问的基础上有所拓展,解题的主要思路是将 $\triangle BPM$ 绕点 M 中心旋转得到 $\triangle CQM$.
>
> **另解** 如图 2.130 所示,作 $\triangle ABC$ 的中位线 MQ,
>
> ∴ $MQ = \dfrac{1}{2}AB = NQ = \dfrac{1}{2}AC - AN$,
>
> ∴ $AN = \dfrac{AC - AB}{2}$,
>
> ∴ $NC = \dfrac{AC + AB}{2} = \dfrac{11}{2}$.

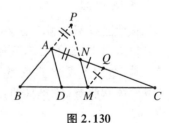

图 2.130

55. **证** (1) ∵ $\angle BAC = \angle DAE$,

∴ $\angle BAC + \angle CAE = \angle DAE + \angle CAE$,

∴ $\angle BAE = \angle CAD$.

∵ $\begin{cases} AB = AC, \\ \angle BAE = \angle CAD, \\ AE = AD, \end{cases}$

∴△BAE≌△CAD(SAS),如图 2.131 所示,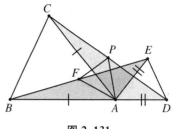

∴BE=CD,∠EBA=∠DCA.

(2) ∵BF=$\frac{1}{2}$BE,CP=$\frac{1}{2}$CD,BE=CD,

∴BF=CP.

∵$\begin{cases} BF=CP, \\ \angle FBA=\angle PCA, \\ AB=AC, \end{cases}$

图 2.131

∴△FBA≌△PCA(SAS),如图 2.132 所示,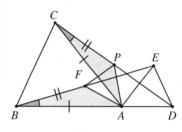

∴AF=AP,

∴△APF 是等腰三角形.

思路点拨

本题是等腰三角形手拉手模型,是各地中考的高频考点,需勤加练习,多加揣摩.

手拉手模型一般的解题套路是两次全等、一次导角.复杂一点的题目,需要两次导角完成计算或证明.

图 2.132

56. (1) 结论:∠CMQ 的大小不变,为 60°.

证 据题意,AP=BQ=t.

∵△ABC 为等边三角形,

∴BA=AC,∠ABC=∠BAC=60°.

∵$\begin{cases} BQ=AP, \\ \angle ABQ=\angle CAP, \\ BA=AC, \end{cases}$

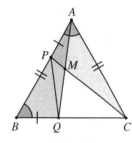

∴△ABQ≌△CAP(SAS),如图 2.133 所示,

∴∠BAQ=∠ACP,

∴∠CMQ=∠ACP+∠QAC=∠BAQ+∠QAC=∠BAC=60°.

图 2.133

(2) **解** 当△PBQ 为直角三角形时,有以下两种情况:

① 若∠PQB=90°,如图 2.134 所示.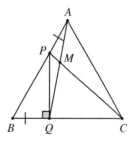

∵∠PBQ=60°,

∴PB=2BQ.

∵AP=BQ=t,

∴BP=AB-AP=4-t,

∴4-t=2t⇒t=$\frac{4}{3}$(s).

图 2.134

② 若 $\angle BPQ = 90°$,如图 2.135 所示.

$\because \angle PBQ = 60°$,

$\therefore BQ = 2PB.$

$\because AP = BQ = t$,

$\therefore BP = AB - AP = 4 - t$,

$\therefore t = 2(4-t) \Rightarrow t = \dfrac{8}{3}(s).$

(3) 结论:$\angle CMA$ 的大小不变,为 60°.

证 据题意,$BP = CQ$.

$\because \triangle ABC$ 为等边三角形,

$\therefore BC = CA, \angle PBC = \angle QCA = 120°.$

$\because \begin{cases} BP = CQ, \\ \angle PBC = \angle QCA, \\ BC = CA, \end{cases}$

$\therefore \triangle PBC \cong \triangle QCA (SAS)$,如图 2.136 所示,

$\therefore \angle BPC = \angle CQA$,

$\therefore \angle CMA = \angle CQA + \angle MCQ = \angle BPC + \angle PCB = \angle ABC = 60°.$

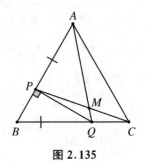

图 2.135

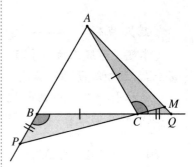

图 2.136

> **思路点拨**
>
> 本题第一问与第三问的解答主要是通过全等证明角度之间的关系,再由三角形外角定理进行代数计算.第二问的解答体现了分类讨论的数学思想,不能遗漏.

57. **解** 设 $\angle ADB = \alpha$,则 $\angle DBC = 2\alpha$,如图 2.137 所示,

$\therefore \angle CDE = 45° - \alpha, \angle CEB = 90° - 2\alpha,$

$\therefore \angle DCE = (90° - 2\alpha) - (45° - \alpha) = 45° - \alpha,$

$\therefore \angle CDE = \angle DCE,$

$\therefore DE = CE.$

作 $CF \perp AD$ 交其延长线于点 F,交 BD 于点 G,如图 2.138 所示,

$\therefore \triangle DFC$ 为等腰直角三角形,

$\therefore \angle ACF = 45° - (45° - \alpha) = \alpha = \angle GDF,$

$\therefore \angle GCB = 90° - \alpha = \angle DGF = \angle BGC,$

$\therefore BC = BG.$

易证 $\triangle DFG \cong \triangle CFA$(ASA),

$\therefore DG = CA.$

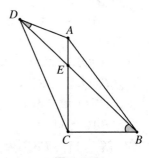

图 2.137

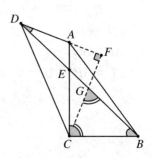

图 2.138

设 $BC = BG = a$,则 $DG = CA = 7 - a$.

在 Rt△ACB 中,由勾股定理得 $(7-a)^2 + a^2 = 25$,

∴ $a^2 - 7a + 12 = 0$,

∴ $a = 3$ 或 $a = 4$.

∵ $AC > BC$,

∴ $a = 3$.

设 $CE = DE = x$,则 $BE = 7 - x$.

在 Rt△ECB 中,由勾股定理得 $x^2 + 9 = (7-x)^2$,

∴ $x = \dfrac{20}{7}$.

思路点拨

解决本题的关键是利用题设条件中角度的和差倍数关系,首先要解得 $DE = CE$,其次在这个基础上通过导角得到第二个关键的数量关系 $DG = CA$,有了这两个等腰条件,结合全等的性质,再利用勾股定理即可解决问题.

58. (1) **证** 如图 2.139 所示,设 ∠$BCD = \alpha$,则 ∠$A = 2\alpha$,

∴ ∠$B = 90° - \alpha$,∠$ACD = 90° - 2\alpha$,

∴ ∠$BCA = 90° - 2\alpha + \alpha = 90° - \alpha$,

∴ ∠$B = \angle ACB$,

∴ $AB = AC$.

(2) **证** 作 $BH \perp AF$ 于点 H,如图 2.140 所示.

∵ $\begin{cases} \angle BAH = \angle CAD, \\ \angle AHB = \angle ADC, \\ AB = AC, \end{cases}$

∴ △$BAH \cong$ △CAD(AAS),

∴ $BH = CD$.

∵ $\begin{cases} CD = BH, \\ CE = BF, \end{cases}$

∴ Rt△$CDE \cong$ Rt△BHF(HL),如图 2.141 所示.

∴ ∠$BEC = \angle CFB$.

(3) **解** 如图 2.142 所示,设 ∠$ECA = \alpha$,∠$CFB = \beta$,则

∠$CBF = 2\alpha$,∠$CEB = \beta$,

∴ ∠$A = \beta - \alpha$,∠$ABC = \angle ACB = 2\alpha + \beta$,

∴ ∠$ECB = 2\alpha + \beta - \alpha = \alpha + \beta$,

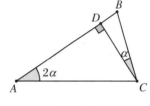

图 2.139

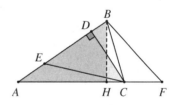

图 2.140

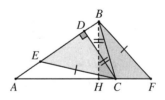

图 2.141

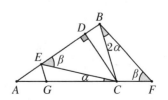

图 2.142

∴ $(\beta - \alpha) + 2(2\alpha + \beta) = 180° \Rightarrow \alpha + \beta = 60°$,
∴ $\angle ECB = 60°$.

延长 CB 至点 M，使得 $BM = GE$，如图 2.143 所示.
∵ $GE \parallel BC$，$\angle GCB = \angle EBC$，
∴ 四边形 $EBCG$ 为等腰梯形，
∴ $GC = BE$.
∵ △AGE 与 △ACB 为底角相等的等腰三角形，
∴ $\angle AGE = \angle ABC$，
∴ $\angle EGC = \angle MBE$.
∵ $\begin{cases} GE = BM, \\ \angle EGC = \angle MBE, \\ GC = BE, \end{cases}$
∴ △$EGC \cong$ △MBE（SAS），
∴ $EC = ME$，
∴ △MEC 为等边三角形，
∴ $CM = EC = BF$，
∴ $BF = BC + MB = BC + EG = 8$.

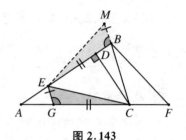

图 2.143

 思路点拨

第一问考查等腰三角形的判定. 第二问考查二次全等型. 对于第三问，首先要判断 $\angle ECB = 60°$，再构造等边三角形，从而解决问题.

59. 证 （1）∵ CE 垂直平分 BD，如图 2.144 所示，
∴ $BE = DE$，
∴ $\angle BDE = \angle DBE$.
∵ $AB = AC$，
∴ $\angle ACB = \angle ABC$.
∵ $\angle ACB = \angle CAD + \angle BDE$，
   $\angle ABC = \angle ABE + \angle DBE$，
∴ $\angle CAD = \angle ABE$.

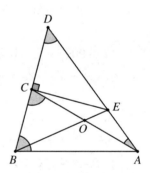

图 2.144

（2）作 $CP \parallel BE$ 交 AD 于点 P，如图 2.145 所示.
∵ $CP \parallel BE$，
∴ $\angle CPA = \angle AEB$.
∵ $\begin{cases} \angle CPA = \angle AEB, \\ \angle CAD = \angle ABE, \\ AC = BA, \end{cases}$
∴ △$CPA \cong$ △AEB（AAS），
∴ $CP = AE$.

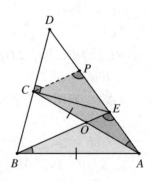

图 2.145

∵ $CP // BE, BC = CD$，

∴ CP 为△DBE 的中位线，

∴ $DP = PE$，

∴ CP 为 Rt△DCE 斜边上的中线，

∴ $CP = DP = PE = AE$，

∴ OE 为△ACP 的中位线，

∴ $OA = OC$.

思路点拨

第一问考查等腰三角形的内角关系. 第二问在三角形中出现中点，常常考虑构造中位线解决难题.

60. **解** 作 $AN \perp BC$ 于点 N，作 $DM \perp BC$ 于点 M，如图 2.146 所示.

∵ $\angle ABC = 45°$，

∴ △BDM、△ABN 均为等腰直角三角形，

∴ $BM = DM, BN = AN$.

∵ $\angle EAN + \angle APD = 90°$，

  $\angle PCN + \angle CPN = 90°$，

  $\angle APD = \angle CPN$，

∴ $\angle EAN = \angle DCM$.

∵ $\begin{cases} \angle EAN = \angle DCM, \\ \angle DMC = \angle ENA, \\ CD = AE, \end{cases}$

∴ △$AEN \cong$ △CDM（AAS），

∴ $DM = EN = BM, MC = NA = BN$.

∵ $BN = BM + MN, MC = MN + NC$,

∴ $BM = NC = EN = DM$.

∵ $CE = 2$，

∴ $DM = \dfrac{1}{2}CE = 1$，

∴ $S_{△CDE} = \dfrac{1}{2}CE \cdot DM = 1$.

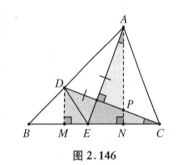

图 2.146

思路点拨

$S_{△CDE} = \dfrac{1}{2}CE \cdot DM$，且 CE 已知，那么求 DM 是解决本题的关键. 通过构造全等三角形，利用线段之间的数量关系，证明 $DM = \dfrac{1}{2}CE$，从而解决问题.

61. 证 (1) ∵ $\begin{cases} AE = CD, \\ \angle BAE = \angle ACD, \\ AB = CA, \end{cases}$

∴ △BAE ≌ △ACD(SAS),如图2.147所示.

∴ BE = AD,∠ABE = ∠CAD.

(2) ∵ ∠BFD = ∠ABE + ∠BAF,∠ABE = ∠CAD,

∴ ∠BFD = ∠CAD + ∠BAF = ∠BAC = 60°.

∵ ∠ABD = ∠ABE + ∠FBC,

∠BAC = ∠BAD + ∠CAD,

∴ ∠FBC = ∠BAD.

作 BG⊥AD 于点G,如图2.148所示.

∵ $\begin{cases} \angle BAG = \angle CBF, \\ \angle AGB = \angle BFC, \\ AB = BC, \end{cases}$

∴ △BAG ≌ △CBF(AAS),

∴ AG = BF.

∵ ∠BFD = 60°,∠BGF = 90°,

∴ BF = AG = 2GF,

∴ AF = GF,

∴ BF = 2AF.

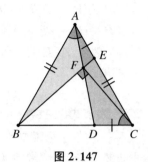

图2.147

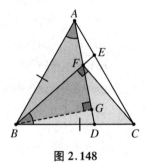

图2.148

思路点拨

第一问比较简单,全等三角形判定的条件很充分. 对于第二问,关键在于首先判定∠BFD = 60°,然后构造特殊的直角三角形,利用含60°的直角三角形三边的关系和全等判定解决问题.

62. 解 作 AN⊥AD 交DE 于点N,取 DN 的中点M,连接BM,如图2.149所示.

∵ ∠D = 30°,

∴ ∠DNA = 60°.

∵ M 是 Rt△ADN 斜边的中点,

∴ AM = DM = MN,

∴ △AMN 是等边三角形,

∴ $AM = AN = \dfrac{AD}{\sqrt{3}} = CE = DM$.

∵ ∠MAB + ∠BAN = 60°,∠NAC + ∠BAN = 60°,

∴ ∠MAB = ∠NAC.

∵ $\begin{cases} AM = AN, \\ \angle MAB = \angle NAC, \\ AB = AC, \end{cases}$

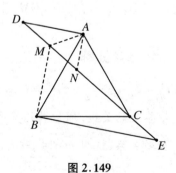

图2.149

∴△MAB≌△NAC(SAS),如图 2.150 所示,

∴∠AMB = ∠ANC = 120°,BM = CN,

∴∠BME = 120° - ∠AMN = 60°.

∵DA // BE,∠D = 30°,

∴∠E = 30°,

∴△BME 为直角三角形,

∴$ME = \frac{2}{\sqrt{3}}BE = 4\sqrt{3}$.

∵CD = MC + DM = MC + CE = ME.

∴$CD = 4\sqrt{3}$.

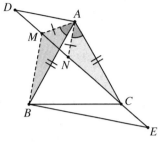

图 2.150

思路点拨

由于内含 30°角的直角三角形中隐含一个等边三角形,故利用等边构造全等图形是本题的核心思路. 通过证明全等解决 CD = ME, 而 ME 由已知条件易求, 则水到渠成.

63. **解** 作 AP⊥EF 于点 P,作 BH⊥AD 于点 H,如图 2.151 所示.

∵∠AGF = 60°,

∴∠GAP = 30°,$AP = \frac{\sqrt{3}}{2}AG = 3$,

∴∠EAP = ∠GAP + ∠CAD = 30° + ∠CAD.

∵∠BDH = ∠C + ∠CAD = 30° + ∠CAD,

∴∠EAP = ∠BDH.

∵$\begin{cases} \angle EAP = \angle BDH, \\ \angle APE = \angle DHB, \\ AE = DB, \end{cases}$

∴△EAP≌△BDH(AAS),

∴AP = DH.

∵AB = DB,BH⊥AD,

∴AD = 2DH = 2AP = 6,

∴$GD = AD - AG = 6 - 2\sqrt{3}$.

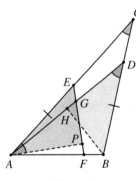

图 2.151

思路点拨

本题的难点在于构造出 ∠EAP = ∠BDH,由于 ∠BDH = 30° + ∠CAD, 只需要构造出一个 ∠GAP = 30° 的角, 这样证全等就变得容易. 再由等腰三角形三线合一的性质, 得到 AD = 2DH = 2AP = 6. 解决了 AD,AG 又已知, 即可解决 GD.

64. 证 ∵△ABC、△CED 为等边三角形,

∴AC = BC,CD = CE,∠ACB = ∠DCE = 60°,

∴∠BCE = ∠ACD = ∠ACE + 60°.

∵ $\begin{cases} AC = BC, \\ \angle ACD = \angle BCE, \\ CD = CE, \end{cases}$

∴△ACD≌△BCE(SAS),如图 2.152 所示,

∴AD = BE,∠ADC = ∠BEC.

∵点 P 与点 M 分别是线段 BE 和 AD 的中点,

∴PE = MD.

∵ $\begin{cases} CD = CE, \\ \angle CDM = \angle CEP, \\ PE = MD, \end{cases}$

∴△PCE≌△MCD(SAS),如图 2.153 所示,

∴PC = MC,∠PCE = ∠MCD.

∵∠PCE = ∠MCE + ∠PCM,

∠MCD = ∠MCE + 60°,

∴∠PCM = 60°,

∴△CPM 是等边三角形.

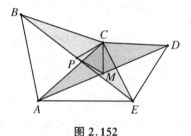

图 2.152

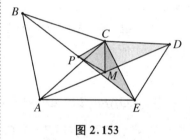

图 2.153

思路点拨

这是一个典型的等边三角形手拉手模型,旋转全等.通过证明△ACD≌△BCE 和△PCE≌△MCD,得出结论.

65. 结论:PE = PD 且 PE⊥PD.

证 分别取 AC、BC 的中点 M、N,连接 EM、PM、DN、PN,如图 2.154 所示.

∵P 为 AB 的中点,M、N 分别为 AC、BC 的中点,

∴$PM = \frac{1}{2}BC$,$PN = \frac{1}{2}AC$,PM // BC,PN // AC,

∴四边形 PMCN 为平行四边形,

∴∠PMC = ∠PNC.

∵△AEC 和△BCD 为等腰直角三角形,

∴$EM = \frac{1}{2}AC$,$DN = \frac{1}{2}BC$,∠EMC = ∠DNC = 90°.

∵∠PME = ∠PMC + 90°,∠DNP = ∠PNC + 90°,

∴∠PME = ∠DNP.

∵ $\begin{cases} EM = PN, \\ \angle PME = \angle DNP, \\ PM = DN, \end{cases}$

∴△PME≌△DNP(SAS),

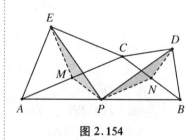

图 2.154

∴ $PE = DP$,$\angle PEM = \angle DPN$,

∴ $\angle DPN + \angle EPM = \angle PEM + \angle EPM = 180° - \angle EMP = 90° - \angle CMP$.

∵ $\angle CAP = \angle NPB$,

∴ $\angle NPB + \angle MPA = \angle CAP + \angle MPA = \angle CMP$,

∴ $\angle DPN + \angle EPM + \angle NPB + \angle MPA = 90°$,

∴ $\angle EPD = 180° - 90° = 90°$,

∴ $PE \perp PD$.

综上,$PE = PD$ 且 $PE \perp PD$.

此题是等腰直角三角形中的手拉手模型.由等腰直角三角形和 AB 的中点 P 易想到取中点构造三角形中位线,从而得出线段和角的等量关系,再通过三角形全等得出结论.

66. **解** 延长 BD 至点 E,使得 $AD = ED$,如图 2.155 所示.

∵ $\angle ADB = 2\angle E = 2\angle ACB$,

∴ $\angle E = \angle ACB$.

∵ $\begin{cases} \angle AEO = \angle BCO, \\ \angle AOE = \angle BOC, \\ AO = BO, \end{cases}$

∴ $\triangle AEO \cong \triangle BCO$(AAS),

∴ $OE = OC = 8$.

设 $AD = DE = x$,则 $OD = OE - DE = 8 - x$.

在 Rt$\triangle ADO$ 中,

$AD^2 = AO^2 + OD^2$,

∴ $x^2 = 16 + (8-x)^2 \Rightarrow x = 5$,

∴ $OD = 3$,

∴ $BD = 7$,

∴ $S_{ABCD} = \dfrac{1}{2} AC \cdot BD = 42$.

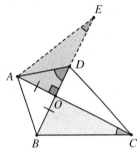

图 2.155

对于 2 倍角,常见的解题规律是构造等腰三角形,这样就可以构造单倍角,再通过已知条件为全等三角形的证明创造条件.由于对角线互相垂直的四边形的面积等于对角线的积的一半,本题中只要求得 OD 即可大功告成.

67. 结论：$ME = MC$ 且 $ME \perp MC$.

证 延长 EM 至点 N，使得 $EM = NM$，连接 DN，如图 2.156 所示.

$\because \begin{cases} EM = NM, \\ \angle EMF = \angle NMD, \\ FM = DM, \end{cases}$

$\therefore \triangle EMF \cong \triangle NMD$（SAS）.

$\therefore EF = ND = BE, \angle MEF = \angle MND$.

$\therefore EF \parallel DN$.

延长 DC、BG 交于点 Q，延长 AB 至点 P，如图 2.157 所示.

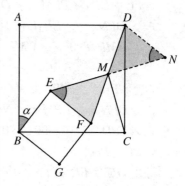

图 2.156

$\because EF \parallel DN \parallel BQ$,

$\therefore \angle 1 = \angle 2$.

$\because DQ \parallel AP$,

$\therefore \angle 2 = \angle 3$,

$\therefore \angle 1 = \angle 3$.

$\because \angle 3 + \alpha = 90°, \angle 4 + \alpha = 90°$,

$\therefore \angle 3 = \angle 4 = \angle 2 = \angle 1$.

连接 EC、NC，如图 2.158 所示.

$\because \begin{cases} DN = BE, \\ \angle EBC = \angle NDC, \\ BC = DC, \end{cases}$

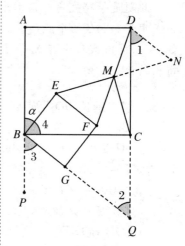

图 2.157

$\therefore \triangle BEC \cong \triangle DNC$（SAS）.

$\therefore EC = NC, \angle ECB = \angle NCD$.

$\because \angle ECB + \angle ECD = 90°$,

$\therefore \angle DCN + \angle ECD = \angle ECN = 90°$,

$\therefore \triangle ECN$ 是等腰直角三角形.

$\because EM = NM$,

$\therefore ME = MC$ 且 $ME \perp MC$.

思路点拨

本题的关键在于证明 $\angle 1 = \angle 4$，通过两边夹一角证明两个三角形全等，从而得出 $\triangle ECN$ 是等腰直角三角形的结论，再由 CM 为斜边上的中线，得到 $ME = MC$ 且 $ME \perp MC$.

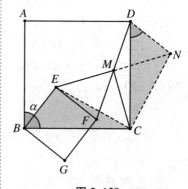

图 2.158

68. **解** 作 $AG \perp ED$ 交 ED 的延长线于点 G，如图 2.159 所示.

$\because \angle CBA + \angle C = 90°$,

$\quad \angle EAG + \angle E = 90°$,

∠C = ∠E，
∴∠EAG = ∠CBA．
∴$\begin{cases}∠EAG = ∠ABD，\\∠EGA = ∠ADB，\\AE = AB，\end{cases}$
∴△AEG≌△BAD（AAS），
∴EG = AD = 2ED，
∴ED = DG = $\frac{1}{2}$AD，
∴AG = $\sqrt{3}$DG．
设 ED = DG = x，则 AG = $\sqrt{3}$x，EG = 2x．
∴AE = $\sqrt{7}$x = 2$\sqrt{7}$，
∴ED = 2，AG = 2$\sqrt{3}$，
∴$S_{△AED} = \frac{1}{2}ED · AG = 2\sqrt{3}$．

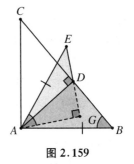

图 2.159

思路点拨

本题通过构造全等三角形，既解决了高线的问题，也解决了相关线段之间的数量关系．可谓一举多得．

69．证 （1）∵四边形 ABCD 与四边形 CGEF 为正方形，点 B、C、F 在同一条直线上，如图 2.160 所示，
∴∠ACB = ∠ECG = 45°，
∴∠ACB + ∠ECG + ∠BCG = 180°，
∴A、C、M、E 四点共线．
∵AD∥BF∥GE，
∴∠DAM = ∠NEM．
∴$\begin{cases}∠DAM = ∠NEM，\\AM = EM，\\∠DMA = ∠NME，\end{cases}$
∴△DAM≌△NEM（ASA），
∴DM = NM，AD = EN = DC．
连接 DF、NF，如图 2.161 所示．
∵$\begin{cases}DC = NE，\\∠DCF = ∠NEF，\\FC = FE，\end{cases}$
∴△DCF≌△NEF（SAS），
∴DF = NF，∠DFC = ∠NFE．
∵∠NFE + ∠CFN = 90°，
∴∠DFC + ∠CFN = ∠DFN = 90°，

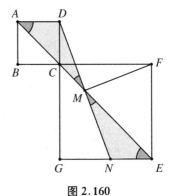

图 2.160

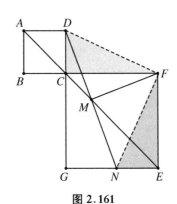

图 2.161

∴ △DFN 是等腰直角三角形，DN 为斜边.
∵ DM = NM，
∴ DM = FM.

(2) ∵ 四边形 ABCD 与四边形 CGEF 为正方形，点 B、C、E 在同一条直线上，如图 2.162 所示，
∴ AD ∥ NE，
∴ ∠ADM = ∠ENM．
∵ $\begin{cases} \angle ADM = \angle ENM，\\ \angle DMA = \angle NME，\\ AM = EM，\end{cases}$
∴ △ADM ≌ △ENM（AAS），如图 2.162 所示，
∴ AD = EN = CD，DM = NM．

连接 NF、DF，如图 2.163 所示．
∵ ∠NEF = 180° − ∠CEF = 135°，
∠DCF = ∠ECD + ∠ECF = 135°，
∴ ∠NEF = ∠DCF．
∵ $\begin{cases} NE = DC，\\ \angle NEF = \angle DCF，\\ EF = CF，\end{cases}$
∴ △NEF ≌ △DCF（SAS），
∴ NF = DF，∠EFN = ∠CFD．
∵ ∠CFD + ∠EFD = ∠EFC = 90°，
∴ ∠EFN + ∠EFD = ∠NFD = 90°，
∴ △DFN 是等腰直角三角形，点 M 为斜边 DN 的中点，
∴ DM = FM．

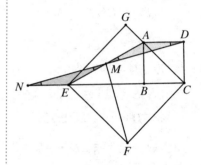

图 2.162

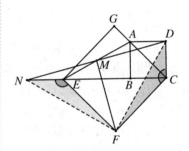

图 2.163

思路点拨

本题两问都是通过三步得到结论的．对于正方形手拉手模型，一般解题规律是两步全等、一次导角．通过本题的规范解答，希望各位同学能熟练掌握手拉手模型的一般解题套路，在中考与测试中立于不败之地．

70. **解** ∵ AC = AD，
∴ ∠ACD = ∠ADC．
∵ ∠ABC + ∠ACD = 180°，
∴ ∠ABC + ∠ADC = 180°，
∴ A、B、C、D 四点共圆，如图 2.164 所示，
∴ ∠ACB = ∠ADB．

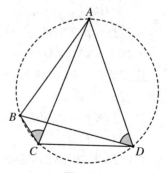

图 2.164

在线段 BD 上取点 M，使得 $BC = MD$，如图 2.165 所示．

$\because \begin{cases} BC = MD, \\ \angle ACB = \angle ADM, \\ AC = AD, \end{cases}$

$\therefore \triangle ABC \cong \triangle AMD$（SAS），

$\therefore AB = AM = BD.$

作 $AN \perp BD$ 于点 N，如图 2.166 所示，

$\therefore BN = MN.$

设 $BN = MN = x$，则

$BD = AB = BM + MD = 2x + 4,$

$ND = MN + MD = x + 4,$

$\therefore AD^2 - ND^2 = AB^2 - BN^2,$

$\therefore (6\sqrt{7})^2 - (x+4)^2 = (2x+4)^2 - x^2 \Rightarrow$

$(x-5)(x+11) = 0,$

$\therefore BD = 14,$

$\therefore \dfrac{S_{\triangle ABC}}{S_{\triangle ABD}} = \dfrac{S_{\triangle AMD}}{S_{\triangle ABD}} = \dfrac{MD}{BD} = \dfrac{2}{7}.$

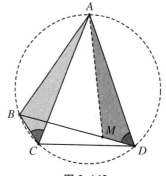

图 2.165

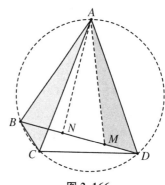

图 2.166

思路点拨

通过分析可知，四边形 $ABCD$ 对角互补，则四边形为圆的内接四边形．通过构造 $\triangle ABC \cong \triangle AMD$，将线段的数量关系建立起来．再由勾股定理建立方程，求解线段 BD，问题便解决了．

71. 证 连接 EB，如图 2.167 所示.

$\because \angle ECB = \angle ECD + \angle DCB = 60° + \angle DCB,$

$\angle DCA = \angle ACB + \angle DCB = 60° + \angle DCB,$

$\therefore \angle ECB = \angle DCA.$

$\because \begin{cases} AC = CB, \\ \angle DCA = \angle ECB, \\ CD = CE, \end{cases}$

$\therefore \triangle DCA \cong \triangle ECB$（SAS），

$\therefore DA = EB = KD, \angle CDA = \angle CEB.$

$\because$ 点 A、D、K 共线，$\angle CDE = 60°$，如图 2.168 所示，

$\therefore \angle CDA + \angle EDK = 120°.$

$\because \angle EDK = \angle EHK + \angle HED + \angle HKD$

$= 60° + \angle HED + \angle HKD,$

$\therefore \angle CDA + \angle HED + \angle HKD = 60°,$

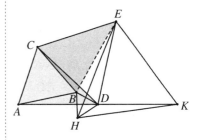

图 2.167

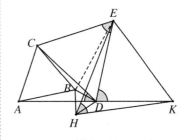

图 2.168

∴ ∠CEB + ∠HED + ∠HKD = 60°.

∵ ∠CEB + ∠HED + ∠HEB = ∠CED = 60°,

∴ ∠HEB = ∠HKD.

∵ $\begin{cases} EB = KD, \\ \angle HEB = \angle HKD, \\ HE = HK, \end{cases}$

∴ △HEB ≌ △HKD（SAS）,如图 2.169 所示,

∴ HB = HD,∠EHB = ∠KHD.

∵ ∠KHD + ∠EHD = ∠EHK = 60°,

∴ ∠EHB + ∠EHD = ∠BHD = 60°,

∴ △BDH 为等边三角形.

思路点拨

此题为等边三角形的手拉手模型.本题的难点在于证明∠HEB = ∠HKD.

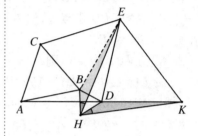

图 2.169

72. **解** ∵ ∠ECB + ∠ECA = 90°,

∠DCA + ∠ECA = 90°,如图 2.170 所示,

∴ ∠ECB = ∠DCA.

∵ ∠CBE + ∠BFC = 90°,∠CAD + ∠AFD = 90°,

∠BFC = ∠AFD,

∴ ∠CBE = ∠CAD.

∵ $\begin{cases} \angle ECB = \angle DCA, \\ BC = AC, \\ \angle CBE = \angle CAD, \end{cases}$

∴ △ECB ≌ △DCA（ASA）,

∴ EC = DC,BE = AD,

∴ △ECD 是等腰直角三角形.

过点 C 作 CG⊥ED 于点 G,如图 2.171 所示,

∴ EG = DG = CG,CG⊥ED.

∵ AD⊥ED,

∴ CG∥AD,

∴ ∠GCF = ∠DAF.

∵ $\begin{cases} \angle GCF = \angle DAF, \\ \angle CGF = \angle ADF, \\ CF = AF, \end{cases}$

∴ △GCF ≌ △DAF（AAS）,

∴ CG = AD,GF = DF.

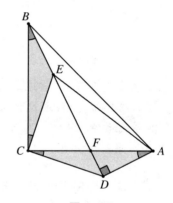

图 2.170

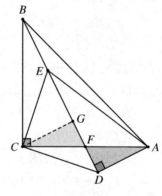

图 2.171

设 $AD=BE=EG=2k$, 则 $GF=DF=k$,

∴ $BF=5k$.

∵ $CF=AF$,

∴ $S_{\triangle ABC}=2S_{\triangle ABF}$,

∴ $\dfrac{S_{\triangle ABE}}{S_{\triangle ABC}}=\dfrac{S_{\triangle ABE}}{2S_{\triangle ABF}}=\dfrac{BE}{2BF}=\dfrac{2k}{10k}=\dfrac{1}{5}$.

思路点拨

本题是三角形面积比问题. 点 F 为 AC 的中点, 则 $\triangle ABF$ 的面积是 $\triangle ABC$ 的面积的一半; $\triangle ABF$ 与 $\triangle ABE$ 的底边在同一条直线上且高相等, 那么它们的面积比等于底边比. 因此本题只需得出线段 BE 与 BF 的比例关系即可. 由 $\triangle ECB \cong \triangle DCA$ 得出 $\triangle ECD$ 为等腰直角三角形, 作 $CG \perp ED$, 则 $\triangle GCF \cong \triangle DAF$, 再由等腰直角三角形的相关性质不难得出线段比.

73. 证 延长 AC 至点 G, 使得 $AB=BG$, 过点 G 作 $GH \perp BC$ 交 BC 的延长线于点 H, 连接 BG, 如图 2.172 所示.

∵ $AB=BG$,

∴ $\angle A=\angle BGA$.

∵ $\angle A+\angle E=\angle ACB$, $\angle BGA+\angle GBH=\angle ACB$,

∴ $\angle DEF=\angle GBH$.

∵ $\begin{cases}\angle DEF=\angle GBH,\\ \angle DFE=\angle GHB,\\ BG=ED,\end{cases}$

∴ $\triangle DEF \cong \triangle GBH$(AAS), 如图 2.173 所示,

∴ $DF=HG$, $EF=BH$.

∵ $\begin{cases}\angle DFC=\angle GHC,\\ \angle DCF=\angle GCH,\\ DF=GH,\end{cases}$

∴ $\triangle DFC \cong \triangle GHC$(AAS),

∴ $FC=HC$,

∴ $FH=2FC$.

∵ $EF=BH$,

∴ $EB+BF=BF+FH$,

∴ $EB=FH=2FC$.

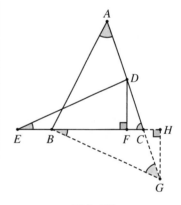

图 2.172

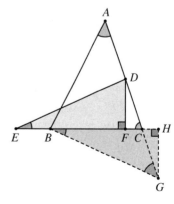

图 2.173

思路点拨

本题的关键在于有效利用 $\angle A + \angle E = \angle ACB$ 和 $DE = AB$ 这两个重要条件,使其向有利于解决问题的方向转化.角是三角形边角关系中最活跃的因素.要求解角度和之间的关系,尝试的途径有两种:第一种途径是切割大角以寻求全等解决问题.以本题为例,如果将 $\angle ACB$ 切成两个部分,如图2.174所示,那么,虽然可以构造出两个等腰三角形,但是 $DE = AB$ 这个条件不容易转化.思路中断.此时,不妨将 $\angle ACB$ 看作三角形的一个外角,从另一个方面寻求突破.所以,尝试第二种途径:延长 AC 至点 G,使得 $AB = BG$,过点 G 作 $GH \perp BC$ 交 BC 的延长线于点 H,连接 BG.

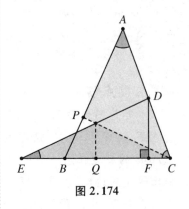

图 2.174

74. **证** 作 $GP \parallel BC$ 交 AB 于点 P,连接 FP、GD,如图 2.175 所示.

∵ $AG = GC$,$BD = DC$,

∴ $GD \parallel AB$.

∵ $GP \parallel BC$,

∴ $AP = BP$,

∴ 四边形 $PBDG$ 是矩形,

∴ $PG = BD$,$GD = PB$.

∵ △EBD 是等边三角形,

∴ $\angle EBD = \angle EDB = 60°$,$BD = DE = PG$,

∴ $\angle GDE = \angle EDC - \angle CDG = 120° - 90° = 30°$.

∵ $AB \perp BD$,

∴ $\angle ABF = 30°$.

∵ $AF \perp BE$,

∴ $\angle PAF = 60°$,

∴ FP 为 $Rt\triangle ABF$ 斜边上的中线,

∴ $PF = AP = BP = DG$,

∴ △APF 是等边三角形,

∴ $\angle APF = 60°$,

∴ $\angle FPG = 30°$,

∴ $\angle FPG = \angle GDE$.

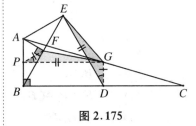

图 2.175

∵ $\begin{cases} PF = DG, \\ \angle FPG = \angle GDE, \\ PG = DE, \end{cases}$

∴ △$FPG \cong$ △GDE(SAS),

∴ $FG = GE$.

第二部分　全等100题解析

> **思路点拨**
>
> 虽然本题是一次全等类型，但是全等判定中的三个条件均需证明，这是一道不常见的经典试题．证明的主要思路是通过构造矩形 $PBDG$，结合已知条件创造全等证明的必要条件．

75．解　(1) 作 $AH \perp BC$ 于点 H．

① 当点 D 在线段 BC 上时，如图 2.176 所示．

$$S_{\triangle ABD} = \frac{1}{2} BD \cdot AH.$$

据题意，$DC = 2t$，则 $BD = 8 - 2t$．

∵ $\triangle ABC$ 为等腰直角三角形，$AH \perp BC$，

∴ $AH = \frac{1}{2} BC = 4$，

∴ $\frac{1}{2} BD \cdot AH = 10 \Rightarrow t = \frac{3}{2}$ (s)．

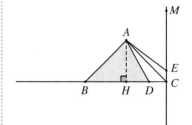

图 2.176

② 当点 D 在 CB 的延长线上时，如图 2.177 所示．

$$S_{\triangle ABD} = \frac{1}{2} BD \cdot AH.$$

据题意，$DB = 2t - 8$，$AH = 4$，

∴ $\frac{1}{2} BD \cdot AH = 10 \Rightarrow t = \frac{13}{2}$ (s)．

综上，当 t 为 $\frac{3}{2}$ s 或 $\frac{13}{2}$ s 时，$S_{\triangle ABD} = 10 \text{ cm}^2$．

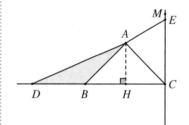

图 2.177

(2) ① 当点 D 在线段 BC 上，点 E 在射线 CM 上时，如图 2.178 所示．

∵ $\angle ABD = \angle ACE = 45°$，$AB = AC$，

∴ 当 $BD = CE$ 时，$\triangle ABD \cong \triangle ACE$ (SAS)．

此时，$BD = 8 - 2t$，$CE = t$，

∴ $8 - 2t = t \Rightarrow t = \frac{8}{3}$ (s)．

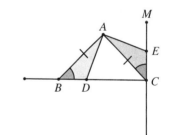

图 2.178

② 当点 D 在 CB 的延长线上，点 E 在 BC 下方时，如图 2.179 所示．

∵ $\angle ABD = \angle ACE = 135°$，$AB = AC$，

∴ 当 $BD = CE$ 时，$\triangle ABD \cong \triangle ACE$ (SAS)．

此时，$BD = 2t - 8$，$CE = t$，

∴ $2t - 8 = t \Rightarrow t = 8$ (s)．

综上，当 t 为 $\frac{8}{3}$ s 或 8 s 时，$\triangle ABD \cong \triangle ACE$．

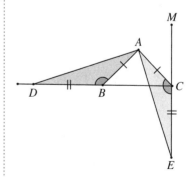

图 2.179

思路点拨

第一问与面积有关,与点 D 的位置有关,要分类讨论. 第二问涉及动态全等问题,与点 D、E 的位置都有关系. 由于没有明确点 E 的运动方向,对于点 D、E 都要分类讨论,千万不能疏漏. 再根据全等判定条件认真计算.

76. 解 连接 DF、DG,如图 2.180 所示.

∵ DH 垂直平分 FG,
∴ $DF = DG$.
∵ $\begin{cases} AD = CD, \\ DF = DG, \end{cases}$
∴ Rt△ADF ≌ Rt△CDG(HL),
∴ ∠FDA = ∠GDC,$AF = CG$.
∵ ∠FDA + ∠FDC = 90°,
∴ ∠GDC + ∠FDC = ∠GDF = 90°,
∴ △FDG 为等腰直角三角形,
∴ $DH = FH$.

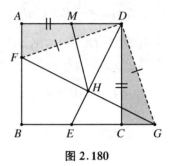

图 2.180

过点 H 作 $HP \perp AD$ 于点 P,作 $HQ \perp AB$ 于点 Q,则四边形 $APHQ$ 为矩形,如图 2.181 所示.

∵ ∠FHQ + ∠FHP = 90°,∠DHP + ∠FHP = 90°,
∴ ∠FHQ = ∠DHP.
∵ $\begin{cases} ∠FHQ = ∠DHP, \\ ∠FQH = ∠DPH, \\ FH = DH, \end{cases}$
∴ △FQH ≌ △DPH(AAS),
∴ $QH = PH$,
∴ 四边形 $APHQ$ 为正方形,
∴ $AP = PH$.

设 $MP = x$,则 $AP = PH = AM + x = 3 + x$.
在 Rt△MPH 中,由勾股定理得
$MH^2 = MP^2 + PH^2 \Rightarrow 17 = x^2 + (3+x)^2 \Rightarrow$
$x^2 + 3x - 4 = 0 \Rightarrow (x-1)(x+4) = 0$,
∴ $MP = 1$,$AP = HQ = 4$.
∵ $HQ \parallel BC$,点 H 为 FG 的中点,
∴ HQ 为 △FBG 的中位线,
∴ $BG = 2HQ = 8$,
∴ $CG = BG - BC = 2 = AF$,
∴ $FB = AB - AF = 4$.

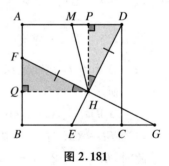

图 2.181

连接 FE,如图 2.182 所示.
依据对称性有 $FE=EG$.
设 $EG=EF=y$,则 $BE=8-y$.
在 $Rt\triangle BFE$ 中,由勾股定理得
$$EF^2=FB^2+BE^2\Rightarrow y^2=16+(8-y)^2\Rightarrow y=5,$$
∴ $EG=5$.

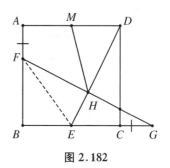

图 2.182

思路点拨

本题综合性较强.首先由于对称性,$DF=DG$,得到 $Rt\triangle ADF\cong Rt\triangle CDG$,则 $\triangle FDG$ 为等腰直角三角形 $\Rightarrow$ $DH=FH\Rightarrow \triangle FQH\cong \triangle DPH\Rightarrow$ 四边形 $APHQ$ 为正方形.在这一连串判定的背后,是对图形中线段的数量关系的整理与运算.搞清楚关键线段的数量关系才能解决问题.

77. 证 ∵ $\angle ABC=45°$,$AM\perp BM$,如图 2.183 所示,
∴ $\triangle ABM$ 是等腰直角三角形,
∴ $BM=AM$.
∴ $\begin{cases} BM=AM,\\ \angle BMD=\angle AMC,\\ MD=MC, \end{cases}$
∴ $\triangle BMD\cong \triangle AMC$(SAS),
∴ $BD=AC=EC$.

延长 EF 至点 N,使得 $FN=EF$,连接 BN,如图 2.184 所示.

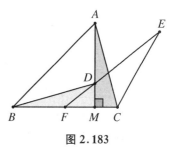

图 2.183

∴ $\begin{cases} FB=FC,\\ \angle BFN=\angle CFE,\\ FN=FE, \end{cases}$
∴ $\triangle BFN\cong \triangle CFE$(SAS),
∴ $BN=CE$,$\angle BNF=\angle CEF$,
∴ $BD=BN$,
∴ $\angle BNF=\angle BDF=\angle CEF$.

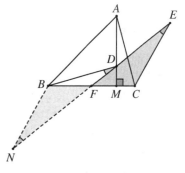

图 2.184

思路点拨

易证 $\triangle BMD\cong \triangle AMC$(SAS),得 $BD=AC=EC$,由于点 F 为 BC 的中点,易想到倍长线段 EF,得 $\triangle BFN\cong \triangle CFE\Rightarrow BN=CE$,$\angle BNF=\angle CEF$,则 $BD=BN$,$\angle BDF=\angle CEF$.

78. 解 过点 D 作 $DN \perp AC$ 于点 N, 过点 B 作 $BM \perp DN$ 于点 M, 延长 DM 至点 P, 使得 $MP = FC$, 连接 BP、DF, 如图 2.185 所示, 则四边形 $MDEB$ 为矩形, 四边形 $MNCB$ 为正方形.

∴ $\angle PMB = \angle FCB$, $BM = BC$.

∴ $\begin{cases} PM = FC, \\ \angle PMB = \angle FCB, \\ BM = BC, \end{cases}$

∴ $\triangle PMB \cong \triangle FCB (SAS)$,

∴ $\angle BPM = \angle BFC$, $\angle PBM = \angle FBC$, $PB = FB$.

∵ $\angle MBF + \angle FBC = 90°$,

∴ $\angle PBM + \angle MBF = \angle PBF = 90°$.

∵ $\angle DBF = 45°$,

∴ $\angle PBD = 45° = \angle FBD$.

∴ $\begin{cases} PB = FB, \\ \angle PBD = \angle FBD, \\ BD = BD, \end{cases}$

∴ $\triangle PBD \cong \triangle FBD (SAS)$, 如图 2.186 所示,

∴ $PD = FD = MD + PM = BE + FC$,
   $\angle DFB = \angle DPB = \angle BFC$.

∵ $DE \parallel NC$,

∴ $\angle BFC = \angle BGE = \angle DGF$,

∴ $\angle DFG = \angle DGF$,

∴ $DG = DF = BE + CF$,

∴ $CF = DG - BE = 2$.

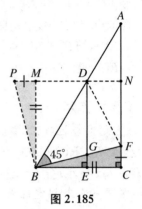

图 2.185

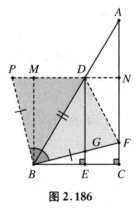

图 2.186

思路点拨

本题是"变异"的半角模型. 通过补全正方形 $MNCB$ 构造半角模型, 从而得到 $FD = BE + FC$, 再通过角度之间的关系证明 $DG = DF$.

79.（1）**解** 连接 AG 并延长交 BC 于点 H, 如图 2.187 所示.

∵ $CD \perp AB$, $AD = DG$,

∴ $\triangle ADG$ 为等腰直角三角形,

∴ $\angle DAG = 45°$.

∵ $\angle ABC = 45°$, $CD \perp AB$,

∴ $AH \perp BC$, $\triangle ABH$、$\triangle DBC$、$\triangle GHC$ 均为等腰直角三角形,

∴ $GH = HC$, $BC = \sqrt{2} DB = 4$.

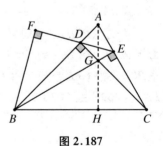

图 2.187

∵ ∠GBC = 30°,
∴ BH = $\sqrt{3}$GH.
∵ BC = BH + HC,
∴ BC = $\sqrt{3}$GH + GH,
∴ GH = $\frac{BC}{\sqrt{3}+1}$ = $2\sqrt{3} - 2$,
∴ $S_{\triangle GBC}$ = $\frac{1}{2}$BC · GH = $4\sqrt{3} - 4$.

(2) 证 ∵ $\begin{cases} GD = AD, \\ \angle BDG = \angle CDA, \\ BD = CD, \end{cases}$

∴ △BDG ≌ △CDA（SAS），
∴ GB = AC.
∵ CD ⊥ AB, BE ⊥ AC,
∴ D、B、C、E 四点共圆,如图 2.188 所示,
∴ ∠FEB = ∠DCB = 45°.
∵ BF ⊥ EF,
∴ △BEF 为等腰直角三角形,
∴ BE = $\sqrt{2}$BF.
∵ GB + GE = BE,
∴ AC + GE = $\sqrt{2}$BF.

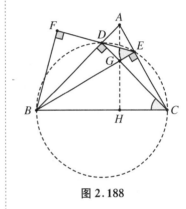

图 2.188

思路点拨

第一问,若求 △GBC 的面积,则须求 BC 及 BC 边上的高.延长 AG 交 BC 于点 H,由题设易知 AH ⊥ BC,GH 即为 △GBC 的高,再由 Rt△GBH 和 Rt△GCH 的边角关系即可求得面积.

第二问,若证得 Rt△BEF 为等腰直角三角形,则 BE = $\sqrt{2}$BF,而 BE = BG + GE,若再证得 BG = AC,就可得到 AC + GE = $\sqrt{2}$BF. 易证 △BDG ≌ △CDA,则 BG = AC. 且 ∠BDC = ∠BEC = 90°,则 D、B、C、E 点共圆,得 ∠FEB = ∠DCB = 45°,再由 BF ⊥ EF 得 △BEF 为等腰直角三角形,问题即可解决.

80. (1) 证 ∵ ∠DCB + ∠BCE = 90°,
∠CEF + ∠BCE = 90°,如图 2.189 所示,
∴ ∠DCB = ∠CEF.
∵ $\begin{cases} \angle DCB = \angle CEF, \\ \angle DBC = \angle CFE, \\ DC = CE, \end{cases}$

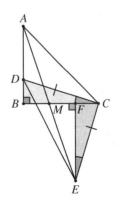

图 2.189

∴△DBC≌△CFE(AAS).

(2) 解 ∵△DBC≌△CFE,

∴BC=FE,BD=FC.

∵AB=BC,

∴AB=EF,

∴AB-BD=BC-CF,

∴AD=BF.

∵ $\begin{cases}\angle AMB=\angle EMF,\\ \angle ABM=\angle EFM,\\ AB=EF,\end{cases}$

∴△ABM≌△EFM(AAS),如图2.190所示,

∴BM=FM,

∴BF=2BM=AD,

∴$\dfrac{AD}{BM}=2$.

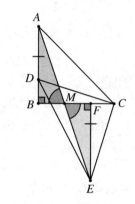

图2.190

(3) 结论:HE=HG+DG.

证 过点C作CP⊥AC交HE于点P,如图2.191所示.

∵∠GCD+∠DCP=90°,∠PCE+∠DCP=90°,

∴∠GCD=∠PCE.

∵ $\begin{cases}\angle GCD=\angle PCE,\\ DC=EC,\\ \angle GDC=\angle PEC,\end{cases}$

∴△GDC≌△PEC(ASA),

∴GC=PC,DG=EP.

∵∠GCH=45°,CP⊥AC,

∴∠PCH=45°.

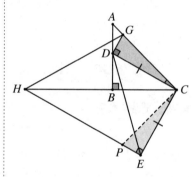

图2.191

∵ $\begin{cases}GC=PC,\\ \angle GCH=\angle PCH,\\ CH=CH,\end{cases}$

∴△GCH≌△PCH(SAS),如图2.192所示,

∴HG=HP,

∴HE=HP+EP=HG+DG.

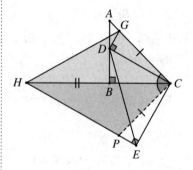

图2.192

 思路点拨

第一问,难度不大,通过AAS定理证明△DBC≌△CFE.第二问,在第一问的基础上有所拓展,主要抓住相关线段的数量关系解决问题.第三问,难度稍大,通过构造共角互余模型、二次全等解决问题.

81. 证 延长 BD 至点 H，使得 $DH = GD$，连接 AH、CH，如图 2.193 所示．

∵ $\angle BDC = 120°, GD = DC = DH$，

∴ $\angle HDC = 60°$，

∴ $\triangle DCH$ 为正三角形，

∴ $CH = CD, \angle DCH = \angle DHC = 60°$，

∴ $\angle DCB + \angle DCA = \angle HCA + \angle DCA = 60°$，

∴ $\angle DCB = \angle HCA$．

∵ $\begin{cases} BC = AC, \\ \angle DCB = \angle HCA, \\ DC = HC, \end{cases}$

∴ $\triangle BCD \cong \triangle ACH$（SAS），

∴ $\angle AHC = \angle BDC = 120°$，

∴ $\angle AHB = \angle AHC - \angle DHC = 120° - 60° = 60°$，

∴ $\angle EDG = \angle HDC = \angle AHB = 60°$，

∴ $ED \parallel AH$．

∵ $GD = DH$，

∴ $AE = EG$．

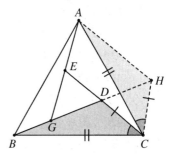

图 2.193

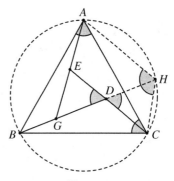

图 2.194

思路点拨

此解法的本质是通过将 $\triangle BDC$ 绕点 C 顺时针旋转 $60°$ 来解决问题．这是一种比较稳妥的解法．如果利用圆的知识来解决问题，则更加简捷，如图 2.194 所示：

$\triangle CDH$ 为等边三角形 $\Rightarrow \angle BAC = \angle BHC \Rightarrow A$、$B$、$C$、$H$ 四点共圆 $\Rightarrow \angle AHB = \angle ACB = 60° \Rightarrow \angle AHB = \angle HDC = \angle EDB \Rightarrow ED \parallel AH \Rightarrow AE = EG$．

82. 证 ∵ $\begin{cases} \angle ABC = \angle DBE, \\ AB = BD, \\ \angle BAC = \angle BDE, \end{cases}$

∴ $\triangle ABC \cong \triangle DBE$（ASA），如图 2.195 所示，

∴ $BC = BE$．

作 $AG \perp BD$ 于点 G，如图 2.196 所示，

∴ $\angle AGF = \angle EBF$．

∵ $\begin{cases} \angle AGF = \angle EBF, \\ \angle AFG = \angle EFB, \\ AF = EF, \end{cases}$

∴ $\triangle AFG \cong \triangle EFB$（AAS），

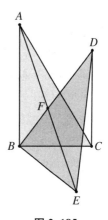

图 2.195

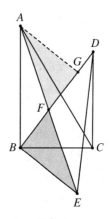

图 2.196

∴ $GF = BF$, $AG = EB = BC$.
∵ $\angle ABG + \angle BAG = 90°$, $\angle ABG + \angle DBC = 90°$,
∴ $\angle BAG = \angle DBC$.
∴ $\begin{cases} AG = BC, \\ \angle BAG = \angle DBC, \\ AB = BD \end{cases}$
∴ $\triangle BAG \cong \triangle DBC$(SAS),
∴ $CD = GB = 2BF$.

思路点拨

由点 F 为 AE 的中点,可想到在 BD 上取一点 G 构造全等三角形,即 $\triangle AFG \cong \triangle EFB$,得 $GF = BF$,则 $BG = 2BF$. 若想得到 $CD = 2BF$,则须证 $BG = CD$,显然要证 $\triangle BAG \cong \triangle DBC$. 因为 $AB = BD$ 已知, $\angle BAG = \angle DBC$, $AG = BC$ 易证,所以 $\triangle BAG \cong \triangle DBC$ 可证.

83.(1)解 设 $\angle ADB = \alpha$, $\angle BED = \beta$,如图 2.197 所示.
∵ $AD = AB$, $CE = CB$,
∴ $\angle A = 180 - 2\alpha$, $\angle C = 180° - 2\beta$.
∵ $\angle ABC = 90°$,
∴ $\angle A + \angle C = 90°$,
∴ $(180 - 2\alpha) + (180° - 2\beta) = 90°$,
∴ $\alpha + \beta = 135°$,
∴ $\angle EBD = 45°$.

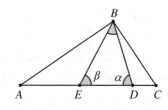

图 2.197

(2)证 延长 FD 至点 P,使 $DP = FD$,连接 CP,如图 2.198 所示.
∵ $\begin{cases} DG = DC, \\ \angle GDF = \angle CDP, \\ DF = DP \end{cases}$
∴ $\triangle GDF \cong \triangle CDP$(SAS),
∴ $FG = PC$.
∵ $\angle EBD = 45°$, $FD \perp BD$,
∴ $\triangle BFD$ 为等腰直角三角形.
连接 BP,如图 2.199 所示.
∵ BD 垂直平分 PF,
∴ Rt$\triangle BFD$ 与 Rt$\triangle BPD$ 关于 BD 对称,

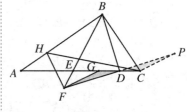

图 2.198

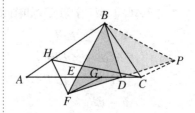

图 2.199

∴△BFP 为等腰直角三角形,BF = BP.
∵∠HBF + ∠FBC = 90°,∠CBP + ∠FBC = 90°,
∴∠HBF = ∠CBP.
∵$\begin{cases} BH = BC, \\ \angle HBF = \angle CBP, \\ BF = BP, \end{cases}$
∴△HBF≌△CBP(SAS),如图 2.200 所示,
∴FH = PC = FG.

思路点拨

对于第一问,根据等腰三角形等边对等角的性质、三角形内角和定理以及角和差的关系可得出∠EBD = 45°.对于第二问,因为点 D 为 CG 的中点,可倍长 FD,构造全等三角形,得 FG = PC,若要证 FH = FG,只须证 FH = PC 即可.连接 BP,易知△HBF≌△CBP,那么 FH = PC = FG.

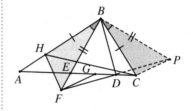

图 2.200

84. 证 ∵$\begin{cases} AD = CD, \\ \angle ADM = \angle CDM = 120°, \\ DM = DM, \end{cases}$

∴△ADM≌△CDM(SAS),如图 2.201 所示,
∴∠DAM = ∠DCM.
在 AM 上取一点 N,使得 AN = CF,连接 DN,如图 2.202 所示.

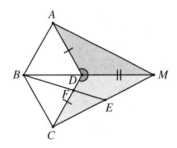

图 2.201

∵$\begin{cases} AN = CF, \\ \angle DAN = \angle ECF, \\ AD = CE, \end{cases}$
∴△ADN≌△CEF(SAS),如图 2.202 所示,
∴∠AND = ∠CFE,∠ADN = ∠CEF = ∠CBF.
∵∠CFE = ∠BCF + ∠CBF = 60° + ∠CBF,
 ∠BDN = ∠BDA + ∠ADN = 60° + ∠CEF,
∴∠BDN = ∠CFE.
∵∠MDN + ∠BDN = 180°,
 ∠CFE + ∠FCE + ∠FEC = 180°,
又∠FCE + ∠FEC = ∠MAD + ∠ADN = ∠MND,
∴∠MND = ∠MDN,
∴DM = MN,
∴AM = AN + MN = CF + DM.

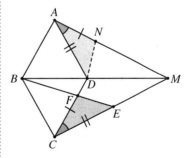

图 2.202

思路点拨

这是一个截长补短的题型.在 AM 上截取 $AN = CF$,证明 $DM = MN$ 即可.由 $BC = CE$、菱形性质及 $\triangle ADM \cong \triangle CDM$,易证出 $\triangle ADN \cong \triangle CEF$,得出角的等量关系,再通过等量代换及"等角的补角相等"可证出 $\angle MND = \angle MDN$,从而 $DM = MN$,得证.此题考查菱形性质及全等三角形的判定和性质,解题的关键是通过截长补短法添加辅助线.

85. 解 (1) 在线段 BC 上取一点 G,使得 $BF = FG$,连接 EG,如图 2.203 所示.

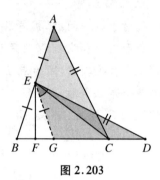

图 2.203

∵ EF 垂直平分 BG,
∴ $EB = EG = AE$,$\angle B = \angle EGF$.
∵ $\angle B = \angle A + \angle D$,$\angle EGF = \angle GED + \angle D$,
∴ $\angle EAC = \angle GED$.
∵ $\begin{cases} AE = EG, \\ \angle EAC = \angle GED, \\ AC = ED, \end{cases}$
∴ $\triangle EAC \cong \triangle GED$(SAS),
∴ $\angle ACE = \angle EDG$.
∵ $\angle CEB = \angle A + \angle ACE = \angle A + \angle D = \angle B$,
∴ $CE = CB$.

作 $CH \perp BE$ 于点 H,如图 2.204 所示,
∴ CH 垂直平分 BE,
∴ $\angle B = \angle CEH$,
∴ $Rt\triangle EBF \sim Rt\triangle CEH$,
∴ $\dfrac{BF}{EF} = \dfrac{EH}{CH} = \dfrac{1}{3}$.

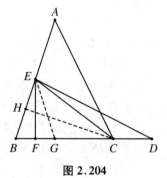

图 2.204

设 $EH = x$,则 $BH = x$,$CH = 3x$,
∴ $AE = BE = 2x$,$AH = 3x$,
∴ $AH = CH$,
∴ $\triangle AHC$ 为等腰直角三角形,
∴ $\angle A = 45°$.

(2) ∵ $S_{\triangle BEC} = \dfrac{1}{2}$,
∴ $\dfrac{1}{2} CH \cdot BE = \dfrac{1}{2} \cdot 3x \cdot 2x = \dfrac{1}{2} \Rightarrow x^2 = \dfrac{1}{6} \Rightarrow x = \dfrac{1}{\sqrt{6}}$,
∴ $AC = \sqrt{2} CH = \sqrt{2} \cdot 3x = \sqrt{3}$.

思路点拨

本题综合性较强．首先要善于利用关键的两个条件：$\angle B = \angle A + \angle D$，$DE = AC$．初中阶段解决角度问题的方法，一是全等或相似，二是解直角三角形．一般来说所求的角都是特殊角．构造 $\triangle GED$，证明 $\triangle EAC \cong \triangle GED$，再利用角度关系证明 $\angle CEB = \angle B$，即可知 $CE = CB$，那么作 CH 垂直平分 BE，既构造了含有 $\angle A$ 的直角三角形，也得到了相关线段的数量关系，为解决 $\angle A$ 创造了便利的条件，剩下的事情便可水到渠成．

86. **证** 连接 AD，如图 2.205 所示．

$\because \angle BDC = \angle BAC = 90°$，

$\therefore A$、D、B、C 四点共圆，

$\therefore \angle DCB = \angle BAD$，$\angle ADC = \angle ABC = 45°$，

$\therefore \angle ADB = 45° + 90° = 135°$，

$\therefore \angle ADE = 360° - 90° - 135° = 135°$，

$\therefore \angle ADB = \angle ADE$．

$\because \begin{cases} BD = ED, \\ \angle ADB = \angle ADE, \\ AD = AD, \end{cases}$

$\therefore \triangle ADB \cong \triangle ADE$（SAS），如图 2.206 所示，

$\therefore \angle BAD = \angle EAD = \angle DCB$，

$\therefore \angle BAE = 2\angle DCB$，

$\therefore \angle EAH = 2\angle HCB$．

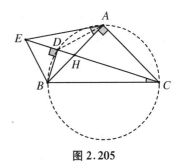

图 2.205

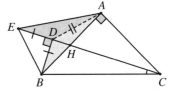

图 2.206

思路点拨

由 $\angle BDC = \angle BAC = 90°$，不难发现这是一个四点共圆模型，连接 AD，易得 $\angle DCB = \angle BAD$，而 $\angle EAH = \angle BAD + \angle EAD$．由要证明的结论 $\angle EAH = 2\angle HCB$ 可知，只须得出 $\angle BAD = \angle EAD$ 即可完成证明．在 $BD = ED$、AD 为公共边的条件下想到求证 $\triangle ADB \cong \triangle ADE$．显然 $\angle ADC = \angle ABC = 45°$，通过计算可知 $\angle ADB = \angle ADE = 135°$，那么 $\triangle ADB \cong \triangle ADE$ 可证，问题就解决了．

87. （1）**证** 设 $\angle BAD = \alpha$，$\angle CAD = 2\beta$，如图 2.207 所示．

$\therefore \angle BAC = \alpha + 2\beta$，

$\therefore \angle B + \alpha + 2\beta = 90° + \beta$，

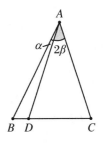

图 2.207

∴ ∠B = 90° − α − β.
∵ ∠ADC = ∠B + α = 90° − β,
又 ∠C = 180° − ∠B − (α + 2β) = 90° − β,
∴ ∠ADC = ∠ACD,
∴ AD = AC.

(2) 解　∵ AB ∥ CE, ∠ACE = 45°,
∴ ∠BAC = 45° = α + 2β.
∵ ∠DAE = 2∠B = 2(90° − α − β),
∴ ∠CAE = 2(90° − α − β) − 2β
　　　　 = 180° − 2(α + 2β) = 90°,
∴ △ACE 为等腰直角三角形,
∴ AC = AE = AD,
∴ 点 D、C、E 在以点 A 为圆心、以 AC 为半径的圆上,
　如图 2.208 所示,
∴ ∠EDC = $\frac{1}{2}$∠CAE = 45°.

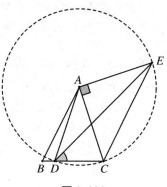

图 2.208

(3) 解　连接 CF, 如图 2.209 所示.
∵ $\begin{cases} AD = AC, \\ ∠DAF = ∠CAF, \\ AF = AF, \end{cases}$
∴ △DAF ≌ △CAF (SAS),
∴ DF = CF, ∠AFD = ∠AFC.
∵ ∠EDC = 45°,
∴ △DFC 为等腰直角三角形, ∠DFC = 90°,
∴ ∠AFC = $\frac{360° − 90°}{2}$ = 135°,
∴ ∠AFE = 135° − 90° = 45°.

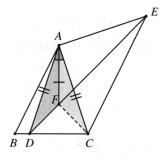

图 2.209

作 AH ⊥ DE 于点 H, 则 △AFH 为等腰直角三角形,
AH = FH, 如图 2.210 所示.
∵ AD = AE,
∴ AH 垂直平分 DE.
∵ EF = 3DF,
∴ DE = 4DF, DH = 2DF,
∴ FH = DF = CF = AH,
∴ △DFC ≌ △AHF.
∵ DF = FH,
∴ $S_{△ADF}$ = $S_{△AFH}$ = $S_{△DFC}$ = $S_{△AFC}$,
∴ $S_{△ADC}$ = 3$S_{△DFC}$ = 12,
∴ $\frac{1}{2}DF^2$ = 4 ⇒ DF = $2\sqrt{2}$.

在 Rt△AHD 中, AH = DF = $2\sqrt{2}$, DH = 2DF = $4\sqrt{2}$,

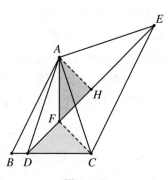

图 2.210

$\therefore AC = AD = \sqrt{AH^2 + DH^2} = \sqrt{5}DF = 2\sqrt{10}.$

思路点拨

本题综合性较强. 第一问, 欲证 $AC = AD$, 只要 $\angle ADC = \angle ACD$, 充分利用已知条件以及三角形内角和公式与外角定理, 通过代数运算论证即可. 第二问, 在第一问的基础上有所拓展, 通过代数运算证明 $\triangle ACD$ 为等腰直角三角形, 则 $AC = AE = AD$, 再利用圆的定义, 在圆中通过圆心角与圆周角的关系求解. 第三问, 通过已知条件, 设法利用某个三角形的面积表示 $S_{\triangle ADC}$, 在直角三角形中仔细求证 AC 与 DF 的关系, 从而求得 AC.

88. (1) **解** 作 $CH \perp BD$ 于点 H, 如图 2.211 所示.

$\because \triangle ABC$ 为等腰直角三角形, $AC = BC$,

$\therefore AB = \sqrt{2}BC = 2\sqrt{2} \Rightarrow BC = 2.$

$\because \angle CBH = 30°,$

$\therefore CH = \frac{1}{2}BC = 1, BH = \frac{\sqrt{3}}{2}BC = \sqrt{3}.$

$\because CE = \frac{1}{2}AB = \frac{\sqrt{2}}{2}BC = \sqrt{2},$

$\therefore CE = \sqrt{2}CH,$

$\therefore \triangle CEH$ 为等腰直角三角形, $\angle CED = 45°,$

$\therefore HE = CH = 1,$

$\therefore S_{\triangle BCE} = \frac{1}{2}CH \cdot BE = \frac{1}{2} \times 1 \times (\sqrt{3} - 1) = \frac{\sqrt{3} - 1}{2}.$

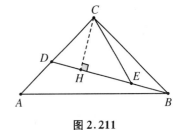

图 2.211

(2) **证** 过点 C 作 $CP \perp CE$ 交 BD 的延长线于点 P, 连接 AP, 如图 2.212 所示.

$\because \angle CED = 45°,$

$\therefore \triangle CPE$ 为等腰直角三角形, $CP = CE.$

$\because \angle PCA + \angle ACE = 90°, \angle ECB + \angle ACE = 90°,$

$\therefore \angle PCA = \angle ECB.$

$\therefore \begin{cases} CP = CE, \\ \angle PCA = \angle ECB, \\ AC = BC, \end{cases}$

$\therefore \triangle PCA \cong \triangle ECB(\text{SAS}),$

$\therefore AP = BE, \angle DAP = \angle QBE = 30°,$

$\therefore \angle PAB = 75°.$

$\because \angle PBA = 15°,$

$\therefore \angle APD = 90°.$

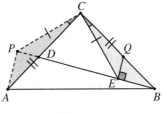

图 2.212

$$\because \begin{cases} \angle APD = \angle BEQ, \\ AP = BE, \\ \angle DAP = \angle QBE, \end{cases}$$

$\therefore \triangle APD \cong \triangle BEQ$(ASA),如图 2.213 所示,

$\therefore AD = BQ$.

在 Rt$\triangle DCB$ 中,$\angle DBC = 30°$,

$\therefore DC = \dfrac{1}{2}BD$.

同理,$BQ = 2EQ$.

$\therefore AC = DC + AD = \dfrac{1}{2}BD + 2EQ$.

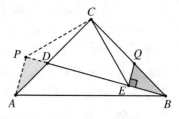

图 2.213

思路点拨

第一问,要求面积,须作高线,再根据特殊直角三角形的边角关系和勾股定理计算出底和高. 第二问,显然 $DC = \dfrac{1}{2}BD$,$BQ = 2EQ$,而 $AC = DC + AD$,因此须证 $AD = BQ$,通过构造等腰直角三角形手拉手模型和二次全等即可解决问题.

89. **解** 连接 OD,如图 2.214 所示.

$\because$ 点 O 为正方形 $ABCD$ 对角线 AC 的中点,

$\therefore \angle AOD = 90°$,$AO = DO$.

$\because \angle APD = 90°$,

$\therefore A$、P、D、O 四点共圆,

$\therefore \angle APO = \angle ADO = 45°$,$\angle DAO = \angle DPO = 45°$,

$\therefore PO$ 平分 $\angle APD$,

$\therefore \dfrac{PD}{PA} = \dfrac{DE}{AE} \Rightarrow \dfrac{PD}{DE} = \dfrac{PA}{AE} = \dfrac{7}{5} \Rightarrow AE = \dfrac{5}{7}PA$.

过点 O 作 $GO \perp PO$ 交 PD 的延长线于点 G,如图 2.215 所示.

$\because \angle DPO = 45°$,

$\therefore \triangle POG$ 为等腰直角三角形,

$\therefore PO = GO$,$PG = \sqrt{2}PO = 14$.

$\because \angle AOP + \angle POD = 90°$,$\angle DOG + \angle POD = 90°$,

$\therefore \angle AOP = \angle DOG$.

$\because \begin{cases} AO = DO, \\ \angle AOP = \angle DOG, \\ PO = GO, \end{cases}$

$\therefore \triangle AOP \cong \triangle DOG$(SAS),

$\therefore AP = DG$,

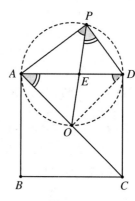

图 2.214

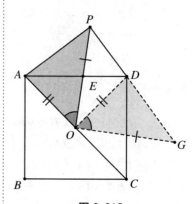

图 2.215

∴ $PD + DG = PD + AP = PG = 14$.

设 $PD = 7x$,则 $DE = 5x$,$AP = 14 - 7x$,

∴ $AE = \dfrac{5}{7}(14 - 7x) = 10 - 5x$,

∴ $AD = AE + DE = 10$.

设 $AP = y$,则 $PD = 14 - y$,

∴ $y^2 + (14 - y)^2 = 100 \Rightarrow y = 6$ 或 $y = 8$,

∴ $S_{\triangle OPA} = \dfrac{1}{2} AP \cdot PO \cdot \sin \angle APO$,

∴ $S_{\triangle OPA} = 21$ 或 $S_{\triangle OPA} = 28$.

思路点拨

本题综合性较强. 先由 A、P、D、O 四点共圆,得到 PO 平分 $\angle APD$ 的结论,再由三角形内角平分线定理得到 $AE = \dfrac{5}{7} PA$ 的数量关系. 由 $\angle DPO = 45°$,想到构造等腰直角三角形,本质就是将 $\triangle APO$ 绕点 O 顺时针旋转 $90°$ 构造全等图形,得到 $AP + PD = PG = 14$,从而解得 $AP = 6$ 或 $AP = 8$,最后由三角形面积公式计算 $S_{\triangle OPA}$.

90. 解 (1) 延长 CE 交 AB 于点 H,如图 2.216 所示.

∵ $\triangle ABC$ 为等腰直角三角形,$\angle ACB = 90°$,

∴ $AC = BC$.

∵ $\triangle BCD$ 为等边三角形,

∴ $BC = CD$,$\angle BCD = 60°$,

∴ $AC = CD$,

∴ $\triangle ACD$ 为等腰三角形.

∵ $\angle ACD = 90° + 60° = 150°$,

∴ $\angle CAD = 15°$,

∴ $\angle EAH = 45° - 15° = 30°$.

∵ CE 平分 $\angle ACB$,

∴ CH 为等腰直角三角形 ABC 的对称轴,

∴ $CH \perp AB$,$CH = AH$.

在 $\text{Rt} \triangle AEH$ 中,$\angle EAH = 30°$,$AE = 4$,

∴ $AH = CH = 2\sqrt{3}$,$EH = 2$,

∴ $CE = CH - EH = 2\sqrt{3} - 2$.

(2) 作 $EQ \perp FA$ 交 FA 的延长线于点 Q,作 $EP \perp FB$ 于点 P,如图 2.217 所示.

∵ CE 为等腰直角三角形 ABC 对称轴,

∴ $AE = BE$.

∵ $\angle EAB = 30°$,

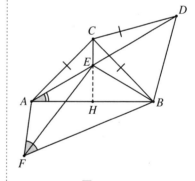

图 2.216

∴ ∠AEB = 120°,
∵ ∠AFB = 60°,
∴ ∠AEB + ∠AFB = 180°,
∴ ∠PBE + ∠FAE = 180°.
∵ ∠QAE + ∠FAE = 180°,
∴ ∠QAE = ∠PBE.
∵ $\begin{cases} \angle QAE = \angle PBE, \\ \angle AQE = \angle BPE, \\ AE = BE, \end{cases}$
∴ △QAE ≌ △PBE（AAS），
∴ AQ = BP，QE = PE.
∵ $\begin{cases} QE = PE, \\ FE = FE, \end{cases}$
∴ Rt△FQE ≌ Rt△FPE（HL），如图 2.218 所示，
∴ FQ = FP，∠AFE = ∠BFE = $\frac{1}{2}$∠AFB = 30°，
∴ FA + FB = FA + BP + FP = AF + AQ + FP
       = FQ + FP = 2FP.
在 Rt△FEP 中，∠PFE = 30°，
∴ FP = $\frac{\sqrt{3}}{2}$EF，
∴ FA + FB = 2FP = $\sqrt{3}$EF，
∵ FA + FB = 4$\sqrt{3}$ = $\sqrt{3}$EF，
∴ EF = 4.

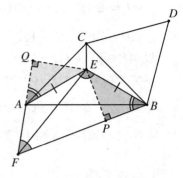

图 2.217

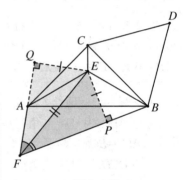

图 2.218

思路点拨

第一问，主要考查等腰三角形的判定和底角的计算，还要注意等腰直角三角形的性质. 延长 CE 交 AB 于点 H，解 Rt△EAH，得到 CH 和 EH，最后计算出 CE = CH − EH = 2$\sqrt{3}$ − 2.

第二问，综合性稍强. 首先判定对角互补，得出 ∠QAE = ∠PBE 的结论. 进一步判定 ∠AFE = ∠BFE = $\frac{1}{2}$∠AFB = 30°，那么本题就出现了对角互补和角平分线模型. 对于这两个模型大家比较熟悉，常见的解题思路就是作垂线，本质上就是旋转后证全等. 通过全等的证明，可以进一步得到 FA + FB = 2FP，再解 Rt△FEP 得 FA + FB = $\sqrt{3}$EF，最终解得 EF = 4.

91. **解** 在线段 AC 上取点 H，使得 AH = CE，如图

2.219所示.

∵∠ACB+∠ECF=90°,∠ACB+∠HAB=90°,

∴∠HAB=∠ECF.

∵ $\begin{cases} AH=CE, \\ \angle HAB=\angle ECF, \\ AB=CF, \end{cases}$

∴△AHB≌△CEF(SAS),

∴∠ABH=∠CFE.

设∠ACB=2∠EFC=2α,

∴∠ABH=α,∠HBC=90°-α.

∵∠BHC=∠ABH+∠BAC=α+(90°-2α)=90°-α,

∴∠HBC=∠BHC,如图2.220所示,

∴BC=CH=3,

∴AC=AH+CH=5,

∴AB=CF=4,

∴AF=AC-CF=1.

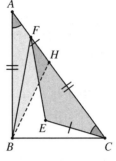

图2.219

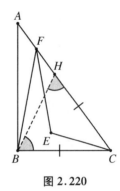

图2.220

思路点拨

由于∠CAB=∠ECF,AB=CF,这与全等三角形的判定只相差一个条件,可以构造△AHB≌△CEF,得到∠ABH=∠CFE,再由角度关系证明BC=CH=3,这样一来,剩下的问题就好解决了.

92. **解** 过点F作MN⊥AD交AD于点N,交BC于点M,连接DG,如图2.221所示.

∵∠NDF+∠NFD=90°,∠MFG+∠NFD=90°,

∴∠NDF=∠MFG.

∵MN⊥AD,AD∥BC,

∴MN⊥BC.

∵ $\begin{cases} \angle NDF=\angle MFG, \\ \angle FND=\angle GMF, \\ FD=GF, \end{cases}$

∴△FND≌△GMF(AAS),

∴DN=FM,NF=MG.

∵BE平分∠ABC,

∴∠FBM=45°,

∴△FBM为等腰直角三角形.

∵BF=3√2,BG=4,

∴BM=FM=DN=3,MG=NF=1,

∴FG=FD=√10,DC=NF+FM=4,

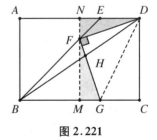

图2.221

$\therefore DG = \sqrt{20}.$

在 Rt△DGC 中,有

$DG^2 = GC^2 + DC^2 \Rightarrow GC^2 = 20 - 16 = 4,$

$\therefore GC = 2.$

思路点拨

由于△DFG 为等腰直角三角形,自然想到构造一线三垂直全等模型.由于△FBM 为等腰直角三角形,根据题设条件解得 MG 和 FM,从而解得 DC,最后由勾股定理解得 GC.

本题也可以根据"12345"模型快速求解:

$\because \angle NDF + \angle GDC = 45°, \tan\angle NDF = \dfrac{FN}{ND} = \dfrac{1}{3},$

$\therefore \tan\angle GDC = \dfrac{1}{2} \Rightarrow GC = \dfrac{1}{2}DC = 2.$

93. **解** 过点 D 作 DF∥BC 交 AC 于点 F,如图 2.222 所示,

$\therefore \angle ADF = 60°,$

$\therefore △ADF$ 为等边三角形,

$\therefore AD = AF,$

$\therefore BD = FC.$

$\because DE = DC,$

$\therefore \angle DEC = \angle DCE.$

$\because \angle DBC = \angle DEC + \angle EDB = 60°,$

$\angle ACB = \angle DCE + \angle DCF = 60°,$

$\therefore \angle EDB = \angle DCF.$

$\therefore \begin{cases} BD = FC, \\ \angle EDB = \angle DCF, \\ ED = DC, \end{cases}$

$\therefore △EDB \cong △DCF(SAS),$

$\therefore EB = DF.$

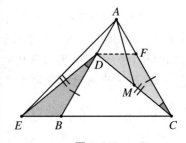

图 2.222

延长 AM 至点 G,使得 AM = MG,连接 CG,如图 2.223 所示.

$\because \begin{cases} AM = MG, \\ \angle AMD = \angle GMC, \\ DM = MC, \end{cases}$

$\therefore △AMD \cong △GMC(SAS),$

$\therefore CG = AD = DF = BE, \angle DAM = \angle CGM,$

$\therefore AB \parallel CG,$

$\therefore \angle ACG = 120° = \angle ABE.$

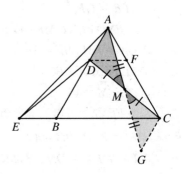

图 2.223

$$\because \begin{cases} AB = AC, \\ \angle ABE = \angle ACG, \\ BE = CG, \end{cases}$$

$\therefore \triangle ABE \cong \triangle ACG$ (SAS),如图 2.224 所示,

$\therefore AE = AG = 2AM = 4\sqrt{2}$.

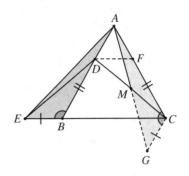

图 2.224

思路点拨

本题通过三次全等解决问题,在全等类型问题中属于偏难的题目. 题中出现"中点"这样的暗示条件,则倍长中线是解决问题的首选方法. 倍长中线的本质是将 $\triangle ADM$ 绕点 M 中心旋转得到 $\triangle GCM$,这样既构造了全等三角形也构造了平行线,一举两得.

此时,若要证明 $\triangle ABE \cong \triangle ACG$ 还差边角关系,则构造 $DF \parallel BC$,并证明 $CG = AD = DF = BE$.

94. (1) **证** 连接 BF,延长 CA 至点 P,使得 $AP = AF$,连接 DP,如图 2.225 所示.

$\because \angle ABC = 90°, \angle C = 30°, AF = CF$,

$\therefore \triangle ABF$ 为等边三角形,

$\therefore AB = AF = CF = BF = AP$.

$\because BD = CE$,

$\therefore AB - BD = CF - CE$,

$\therefore AD = FE$.

$\because \angle PAD = 120°, \angle BFE = 120°$,

$\therefore \angle PAD = \angle BFE$.

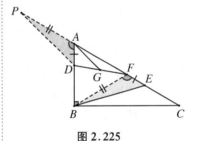

图 2.225

$$\because \begin{cases} PA = BF, \\ \angle PAD = \angle BFE, \\ AD = FE, \end{cases}$$

$\therefore \triangle PAD \cong \triangle BFE$ (SAS),

$\therefore PD = BE$.

$\because AP = AF, DG = GF$,

$\therefore AG$ 为 $\triangle PDF$ 的中位线,

$\therefore PD = 2AG$,

$\therefore BE = 2AG$.

(2) **解** 作 $DQ \parallel NF$ 交 AM 于点 Q,如图 2.226 所示.

$\because DQ \parallel NF$,

$\therefore \angle QDG = \angle NFG$.

$$\because \begin{cases} \angle QDG = \angle NFG, \\ DG = FG, \\ \angle QGD = \angle NGF, \end{cases}$$

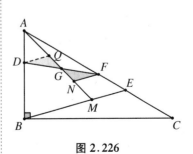

图 2.226

∴△QGD≌△NGF(ASA),
∴DQ = FN,GQ = GN = 1.
∵FN∥BE⇒$\frac{AN}{AM}=\frac{NF}{EM}$⇒AN·EM = NF·AM,
DQ∥NF⇒DQ∥BM⇒$\frac{AQ}{AM}=\frac{DQ}{BM}$⇒AQ·BM = DQ·AM,
∴AN·EM = AQ·BM.
设 AQ = x,则
AG = x+1, AN = x+2, BE = 2(x+1),
BM = 2(x+1)−2 = 2x,
∴(x+2)·2 = x·2x ⇒ $x^2 - x - 2 = 0$ ⇒
(x+1)(x−2) = 0,
∴x = 2 ⇒ BM = 4.

思路点拨

本题相当经典,将全等与相似综合在一起命题.

第一问,要证明 BE = 2AG,在现有的图形结构中很难解决问题,必须作辅助线.那么,怎样构造全等图形是首要问题.证明线段的 2 倍关系,构造中位线是常见的方法.既然要证明 BE = 2AG,那么将 AG 视为中位线未尝不是一种解决途径.由于含有 30°角的直角三角形是特殊的三角形,三边之间存在确定的数量关系,故构造 AP = AF 不是一件困难的事情.

第二问,由于将△GFN 绕点 G 旋转以后,既构造了全等三角形,也构造了平行线,故平行线分线段成比例定理就派上用场了,利用线段比和第一问的结论,就可以顺利地解决问题了.

95. **解** 延长 CA 至点 F,使得 AF = AE,连接 DF,如图 2.227 所示.

∵AM∥BC, ∠B = 60°,
∴∠EAD = 120°,
∴∠EAC = ∠EAD − ∠BAC = 60°.
∵∠BAC = 60°,
∴∠FAD = 120°,
∴∠FAD = ∠EAD.
∵$\begin{cases} AF = AE, \\ \angle FAD = \angle EAD, \\ AD = AD, \end{cases}$
∴△FAD≌△EAD(SAS),

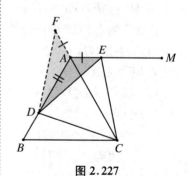

图 2.227

∴ $DF = DE = DC$，$\angle AFD = \angle AED$，
∴ $\angle DFA = \angle DCF = \angle DEA$，
∴ A、D、C、E 四点共圆，如图 2.228 所示，
∴ $\angle EAC = \angle EDC = 60°$，
∴ $\triangle EDC$ 为等边三角形，
∴ $L = 3DC$.
∴ 当 $\triangle EDC$ 的周长取得最小值时，DC 取得最小值.
∵ 点 D 在线段 AB 上，点 C 为线段外一定点，
∴ DC 的最小值为点 C 到线段 AB 的垂直距离，
∴ $L_{\min} = 3AB \cdot \sin 60° = 9$.

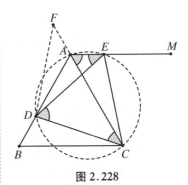

图 2.228

思路点拨

欲求 $\triangle EDC$ 周长的最小值，首要问题是求出周长的数学表达式．通过构造全等三角形，判定 A、D、C、E 四点共圆，得到 $\triangle EDC$ 为等边三角形的结论．那么 $L = 3DC$，这就将周长的最小值问题转化为直线外一点到直线的最短距离问题．

96．证 分别延长 AE、FC 交于点 H，作 $FG \perp AE$ 于点 G，如图 2.229 所示，
∴ $\triangle AFG \cong \triangle AEB$（AAS），
∴ $AB = AG = 15$，$BE = GF$．
∵ $AB \parallel HF$，
∴ $\angle H = \angle BAE = \angle HAF$，
∴ $AF = HF$，
∴ $AG = HG$，
∴ $AH = 2AG = 30$，
∴ $HD = \sqrt{AH^2 - AD^2} = 18$，
∴ $HC = HD - DC = 3$，
∴ $\dfrac{AB}{CH} = \dfrac{BE}{EC} = 5$，
∴ $BE = \dfrac{5}{6}BC = 20 = GF$，
∴ $HF = \sqrt{GF^2 + GH^2} = 25$，
∴ $DF = HF - DH = 7$．

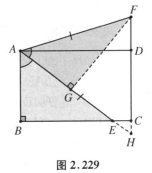

图 2.229

思路点拨

本题是全等、相似、勾股定理综合的经典试题。首先题设中有角平分线，那么角平分线模型的核心就是要构造全等三角形以寻求线段的等量关系，其次角平分线

遇到平行线必然出等腰三角形,这样一来,图形中线段之间的数量关系就凸显出来了,再结合勾股定理求解即可.

97. (1) ① 证 作 $MG\perp GC$ 交 FE 的延长线于点 M, 如图 2.230 所示.

∵ MF 为正方形 $ABCD$ 的外角平分线,

∴ $\angle GCM = 45°$,

∴ △GCM 为等腰直角三角形,

∴ $GM = GC$, $\angle GME = 45° = \angle GCA$.

∵ $\angle AGC + \angle CGE = 90°$, $\angle EGM + \angle CGE = 90°$,

∴ $\angle AGC = \angle EGM$.

∵ $\begin{cases} \angle AGC = \angle EGM, \\ GC = GM, \\ \angle GCA = \angle GME, \end{cases}$

∴ △$AGC \cong$ △EGM(ASA),

∴ $AG = GE$, $AC = EM$.

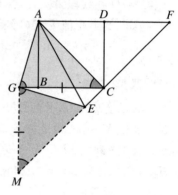

图 2.230

② 解 ∵ $\dfrac{AC + CE}{CG} = \dfrac{EM + CE}{CG} = \dfrac{CM}{CG}$,

又△GCM 为等腰直角三角形,

∴ $\dfrac{AC + CE}{CG} = \sqrt{2}$.

(2) 结论:$\dfrac{BG + GK}{DK} = 1$.

证 作 $AH \perp AG$ 交 DK 于点 H, 如图 2.231 所示.

∵ $\angle GAB + \angle BAH = 90°$, $\angle HAD + \angle BAH = 90°$,

∴ $\angle GAB = \angle HAD$.

∵ $\begin{cases} \angle GAB = \angle HAD, \\ AB = AD, \\ \angle ABG = \angle ADH, \end{cases}$

∴ △$AGB \cong$ △AHD(SAS),

∴ $GB = HD$, $AG = AH$.

∵ $AG \perp GE$, $AG = GE$,

∴ △AGE 为等腰直角三角形,

∴ $\angle GAE = 45°$,

∴ $\angle HAE = \angle GAH - 45° = 45°$,

∴ $\angle GAE = \angle HAE$.

∵ $\begin{cases} AG = AH, \\ \angle GAK = \angle HAK, \\ AK = AK, \end{cases}$

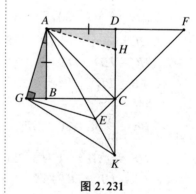

图 2.231

∴△GAK≌△HAK(SAS),如图2.232所示,
∴GK=HK,
∴$\frac{BG+GK}{DK}=\frac{DH+HK}{DK}=\frac{DK}{DK}=1$.

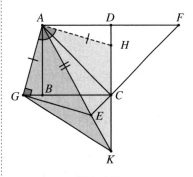

图2.232

思路点拨

本题为正方形手拉手模型经典试题.通过构造手拉手模型,本质上就是采用旋转方式,将分散的线段转化到有利于解决问题的同一个三角形中.

98. **解** 延长 DP 至点 F,使得 PF = DP,连接 BF,如图 2.233 所示.

∵ $\begin{cases} PF=PD, \\ \angle FPB=\angle DPE, \\ BP=EP, \end{cases}$

∴△FPB≌△DPE(SAS),

∴∠FBP=∠DEP,BF=DE=CD.

连接 AF,设 BE 交 AC 于点 M,DE 交 AC 于点 G,如图 2.234 所示.

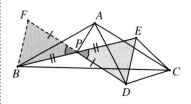

图2.233

令∠ABF=α,∠ABM=β,则
∠AMB=60°−β=∠EMG,∠BED=α+β.
在△MEG 与△GDC 中,有
∠EMG+∠MEG=∠GDC+∠GCD,即
(60°−β)+(α+β)=60°+∠ACD⇒
∠ACD=α=∠ABF.

∵ $\begin{cases} BF=CD, \\ \angle ABF=\angle ACD, \\ AB=AC, \end{cases}$

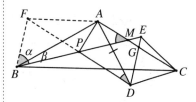

图2.234

∴△ABF≌△ACD(SAS),如图2.235所示,
∴AF=AD,∠FAB=∠DAC.
∵∠DAC+∠BAD=120°,
∴∠FAB+∠BAD=120°,
∴∠FAD=120°.
∵AF=AD,
∴∠ADP=30°.

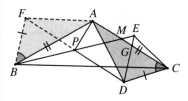

图2.235

本题通过倍长 PD，将 $\triangle PED$ 绕点 P 旋转得到 $\triangle PBF$，再通过一次导角运算，这是本题的难点。突破了这个难点，不难证明 $\triangle ABF \cong \triangle ACD$，从而得出 $\triangle AFD$ 是顶角为 $120°$ 的等腰三角形，那么 $\angle ADP = 30°$。在本题的背景下，无论等边 $\triangle EDC$ 绕点 C 怎样旋转，$\angle ADP$ 都为定值。

99.（1）证 在线段 BC 上取点 M、N，使得 $BM = BE$，$CN = CD$，如图 2.236 所示.

$\because \begin{cases} BE = BM, \\ \angle FBE = \angle FBM, \\ BF = BF, \end{cases}$

$\therefore \triangle BEF \cong \triangle BMF(\text{SAS})$,

$\therefore \angle BFE = \angle BFM, EF = MF, S_{\triangle BEF} = S_{\triangle BMF}$.

同理可证，$\angle CFD = \angle CFN, DF = NF, S_{\triangle CFD} = S_{\triangle CFN}$.

$\because$ 点 F 为 $Rt\triangle ABC$ 的内心，$\angle A = 90°$,

$\therefore \angle BFC = 90° + \dfrac{1}{2}\angle A = 135°$,

$\therefore \angle BFE = \angle BFM = \angle CFD = \angle CFN = 45°$,

$\therefore \angle EFD + \angle MFN = 180°$,

$\therefore \triangle EFD$ 与 $\triangle MFN$ 为共角三角形，如图 2.237 所示，

$\therefore \dfrac{S_{\triangle EFD}}{S_{\triangle MFN}} = \dfrac{EF \cdot FD}{FM \cdot FN} = 1$,

$\therefore S_{\triangle EFD} = S_{\triangle MFN}$,

$\therefore S_{BCDE} = 2(S_{\triangle BFM} + S_{\triangle MFN} + S_{\triangle FCN}) = 2S_{\triangle BCF}$.

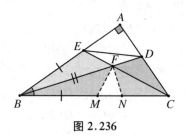

图 2.236

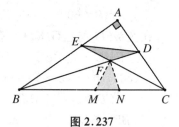

图 2.237

（2）解 作 $BH \perp CE$ 交 CE 的延长线于点 H，如图 2.238 所示.

$\because \angle HFB = 45°$,

$\therefore \triangle BHF$ 为等腰直角三角形，

$\therefore BH = HF$.

$\because S_{BCDE} = 2S_{\triangle BCF} = 14$,

$\therefore S_{\triangle BCF} = \dfrac{1}{2} CF \cdot BH = 7$,

$\therefore BH = HF = 4$,

$\therefore CH = HF + CF = \dfrac{15}{2}$,

$\therefore BC = \sqrt{BH^2 + CH^2} = \dfrac{17}{2}$.

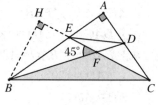

图 2.238

思路点拨

第一问,根据角平分线性质,构造两对全等三角形和一对共角三角形,解法比较简捷,值得学习借鉴.第二问,在第一问的基础上有所拓展,根据线段之间的数量关系求解即可.

100. 解 ∵ $\begin{cases} AB = CA, \\ \angle BAM = \angle ACD, \\ AM = CD, \end{cases}$

∴ $\triangle BAM \cong \triangle ACD$ (SAS),如图2.239所示,

∴ $\angle ABM = \angle CAD$.

连接 CN、CE,如图2.240所示.

∵ $\triangle ABC$ 是等腰直角三角形,$AH \perp BC$,

∴ AH 为 $\triangle ABC$ 的对称轴,

∴ $BN = CN$,$\angle BAH = \angle CAH = 45°$.

∵ CE 为 Rt$\triangle ACD$ 斜边上的中线,

∴ $AE = ED = CE$.

∵ $\angle EAN = \angle CAD + \angle CAH = \angle CAD + 45°$,

$\angle ENA = \angle ABM + \angle BAH = \angle ABM + 45°$,

∴ $\angle EAN = \angle ENA$,

∴ $EA = EN = EC = ED$,

∴ 点 A、N、C、D 在以点 E 为圆心、EA 为半径的圆上,如图2.241所示.

∵ $\angle NAC = 45°$,

∴ $\angle NEC = 90°$.

综上,$\triangle NEC$ 为等腰直角三角形.

∴ $\dfrac{EC}{CN} = \dfrac{1}{\sqrt{2}}$,

∴ $\dfrac{AD}{BN} = \dfrac{2ED}{CN} = \sqrt{2}$.

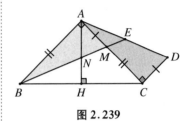

图 2.239

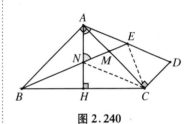

图 2.240

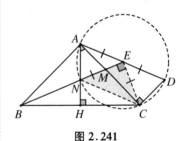

图 2.241

思路点拨

由于 AD、BN 不在同一个三角形内,不容易判断它们的数量关系.我们设法将这两条线段转化到某一个三角形中,问题就变得简单许多.

沿着这个思路,我们首先连接 CN,由于 AH 是 $\triangle ABC$ 的对称轴,故 $BN = CN$;再连接 CE,根据直角三角形斜边上的中线等于斜边的一半,得 $AD = 2EC$.这样一来,解 $\triangle NEC$ 就成了主要任务.

利用全等的判定、等腰三角形的判定、圆的定义及有关知识,最终判定 $\triangle NEC$ 为等腰直角三角形,从而解决问题.

第三部分 几何综合 100 题

一、不定项选择

1. 如图 3.1 所示，在 $\triangle ABC$ 中，$AB = AC$，$\angle B = 30°$，点 D 为 AB 的中点，点 E 在 BC 上，$CE = 3BE$，AE 与 CD 交于点 F. 下列四个结论中正确的结论序号为_____.

(1) $\angle AFC = 60°$；

(2) $\dfrac{AF}{CD} = \dfrac{1}{3}$；

(3) $\dfrac{AF}{FE} = \dfrac{4}{3}$；

(4) $\dfrac{S_{\triangle ADF}}{S_{BEFD}} = \dfrac{2}{5}$.

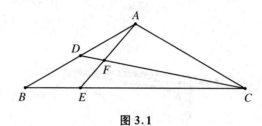

图 3.1

2. 如图 3.2 所示，在平行四边形 $ABCD$ 中，BE 平分 $\angle ABC$，$CF \perp AD$，BE 与 CF 交于点 H，已知 $\angle FEB = 45°$，$FD = 8$，$CH = 9$. 下列四个结论中正确的结论序号为_____.

(1) $BC = CE = CF$；

(2) $AB = 16$；

(3) $\tan \angle AHF = \dfrac{6}{7}$；

(4) $S_{\triangle BEC} = \dfrac{1350}{17}$.

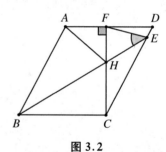

图 3.2

3. 如图 3.3 所示,已知点 E 为正方形 $ABCD$ 的边 CD 上一动点(不与点 C、D 重合),将 $\triangle BCE$ 沿 BE 的翻折得到 $\triangle BFE$,连接并延长 AF 交 BE 的延长线于点 P,连接 PD、PC. 下列四个结论中正确的结论序号为 _____.

(1) $\dfrac{PB+PD}{PA}=\sqrt{2}$;

(2) $\dfrac{PA+PB}{PC+PD}=2\sqrt{2}$;

(3) $\dfrac{AF}{PD}=\sqrt{2}$;

(4) 若 $DE=2CE$,$AB=3\sqrt{10}$,则 $PA+PB+PC+PD=18+12\sqrt{2}$.

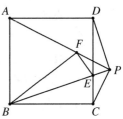

图 3.3

4. 如图 3.4 所示,四边形 $ABCD$、$CEFG$ 都是正方形,点 E 在线段 CD 上,直线 AF、DG 交于点 H,AF、DC 交于点 N,BD、AF 交于点 M. 当点 E 在线段 CD 上运动时(不与点 C、D 重合),下列四个结论中正确的结论序号为 _____.

(1) B、E、H 三点共线;

(2) $BH \perp GD$;

(3) $\dfrac{BH}{DH}=\dfrac{BM}{DM}$;

(4) $GD=\sqrt{2}AM$;

(5) 若 BE 平分 $\angle CBD$,且 $HE \cdot HB=4-2\sqrt{2}$,则 $S_{ABCD}=4$.

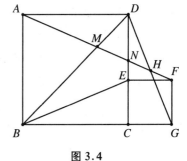

图 3.4

5. 如图 3.5 所示,已知正方形 $ABCD$,对角线 AC、BD 交于点 O,点 P 是边 BC 上一动点(不与点 B、C 重合),过点 P 作 $\angle BPF$,使得 $\angle BPF = \dfrac{1}{2}\angle ACB$.$BG \perp PF$ 于点 F,交 AC 于点 G,PF 交 BD 于点 E.下列四个结论中正确的结论序号为_____.

(1) $AG = \sqrt{2}GO$;

(2) $PE = 2BF$;

(3) 在点 P 运动的过程中,当 $GB = GP$ 时,$GP = (2+\sqrt{2})BF$;

(4) 当 P 为 BC 的中点时,$\dfrac{S_{\triangle BEF}}{S_{\triangle ABG}} = \dfrac{\sqrt{2}+1}{16}$.

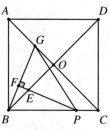

图 3.5

6. 如图 3.6 所示,在正方形 $ABCD$ 外取一点 E,连接 AE、BE、DE,过点 A 作 $AP \perp AE$ 交 ED 于点 P,连接 PB.若 $AE = AP = 1$,$BP = \sqrt{6}$,则下列四个结论中正确的结论序号为_____.

(1) $\angle ADP + \angle BAE = 45°$;

(2) 点 B 到直线 AE 的距离为 $\sqrt{3}$;

(3) $S_{ABCD} = 5 + 2\sqrt{2}$;

(4) $S_{\triangle APD} + S_{\triangle APB} = \dfrac{1+2\sqrt{2}}{2}$.

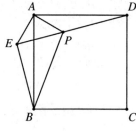

图 3.6

7. 如图3.7所示,在正方形 $ABCD$ 中,点 E 为 AB 上异于点 A、B 的一动点,AC 为对角线,DE 交 AC 于点 N,点 F 在边 BC 上,使得 $\angle EDF = 45°$,DF 交 AC 于点 M,连接 EF. 下列四个结论中正确的结论序号为_____.

(1) $MN^2 = AN^2 + CM^2$;

(2) $\dfrac{BE}{CM} = \sqrt{3}$;

(3) DF 平分 $\angle EFC$;

(4) $\dfrac{FE}{MN} = \sqrt{2}$.

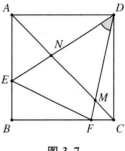

图 3.7

8. 如图3.8所示,在正方形 $ABCD$ 中,点 E、F 分别是 AB、BC 的中点,CE 交 BD、FD 分别于点 G、H. 下列四个结论中正确的结论序号为_____.

(1) $\dfrac{HF}{DH} = \dfrac{1}{5}$;

(2) $EG:GH:HC = 5:4:6$;

(3) $\tan \angle BDF = \dfrac{1}{3}$;

(4) 若 $S_{ABCD} = 120$,则 $S_{BGHF} = 14$.

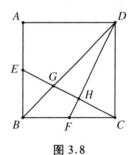

图 3.8

9. 如图3.9所示,在正方形 $ABCD$ 中,点 E、F 分别是 AB、BC 上的点, DE 交 AC 于点 M, AF 交 BD 于点 N,若 AF 平分 $\angle BAC$, $DE \perp AF$ 于点 P,记 $x=\dfrac{BE}{OM}$, $y=\dfrac{BN}{ON}$, $z=\dfrac{CF}{BF}$,则下列四个结论中正确的结论序号为_____.

(1) DE 平分 $\angle ADB$;

(2) $\tan \angle EDB = \dfrac{\sqrt{2}-1}{2}$;

(3) $x > y = z$;

(4) $\dfrac{S_{\triangle BNF}}{S_{\triangle ODC}} = 3\sqrt{2}-4$.

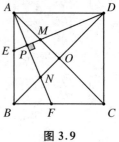

图 3.9

10. 如图3.10所示,在菱形 $ABCD$ 中, $AB=BD=a$,点 E、F 分别是 AB、AD 上的动点(均不与线段端点重合),且 $AE=DF$,连接 BF 与 DE 相交于点 G,连接 CG 与 BD 相交于点 H.若 $CG=ka(k>1)$,则下列四个结论中正确的结论序号为_____.

(1) $\angle BGE$ 为定值;

(2) CG 平分 $\angle DGB$;

(3) $CG = DG + BG$;

(4) $\dfrac{S_{\triangle DGB}}{S_{\triangle ABD}} = k^2 - 1$.

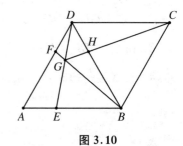

图 3.10

11. 如图 3.11 所示,已知四边形 $ABCD$ 是边长为 $3+\sqrt{5}$ 的菱形,点 E 为 AD 上异于点 A、D 的一动点,点 F 在 DC 上,$\triangle DEF$ 是等边三角形,点 G 为 BE 的中点,连接 AG 并延长,与 BC 交于点 H,连接 AF. 下列四个结论中正确的结论序号为_____.

(1) GF 垂直平分 AH;

(2) $\dfrac{GF}{AH}$ 的值随着点 E 位置的改变而改变;

(3) $\dfrac{S_{\triangle ABH}+S_{\triangle ADF}}{S_{ABCD}}=\dfrac{1}{2}$;

(4) 若 $S_{GHCF}=2S_{\triangle ABG}$,则 $ED=2$.

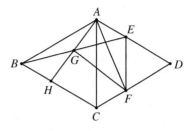

图 3.11

12. 如图 3.12 所示,已知菱形 $ABCD$,$\angle B=60°$,点 E、F 分别为 AB、BC 上的动点,AC 为对角线,点 B 关于 EF 的对称点为点 G,且点 G 落在边 AD 上,连接 FG.

下列四个结论中正确的结论序号为_____.

(1) 若 $EG \perp AC$,则 $\dfrac{AE}{AB}=\dfrac{\sqrt{3}-1}{2}$;

(2) 若 $AG=DG$,则 $\cos\angle BFE=\dfrac{\sqrt{21}}{7}$;

(3) 若 $\dfrac{AG}{DG}=\dfrac{m}{n}$,则 $\dfrac{EG}{BF}=1-\dfrac{n}{3m+2n}$;

(4) 在(2)的条件下,若菱形的边长为 2,则 $EF=\dfrac{7\sqrt{21}}{20}$.

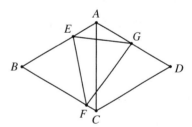

图 3.12

13. 如图 3.13 所示，在正方形 ABCD 中，$AD = 6\sqrt{2}$，点 E 是对角线 AC 上的一点，连接 DE，过点 E 作 EF⊥ED 交 AB 于点 F，连接 DF 交 AC 于点 G，将△EFG 沿 EF 翻折得到 △EFM，连接 DM，交 EF 于点 N，若点 F 是 AB 的中点．下列四个结论中正确的结论序号为_____．

(1) $\tan \angle FDN = \dfrac{1}{3}$；

(2) △EMN∽△DME；

(3) $S_{\triangle ENM} = \dfrac{15}{4}$；

(4) △ENM 的周长为 $\dfrac{15 + 3\sqrt{5}}{2}$．

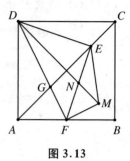

图 3.13

14. 如图 3.14 所示，在正方形 ABCD 中，$AB = 60$，点 E 在边 AD 上，$DE = \dfrac{1}{3}AD$，连接 BE，将△ABE 沿 BE 翻折，点 A 落在点 F 处，BF 与 AC 交于点 H，点 O 是 AC 的中点，连接 OF 并延长交 CD 于点 G，延长 BF 交 CD 于点 Q．下列四个结论中正确的结论序号为_____．

(1) $\tan \angle FED = \dfrac{12}{5}$；

(2) $CQ = 25$；

(3) $FQ = 6$；

(4) $GQ = \dfrac{35}{11}$．

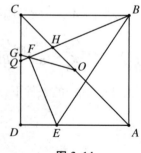

图 3.14

15. 如图 3.15 所示,已知正方形 ABCD 的面积为 64,△BCE 为等边三角形,点 F 是 CE 的中点,AE 交 BF 于点 G.下列四个结论中正确的结论序号为 _____.

(1) △EFG 是等腰直角三角形;
(2) AG 平分∠DGB;
(3) $BG = 4\sqrt{3} - 4$;
(4) $DG = 4\sqrt{3} + 4$,$AG = 4\sqrt{6}$.

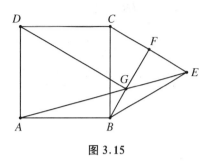

图 3.15

16. 如图 3.16 所示,在正方形 ABCD 中,点 E、G 分别是边 BC、AD 的动点(均不与线段端点重合),且 EC = GD,以 BE 为斜边向正方形内作等腰 Rt△BEF,连接 CF 并延长交 AB 于点 H,连接 CG、GH.下列四个结论中正确的结论序号为 _____.

(1) ∠HCG 为定值;
(2) 若△AHG 的周长为 2a,则 $S_{ABCD} = a^2$;
(3) 当 $EC = GD = \dfrac{1}{3}AB$ 时,$\tan \angle HCB = \dfrac{1}{2}$;
(4) 当 $EC : BE = 1 : 2n$ 时,$\tan \angle GHC = \dfrac{n+1}{n}$.

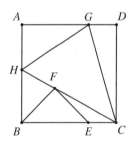

图 3.16

17. 如图 3.17 所示,在正方形 ABCD 中,点 F 为 AB 的中点,点 E 在线段 DF 上,满足 BC = CE. 下列四个结论中正确的结论序号为_____.

(1) $\angle ADF + \angle FBE = 45°$;

(2) $BE = 3EF$;

(3) $ED = \sqrt{2} BE$;

(4) 若 $BE = 2$,则 $S_{ABCD} = 10$.

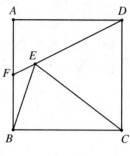

图 3.17

18. 如图 3.18 所示,在 Rt△ABC 中,$AB = 3$,$AC = 4$,点 D 为 BC 的中点,将△ABD 翻折得到△ADE. AC 与 ED 交于点 F. 下列四个结论中正确的结论序号为_____.

(1) AC 平分∠ECD;

(2) $\tan \angle ADE = \dfrac{24}{7}$;

(3) $CE = \dfrac{6}{5}$;

(4) $S_{\triangle CFD} = \dfrac{14}{13}$.

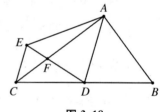

图 3.18

19. 如图 3.19 所示,在正方形 $ABCD$ 中,点 F 是 CD 上一点,$AE \perp AF$,点 E 在 CB 的延长线上,EF 交 AB 于点 G. 下列四个结论中正确的结论序号为_____.

(1) $FD \cdot FC = BG \cdot EC$;

(2) 若 $\tan \angle DAF = n$,则 $\tan \angle CEF = \dfrac{1-n}{1+n}$;

(3) 若 $\tan \angle DAF = m$,则 $\dfrac{S_{\triangle AEG}}{S_{\triangle AGF}} = \dfrac{1}{m+1}$;

(4) 若当 $\tan \angle DAF = \dfrac{1}{3}$ 时,$S_{\triangle AEF} = 10$,则当 $\tan \angle DAF = \dfrac{2}{3}$ 时,$S_{\triangle AEF} = 15$.

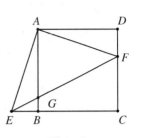

图 3.19

20. 如图 3.20 所示,在正方形 $ABCD$ 中,点 E 为 BC 上异于点 B、C 的一动点,将正方形折叠起来,使点 A 和点 E 重合,折痕为 MN,MN 与 AE 交于点 K. 下列四个结论中正确的结论序号为_____.

(1) $\angle NEM$ 有可能是直角;

(2) 若 $\tan \angle AEN = \dfrac{1}{3}$,$DC + CE = 10$,则 $S_{\triangle AEN} = \dfrac{10}{3}$;

(3) 若 $\tan \angle AEN = n$,则 $\sin \angle ENB = \dfrac{n}{n^2+1}$;

(4) 当 $DM = \dfrac{1}{3} MC$ 时,$\tan \angle AEN = \dfrac{2-\sqrt{2}}{2}$.

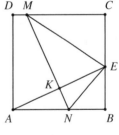

图 3.20

21. 如图 3.21 所示，在矩形 $ABCD$ 中，$AD=\sqrt{2}AB$，$\angle BAD$ 的平分线交 BC 于点 E，$DH\perp AE$ 于点 H，连接 BH 并延长交 CD 于点 F，连接 DE 交 BF 于点 O. 下列四个结论中正确的结论序号为_____.

(1) $\dfrac{DH}{DF}=\dfrac{HO}{OF}$；

(2) $OE=OD$；

(3) $BH=HF$；

(4) $BC-CF=2HE$.

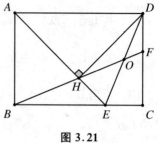

图 3.21

22. 如图 3.22 所示，AB 是 $\odot O$ 的直径，弦 $CD\perp AB$ 于点 G，点 F 是 CD 上一点，且满足 $\dfrac{CF}{FD}=\dfrac{1}{3}$，连接 AF 并延长交 $\odot O$ 于点 E，连接 AD、DE. 若 $CF=2$，$AF=3$，则下列四个结论中正确的结论序号为_____.

(1) $\triangle ADF \sim \triangle AED$；

(2) $FG=2$；

(3) $\tan\angle E=\dfrac{\sqrt{5}}{2}$；

(4) $S_{\triangle DEF}=4\sqrt{5}$.

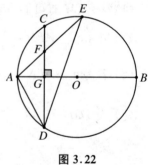

图 3.22

23. 如图 3.23 所示,AB 是 $\odot O$ 的直径,点 P 是半径 OA 上一动点,$PC \perp AB$ 交 $\odot O$ 于点 C,在半径 OB 上取点 Q,使得 $OQ = CP$,$DQ \perp AB$ 交 $\odot O$ 于点 D,点 C、D 位于 AB 两侧,连接 CD 交 AB 于点 F,连接 AC、DB,点 P 从点 A 出发沿 AO 向终点 O 运动.下列四个结论中正确的结论序号为_____.

(1) $\angle PCD$ 的大小随着点 P 的位置改变而改变;

(2) $S_{\triangle PCF} + S_{\triangle DQF}$ 的值随着点 P 的位置改变而改变;

(3) $\dfrac{AC}{DB} = \sqrt{\dfrac{AP}{BQ}}$;

(4) 当 $S_{\triangle PCF} + S_{\triangle DQF} = 2a^2$,$PC < DQ$ 时,设 $CD = 4b$,则 $PC = \sqrt{2}(b - \sqrt{a^2 - b^2})$.

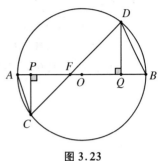

图 3.23

24. 如图 3.24 所示,在平面直角坐标系 xOy 中,点 $P\left(a, \dfrac{2}{a}\right)$ 是反比例函数 $y = \dfrac{2}{x}$ ($x > 0$) 图像上的一动点,以点 P 为圆心,以 OP 为半径的圆与坐标轴交于点 A、B,直线 l 与 $\odot P$ 交于 M、N 两点.下列四个结论中正确的结论序号为_____.

(1) 直线 AB 的解析式为 $y = -\dfrac{2}{a^2}x + \dfrac{4}{a}$;

(2) 若 $\odot P$ 的面积为 S,则 S 的最小值为 2π;

(3) $S_{\triangle AOB}$ 的面积为定值;

(4) 若 $\triangle OMN$ 是等边三角形,当 $a = 1$ 时,直线 l 的解析式为 $y = -\dfrac{1}{2}x + \dfrac{13}{4}$.

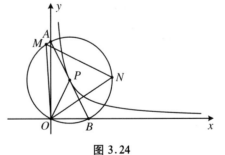

图 3.24

25. 如图 3.25 所示,已知正方形 $ABCD$ 内接于 $\odot O$,$AB=4$,点 E 是劣弧 $\overset{\frown}{AB}$ 上的一动点(不与点 A、B 重合),点 F 是劣弧 $\overset{\frown}{BC}$ 上的一点,连接 OE、OF,分别与 AB、BC 交于点 G、H,且 $\angle EOF=90°$.下列四个结论中正确的结论序号为_____.

(1) $\overset{\frown}{AE}=\overset{\frown}{BF}$;

(2) $\triangle OGH$ 是等腰三角形;

(3) S_{OGBH} 的值随着点 E 位置的移动而变化;

(4) $\triangle GBH$ 周长的最小值为 $4+\sqrt{2}$.

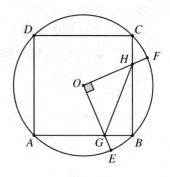

图 3.25

26. 如图 3.26 所示,在等腰 $Rt\triangle ABC$ 中,$AB=BC$,以 AB 为直径的 $\odot O$ 交 OC 于点 D,AD 的延长线交 BC 于点 E,过点 D 作 $\odot O$ 的切线交 BC 于点 F.下列四个结论中正确的结论序号为_____.

(1) $CD^2=CE\cdot CB$;

(2) $4EF^2=DE\cdot EA$;

(3) $\angle OCB=\angle EAB$;

(4) $\tan\angle EAB=\dfrac{\sqrt{5}-1}{2}$.

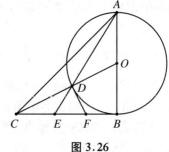

图 3.26

27. 如图 3.27 所示,点 C 在以 AB 为直径的圆上,$AB=4$,$\angle CBA=30°$,点 D 在半径 AO 上运动,点 E 与点 D 关于 AC 对称,ED 交 AC 于点 P,$DF \perp DE$ 于点 D,交 BC 于点 G,交 EC 的延长线于点 F. 下列四个结论中正确的结论序号为_____.

(1) $CE=CF$;

(2) 线段 EF 的最小值为 $\sqrt{3}$;

(3) 当 $AD=1$ 时,EF 与半圆相切;

(4) 当点 D 从点 A 运动到点 O 时,线段 EF 扫过的面积是 $4\sqrt{3}$.

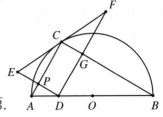

图 3.27

28. 如图 3.28 所示,PQ 为 $\odot O$ 的直径,点 B 在线段 PQ 的延长线上,$OQ=QB=1$,动点 A 在 $\odot O$ 的上半圆运动(含 P、Q 两点),连接 AB. 设 $\angle AOB=\alpha$,下列四个结论中正确的结论序号为_____.

(1) 当线段 AB 与 $\odot O$ 只有一个公共点 A 时,$0 \leqslant \alpha \leqslant 60°$;

(2) 当 $\triangle OAB$ 是等腰三角形时,$\tan \alpha = \dfrac{\sqrt{15}}{2}$;

(3) 当线段 AB 与 $\odot O$ 有两个公共点 A、M 时,若 $AO \perp PM$,则 $AB=\sqrt{6}$;

(4) 在(3)的条件下,$\sin 2\angle MPB = \dfrac{\sqrt{15}}{8}$.

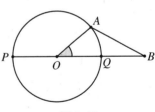

图 3.28

29. 如图 3.29 所示,点 A 是以 BC 为直径的 $\odot O$ 上的一点,$AD \perp BC$ 于点 D,过点 B 作 $\odot O$ 的切线,与 CA 的延长线相交于点 E,点 G 是 AD 的中点,连接 CG 并延长与 BE 相交于点 F,延长 AF 与 CB 的延长线交于点 P,且 $FG = FB$. 下列四个结论中正确的结论序号为_____.

(1) $BF = EF$;

(2) PA 为 $\odot O$ 的切线;

(3) $\tan \angle P = \dfrac{\sqrt{2}}{3}$;

(4) $\tan 2\angle ECB = 2\sqrt{2}$.

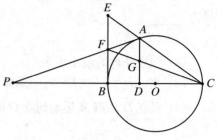

图 3.29

30. 如图 3.30 所示,在 Rt$\triangle ABC$ 中,$\angle ACB = 90°$,$BC = a$,$AC = b$,点 D 是 AB 的中点,$\odot O$ 过 C、D 两点,且分别交边 AC、BC 于点 E、F,连接 CO、EF. 下列四个结论中正确的结论序号为_____.

(1) $AE^2 + BF^2 = EF^2$;

(2) 若 $a = 6$,$b = 8$,设 $\odot O$ 的面积为 S,则 $\dfrac{25}{4}\pi \leqslant S \leqslant \dfrac{625}{36}\pi$;

(3) 在(2)的条件下,当 $\odot O$ 从过点 A 变化到过点 B 时,点 O 移动的路径长为 $\dfrac{125}{24}$;

(4) 连接 CD,当 $\triangle CEF$ 的面积最大时,EF 垂直平分 CD.

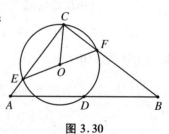

图 3.30

31. 如图 3.31 所示,直线 $y = \frac{\sqrt{3}}{3}x - \frac{5\sqrt{3}}{3}$ 与 x 轴、y 轴分别交于 A、B 两点,动⊙M 始终与直线 AB 相切,设切点为 C,圆心 M 在线段 AO 上,且⊙M 与 y 轴至少有一个交点,⊙M 的半径为 r. 设⊙M 与 x 轴的交点为 D、E,点 E 在点 D 左侧. 若⊙M 与 y 轴有两个交点,则分别为点 F、G,点 F 在 y 轴的正半轴上. 点 H 为⊙M 上半圆上一动点,连接 HC 交 x 轴于点 P. 下列四个结论中正确的结论序号为_____.

(1) $\frac{5}{3} \leqslant r \leqslant \frac{5}{2}$;

(2) 当 $\tan \angle HCD = \frac{1}{2}$ 时,$EP : PC = 3 : \sqrt{5}$;

(3) 若 $EP : PD = 3 : 2$,则 $\cos \angle HCD = \frac{\sqrt{21}}{7}$;

(4) 若 $r = 2$,当 HC 过原点时,$HO : CO = 3 : 7$.

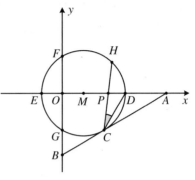

图 3.31

32. 如图 3.32 所示,在 △ABC 中,$AB = BC$,点 D 是 AC 的中点,BE 平分 ∠ABD 交 AC 于点 E,点 O 是 AB 上一点,⊙O 过 B、E 两点,交 BD 于点 G,交 AB 于点 F,连接 EF、EG. 若 $BD = 6$,$\sin C = \frac{3}{5}$,则下列四个结论中正确的结论序号为_____.

(1) $EF = EG$;

(2) $ED = 3$;

(3) $DG = 2$;

(4) $S_{EFBG} = 18$.

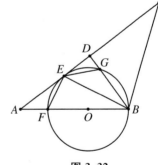

图 3.32

33. 如图 3.33 所示，⊙O 的半径为 2，弦 $BC=2\sqrt{3}$，点 A 是优弧 $\overset{\frown}{BC}$ 上一动点（不包括端点），△ABC 的高 BD、CE 交于点 F. 下列四个结论中正确的结论序号为_____.

(1) ∠A 为定值；

(2) 当 ∠$ABC=45°$ 时，$AE=EF$；

(3) 当 △ABC 为锐角三角形时，$ED=\sqrt{3}$；

(4) 线段 ED 的垂直平分线必平分弦 BC.

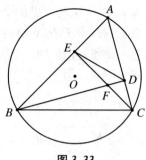

图 3.33

34. 如图 3.34 所示，在正方形 $ABCD$ 中，以 AB 为直径作半圆，点 P 是 CD 的中点，BP 与半圆交于点 Q，连接 DQ. 下列四个结论中正确的结论序号为_____.

(1) DQ 与半圆 O 相切；

(2) $\dfrac{PQ}{BQ}=\dfrac{3}{2}$；

(3) $\cos\angle CDQ=\dfrac{3}{5}$；

(4) $\sin 2\angle CBP=\dfrac{4}{5}$.

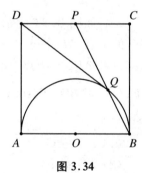

图 3.34

35. 如图 3.35 所示，AB 是半圆的直径，点 C 是半圆上一动点（与点 A、B 不重合），点 E 是弦 AC 上一动点（与点 A、C 不重合），过点 E 作 $EF \perp EB$ 交 AB 于点 F，过点 A 作 $AD \parallel EF$，交半圆于点 D. 下列四个结论中正确的结论序号为_____.

(1) B、E、D 三点一线；

(2) $\angle CEB = \angle DCA + \angle CAB$；

(3) 若 $\angle DCA = 45°$，点 C 是 $\overset{\frown}{DB}$ 的中点，则 $\dfrac{EF}{AD} = 2 - \sqrt{2}$；

(4) 若 $\dfrac{AF}{AE} = \dfrac{\sqrt{5}}{4}$，点 C 是 $\overset{\frown}{DB}$ 的中点，则 $\dfrac{EF}{AD} = \dfrac{5}{9}$.

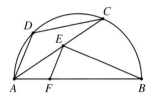

图 3.35

二、经典反比例

36. 如图 3.36 所示，在平面直角坐标系 xOy 中，直线 $y = \dfrac{3}{2}x$ 与双曲线 $y = \dfrac{6}{x}$ 相交于 A、B 两点，点 C 是第一象限内双曲线上的一点，连接 CA 并延长，交 y 轴于点 P，连接 BP、BC.

若 $S_{\triangle PBC} = 24$，求点 C 的坐标.

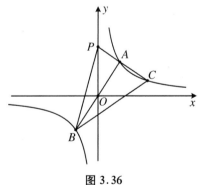

图 3.36

37. 如图 3.37 所示，在平面直角坐标系 xOy 中，经过点 A 的双曲线 $y=\dfrac{k}{x}(x>0)$ 同时经过点 B，且点 A 在点 B 的左侧，点 A 的横坐标为 $\sqrt{2}$，$\angle AOB=\angle ABO=45°$，求 k 的值.

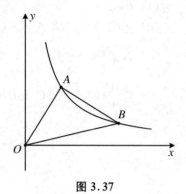

图 3.37

38. 如图 3.38 所示，点 A、B 在反比例函数 $y=-\dfrac{3}{x}(x<0)$ 的图像上，连接 OA、AB，以 OA、AB 为边作平行四边形 $OABC$. 若点 C 恰好落在反比例函数 $y=\dfrac{2}{x}(x>0)$ 的图像上，求 S_{OABC}.

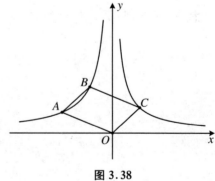

图 3.38

39. 如图3.39所示,在平面直角坐标系 xOy 中,直线 $y=-x+b(b>0)$ 交反比例函数 $y=\dfrac{1}{x}(x>0)$ 的图像于点 A、B. 已知 $S_{\triangle AOB}=4\sqrt{3}$,求 $\cos\angle AOB$.

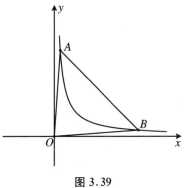

图 3.39

40. 如图3.40所示,点 A、B 在反比例函数 $y=\dfrac{4}{x}(x>0)$ 的图像上,点 A 在点 B 的左侧,且 $OA=OB$,点 A 关于 y 轴的对称点为点 C,点 B 关于 x 轴的对称点为点 D,连接 CD 分别交 OA、OB 于点 E、F. 若 $S_{AEFB}=4.8$,求点 A 的坐标.

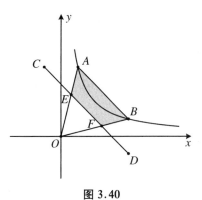

图 3.40

41. 如图 3.41 所示,在平面直角坐标系 xOy 中,$A(0,1)$,$B(2,0)$,四边形 $ABCD$ 是平行四边形.点 C、D 在反比例函数 $y=\dfrac{k}{x}(k>0,x>0)$ 的图像上,$BC=nAB(2\leqslant n\leqslant 5)$,求 k 的取值范围.

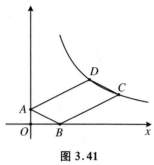

图 3.41

42. 如图 3.42 所示,在平面直角坐标系 xOy 中,点 $B(9,1)$ 为反比例函数 $y=\dfrac{9}{x}(x>0)$ 图像上一定点,点 A 为 $y=\dfrac{9}{x}(x>0)$ 图像上一动点,在点 B 的左侧,连接 OA,交反比例函数 $y=\dfrac{4}{x}(x>0)$ 图像于点 D,连接 OB 交 $y=\dfrac{4}{x}(x>0)$ 图像于点 C,连接 AB、CD.

(1) 当 $S_{ABCD}=\dfrac{20}{3}$ 时,求直线 CD 的解析式.

(2) 当 $OC=OD$ 时,求 S_{ABCD}.

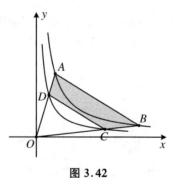

图 3.42

43. 如图 3.43 所示,点 A、B 在反比例函数 $y=\dfrac{k}{x}(x>0)$ 图像上,$AC \perp x$ 轴于点 C,$BD \perp x$ 轴于点 D,点 C、D 分别在 x 轴的正、负半轴上,$CD=k$. 已知 $AB:AC=5:2$,AB 与 y 轴交于点 E,与 x 轴交于点 H,若 $\dfrac{S_{\triangle ADE}}{S_{\triangle BCE}}=\dfrac{1}{4}$,求 k.

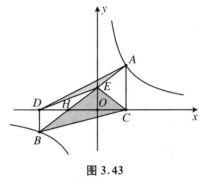

图 3.43

44. 如图 3.44 所示,在平面直角坐标系 xOy 中,在四边形 $OBCD$ 中,$\angle DOB=30°$,$DC \perp BC$,$CB \perp x$ 轴于点 B,点 C 在反比例函数 $y=\dfrac{k}{x}(x>0)$ 上,将四边形 $OBCD$ 沿着 OD 翻折,得到四边形 $OAED$,点 C 与点 E 对应,点 B 与点 A 对应,点 A 恰好落在 $y=\dfrac{k}{x}(x>0)$ 图像上. 若 $BC=\sqrt[4]{3}$,求 k.

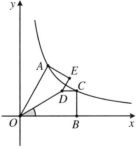

图 3.44

45. 如图 3.45 所示，在平面直角坐标系 xOy 中，$A(-4\sqrt{2}, 4\sqrt{2})$，$B(2\sqrt{2}, 2\sqrt{2})$，$\triangle ABO$ 与曲线交于 C、D 两点. 曲线是由函数 $y = \dfrac{6}{x}$ 图像绕原点逆时针旋转 $45°$ 得到的，求 $S_{\triangle COD}$.

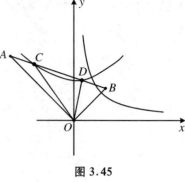

图 3.45

46. 如图 3.46 所示，在平面直角坐标系 xOy 中，点 A 在 y 轴正半轴上，反比例函数 $y = \dfrac{3m}{x}(m>0)$ 在第一象限的图像经过矩形 $OABC$ 的顶点 B，反比例函数 $y = \dfrac{m}{x}$ 在第一象限的图像交 AB 于点 D，交 BC 于点 E，连接 DE、OD、OE，求 $\dfrac{S_{\triangle DBE}}{S_{\triangle ODE}}$.

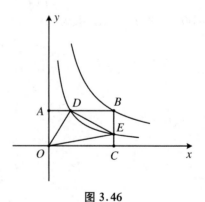

图 3.46

47. 如图 3.47 所示,在平面直角坐标系 xOy 中,点 O 是坐标原点,点 A 是函数 $y=\dfrac{1}{x}$ ($x<0$)图像上一点,AO 的延长线交函数 $y=\dfrac{k}{x}$($x>0$,$k>0$,k 为常数)图像于点 C,点 A 关于 y 轴的对称点为 A',点 C 关于 x 轴的对称点为 C',连接 CC',交 x 轴于点 B,连接 AB、AA'、$A'C'$.若△ABC 的面积等于 6,求:

(1) k 的值;

(2) 阴影部分面积.

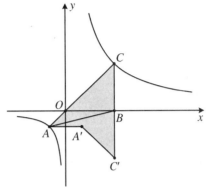

图 3.47

48. 如图 3.48 所示,已知点 $A(4,0)$,点 B 在 y 轴上,经过 A、B 两点的直线与反比例函数 $y=\dfrac{k}{x}$($k\leqslant -1$)在第四象限的图像只有一个公共点,一次函数 $y=x-2k$ 的图像与 x 轴、y 轴分别交于 C、D 两点.当四边形 $ABCD$ 面积最小时,求 k 的值及四边形 $ABCD$ 面积的最小值.

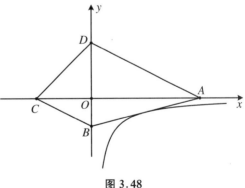

图 3.48

49. 如图 3.49 所示,点 $B(m,0)$ 是 x 轴正半轴上一动点,以 OB 为斜边作等腰 Rt△AOB,直角顶点 A 在第一象限.反比例函数 $y=\dfrac{k}{x}(x>0)$ 图像交 AO 于点 C,交 AB 于点 D,若 $AC=BD$,求 $\dfrac{m^2}{k}$.

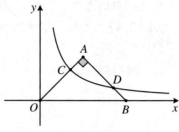

图 3.49

50. 如图 3.50 所示,等边△ABO 的边 AB 交 y 轴于点 C,点 A 是反比例函数 $y=\dfrac{5\sqrt{3}}{x}$ ($x>0$)图像上一点,且 $BC=2AC$,求 B 点的坐标.

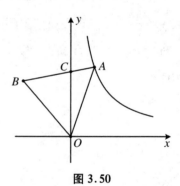

图 3.50

三、求路径长度

51. 如图 3.51 所示,△ABC 内接于 ⊙O,BC = 12,∠A = 60°,点 D 为 $\overparen{BmC}$ 上一动点,DF 为直径,BE⊥DF 于点 E.当点 D 从点 B 沿 $\overparen{BmC}$ 运动到点 C 时,求点 E 的路径长度.

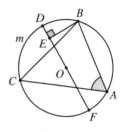

图 3.51

52. 如图 3.52 所示,已知半径为 2、圆心角为 90° 的扇形 OAB,$\overparen{AB}$ 上有一动点 P,从点 P 向半径 OA 引垂线 PH,交 OA 于点 H.设△OPH 的内心为点 I,当点 P 在 AB 上从点 A 运动到点 B 时,求点 I 的路径长度.

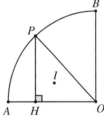

图 3.52

53. 如图 3.53 所示,在平面直角坐标系 xOy 中,$A(4,0)$,$B(2,0)$,点 B 在 $\odot O$ 上,点 C 为 $\odot O$ 上一动点,连接 AC.

(1) 如图(a)所示,以 AC 为斜边,在 AC 上方作等腰 $Rt\triangle ACD$,当点 C 运动一周时,求点 D 的运动路径.

(2) 如图(b)所示,以 AC 为直角边,点 A 为直角顶点,在 AC 上方作等腰 $Rt\triangle ACD$,当点 C 运动一周时,求点 D 的运动路径.

(3) 如图(c)所示,以 AC 为直角边,点 C 为直角顶点,在 AC 上方作等腰 $Rt\triangle ACD$,当点 C 运动一周时,求点 D 的运动路径.

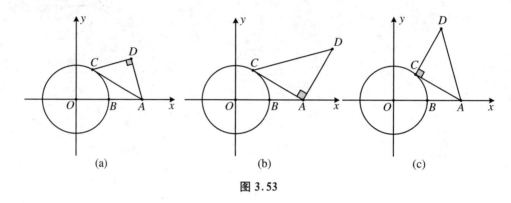

图 3.53

54. 如图 3.54 所示,在 $Rt\triangle ABC$ 中,$\angle B = 90°$,$BC = \sqrt{3}$,点 P 为线段 BC 上一动点,连接 AP,将 AP 绕点 P 顺时针旋转 $120°$ 得到 PQ,当点 P 从点 B 运动到点 C 时,求点 Q 的路径长度.

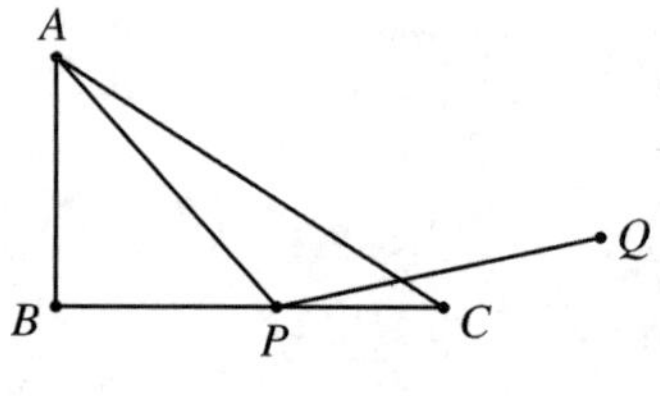

图 3.54

55. 如图 3.55 所示,在平面直角坐标系 xOy 中,$A(0,2)$,$B(-2,0)$,$C(6,0)$,点 P 在 x 轴上运动,以 AP 为直角边,以点 P 为直角顶点,在 AP 上方作等腰 Rt$\triangle APQ$,连接 BQ,取其中点 M,当点 P 从原点运动到点 C 时,求点 M 的路径长度.

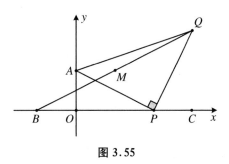

图 3.55

56. 如图 3.56 所示,在 $\triangle ABC$ 中,$\angle BAC = 120°$,$AB = AC$,点 D 在 BC 边上,$BD = 6$,点 P 在线段 BD 上运动,$\triangle APC$ 的外心为点 O,当点 P 从点 B 运动到点 D 时,求点 O 的路径长度.

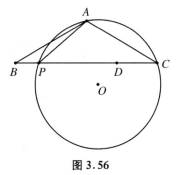

图 3.56

57. 如图3.57所示,在平面直角坐标系 xOy 中,点 C 沿着某路径运动,以点 C 为旋转中心,将点 $A(0,4)$ 逆时针旋转 $90°$ 到点 $B(m,-2)$. 若 $-5 \leqslant m \leqslant 5$,求点 C 的路径长度.

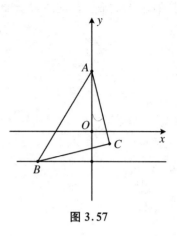

图 3.57

58. 如图3.58所示,已知 $AB=10$ 为半 $\odot O$ 的直径,点 C 为半圆弧上一动点.

(1) 若以 AC 为边向 △ABC 外侧作等边 △ACD,如图(a)所示,当点 C 从点 A 运动到点 B 时,求点 D 的路径长度.

(2) 若以 AC 为斜边向 △ABC 外侧作等腰 Rt△ACD,如图(b)所示,当点 C 从点 A 运动到点 B 时,求点 D 的路径长度.

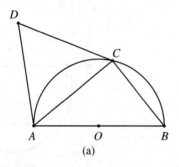
(a)

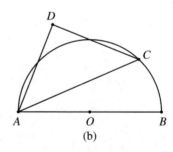
(b)

图 3.58

59. 如图 3.59 所示,在等腰 Rt△ABC 中,AB = AC,BC = 4,点 D 为斜边的中点,点 E、F 同时从点 D 出发,以相同的速度分别沿着 DA、DC 的方向移动,当点 E 达到点 A 时,运动停止,直线 BE 与 AF 交于点 G,则当点 E 从点 D 运动到点 A 时,求点 G 的路径长度.

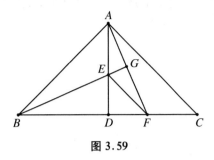

图 3.59

60. 如图 3.60 所示,过等腰△ABC 底边 BC 上一点 P 引 PM ∥ CA 交 AB 于点 M,引 PN ∥ BA 交 AC 于点 N,作点 P 关于 MN 的对称点 Q. 若∠A = 30°,BC = 12,当点 P 从点 B 运动到点 C 时,求点 Q 的路径长度.

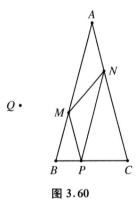

图 3.60

四、求面积

61. 如图3.61所示,已知矩形 $ABCD$,$BC=2AB=4$,将矩形绕点 A 逆时针旋转得到矩形 $AEFG$,点 D 恰好落在 EF 上,连接 AC,求 $S_{\triangle AEC}$.

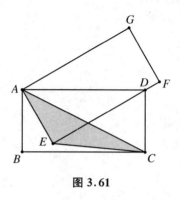

图3.61

62. 如图3.62所示,在等腰 $Rt\triangle ABC$ 中,$AC=BC$,点 D 为 AB 的中点,点 F 是 AC 上任意一点,四边形 $DEFG$ 是正方形,过点 G 作 $GN\parallel AB$ 交 AC 于点 N.若 $AB=8$,$CF=AN$,求 S_{FGDE}.

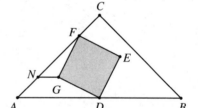

图3.62

63. 如图 3.63 所示,在平面直角坐标系 xOy 中,点 $A(-1,1)$,直线与 $y=\dfrac{1}{x}(x>0)$ 图像交于 B、C 两点,交 x 轴于点 D,交 y 轴于点 E.已知△ABC 为等边三角形,求 $S_{\triangle EOD}$.

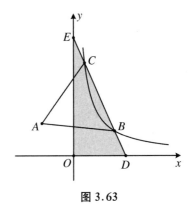

图 3.63

64. 如图 3.64 所示,△ABD 内接于⊙O,点 C 为劣弧$\overset{\frown}{AB}$的中点,$DA:DC:DF=3:\sqrt{5}:1$,$DB=DF$,$BE=2$,求⊙O 的面积 S.

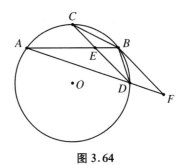

图 3.64

65. 如图 3.65 所示,在正方形 $ABCD$ 中,点 E 为 BC 的中点,点 F 为 DC 上一点,满足 $DF=2FC$,BF 与 DE 交于点 G,AM 平分 $\angle DAG$,交 DC 于点 M,交 DE 于点 H. 若 $BG=12$,求 S_{AGFM}.

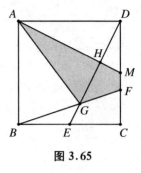

图 3.65

66. 如图 3.66 所示,已知正方形 $ABCD$ 的边长为 10,点 G 在 $\odot A$ 上,$\angle CGD=135°$,求 $S_{\triangle CGD}$.

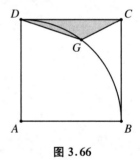

图 3.66

67. 如图 3.67 所示,在平面直角坐标系 xOy 中,矩形 $ABCD$ 的顶点 A、B 在反比例函数 $y=\dfrac{k}{x}$ ($k>0$) 图像上. 已知 $A(3,6)$,BC 交 x 轴于点 D,求 $S_{\triangle ACD}$.

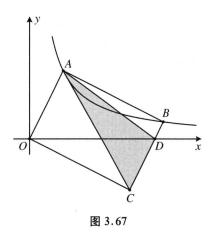

图 3.67

68. 如图 3.68 所示,已知矩形 $ABCD$,点 H 在 AB 上,点 G、E 在 AD 上,点 F 在 CG 上,$\triangle BHC$ 与 $\triangle GHC$ 关于 CH 对称,$\triangle DEC$ 与 $\triangle FEC$ 关于 CE 对称. 若 $GF=12$,$BH=\dfrac{1}{3}AD$,求 $S_{\triangle AGH}$.

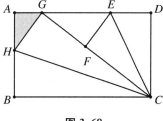

图 3.68

69. 如图 3.69 所示,在平面直角坐标系 xOy 中,点 $A(1,\sqrt{3})$,直线 $l: y = -\sqrt{3}x$,点 B 在 x 轴的负半轴上,点 C 在直线 l 上且在第四象限,满足 $\angle BAC = 60°$,AC 交 x 轴于点 D,求 $S_{\triangle BOC}$.

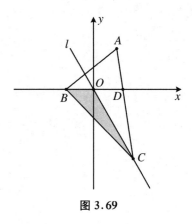

图 3.69

70. 如图 3.70 所示,在 $\triangle ABC$ 中,$AB = 9$,$BC = 8$,$AC = 7$,AB 为 $\odot M$ 的弦,AC 为 $\odot N$ 的弦,BC 与 $\odot M$ 相切于点 B,与 $\odot N$ 相切于点 C,求 $S_{\triangle AMN}$.

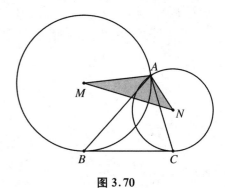

图 3.70

五、求极值

71. 如图 3.71 所示,在扇形 ODE 中,$\angle DOE = 90°$,$OD = 9$,$\triangle ABC$ 是扇形 ODE 的内接三角形,其中点 A、B、C 分别在 $\overset{\frown}{DE}$ 和半径 OE、OD 上,$\angle ACB = 90°$,$\dfrac{AC}{BC} = \dfrac{3}{8}$,求线段 AC 的最小值.

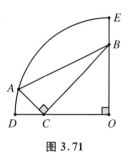

图 3.71

72. 如图 3.72 所示,在 $\text{Rt}\triangle ABC$ 中,$AB = 4$,$BC = 3$,点 E 在以点 C 为圆心、以半径为 1 的 $\odot C$ 上,点 D 为平面上一点,且 $BD = AE$,求四边形 $ABED$ 面积的最大值.

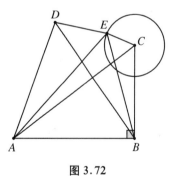

图 3.72

73. 如图 3.73 所示,已知矩形 $ABCD$,$AB=4$,$AD=3$,点 E 为线段 DC 上异于两个端点的一动点,连接 BE,将 $\triangle BCE$ 沿 BE 翻折得到 $\triangle BEF$,连接 AF 并延长交 CD 于点 G,求线段 CG 的最大值.

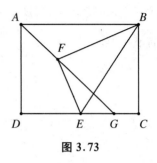

图 3.73

74. 如图 3.74 所示,点 $P(-1,1)$ 在双曲线 $y=\dfrac{k}{x}$ 上,过点 P 的直线 l_1 与坐标轴分别交于 A、B 两点,且 $\tan\angle BAO=1$,点 M 是该双曲线在第四象限上的一点,过点 M 的直线 l_2 与双曲线只有一个交点,并且与坐标轴分别交于 C、D 两点,求 S_{ABCD} 的最小值.

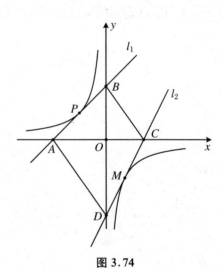

图 3.74

75. 如图 3.75 所示,在 Rt△ABC 中,∠ACB = 90°,∠B = 30°,点 D 为 BC 的中点,以点 D 为圆心、以 CD 为半径作圆交 AB 于点 E,点 F 在 $\overset{\frown}{CE}$ 上,点 G 在 AB 上,且 ∠DFG = 45°. 若 BC = 12,求 AG 的最大值.

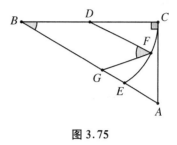

图 3.75

76. 如图 3.76 所示,在正方形 ABCD 中,点 E、F 分别是 DC、BC 上的动点,且满足 ∠EAF = 45°. 若 $AB = 2 + \sqrt{2}$,求 S_{AFCE} 的最大值.

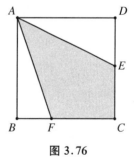

图 3.76

77. 如图 3.77 所示,已知矩形 $ABCD$,点 E、F、G、H 分别是 AB、BC、DC、AD 的动点,满足 $AE=GC$,$DH=BF$,$AB=2AD=10$,求四边形 $EFGH$ 周长 L 的最小值.

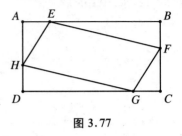

图 3.77

78. 如图 3.78 所示,AB 是 $\odot O$ 的直径,$AB=4$,$\angle ABC=60°$,点 P 为 $\odot O$ 上一动点,点 D 是 AP 的中点,求 CD 的最小值.

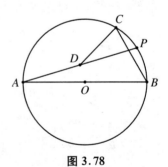

图 3.78

79. 如图 3.79 所示,在矩形 $ABCD$ 中,$AB=4$,$BC=6$,矩形内有一动点 P,过点 P 作 $PE \perp AD$ 于点 E,连接 PB、PC,求 $PE+PC+PB$ 的最小值.

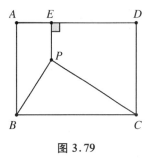

图 3.79

80. 如图 3.80 所示,在 $\triangle ABC$ 中,$\angle A=45°$,$\angle B=60°$,$AB=4$,点 P 是边 BC 上的动点(不与点 B、C 重合),点 P 关于直线 AB、AC 的对称点分别是 M、N,求 MN 的最小值.

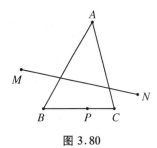

图 3.80

81. 如图 3.81 所示，点 M 是 $\odot O$ 的直径 AB 上一点，$AM = 7BM$，过点 M 的直线交 $\odot O$ 于点 P、Q. 若 $\odot O$ 的半径为 6，求 $S_{\triangle APQ}$ 的最大值.

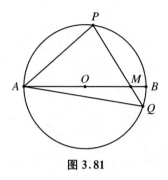

图 3.81

82. 如图 3.82 所示，在平面直角坐标系 xOy 中，抛物线 $y = \dfrac{1}{4}(x+2)(x-8)$ 交 x 轴于点 A、B（点 A 在点 B 右侧），交 y 轴于点 C，点 D 为抛物线上第四象限的动点，连接 BD 交 AC 于点 P，求 $\dfrac{DP}{BP}$ 的最大值.

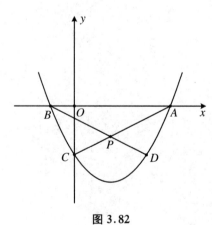

图 3.82

83. 如图 3.83 所示，Rt△ABC 与 Rt△DBC 关于公共斜边 BC 轴对称，点 M、N 分别是 AB、DC 上的动点，且满足 AM = DN，若 BC = 5, AB = 4，求 MN 的最小值.

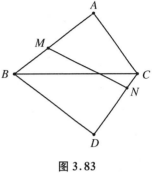

图 3.83

84. 如图 3.84 所示，在 △ABC 中，∠BAC = 60°，AD 平分 ∠BAC，AB + AC = 6√3，求 AD 的最大值.

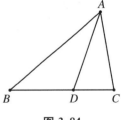

图 3.84

85. 如图 3.85 所示,已知 $AB = AC = 4$,$\angle BAC = 120°$,点 D 为 $\triangle ABC$ 内部一动点,满足 $\angle BDA = 120°$,连接 CD,取 CD 的中点 E,连接 AE,过点 E 作 $EF \perp AE$,交 BC 于点 F,连接 FD,求 FD 的最小值.

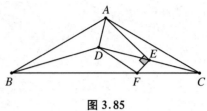

图 3.85

六、求值

86. 如图 3.86 所示,在 Rt$\triangle ABC$ 中,$\angle ACB = 90°$,内切圆 $\odot I$ 分别切 AC、BC 于点 E、F,射线 BI、AI 分别交直线 EF 于点 M、N,设 $S_{\triangle AIB} = S_1$,$S_{\triangle MIN} = S_2$,求 $\dfrac{S_1}{S_2}$.

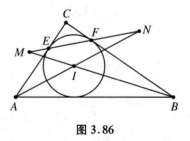

图 3.86

87. 如图 3.87 所示,在平面直角坐标系 xOy 中,$B(-3,0)$,$C(2,0)$,$A(0,t)$ 在 y 轴的正半轴上,满足 $\angle BAC = 45°$,求 t.

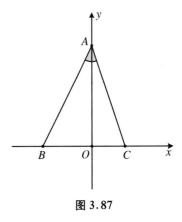

图 3.87

88. 如图 3.88 所示,在 $\triangle ABC$ 中,点 D 为 AC 的中点,$\angle EDF = 90°$,$\tan B = \dfrac{3}{4}$. 若 $FC = 5$, $EF = 3\sqrt{10}$,求 AE.

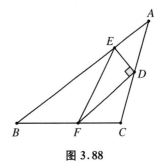

图 3.88

89. 如图 3.89 所示,在 $\triangle ABC$ 中,$AB = AC$,$\angle BAC = 90°$,点 D 在 BC 上,连接 AD,点 P 在 AD 上,连接 PC、PB.若 $\tan\angle CPD = 2$,$PB = \sqrt{13}$,$S_{\triangle APC} = S_{\triangle BPC}$,求 AB.

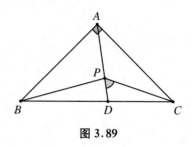

图 3.89

90. 如图 3.90 所示,在等腰 $Rt\triangle ABC$ 中,点 D 为斜边的中点,点 F、H 分别在 AB、AC 上,$AH = AF$.过点 F 作 BH 的垂线,交 BH 于点 G,交 BC 于点 E,AD 与 BH 交于点 P.若 $EC = 16$,$DP = 12$,求 AH.

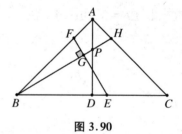

图 3.90

91. 如图3.91所示，在平面直角坐标系 xOy 中，$\triangle ABC$ 的三个顶点均在反比例函数 $y=\dfrac{1}{x}$ 图像上．已知点 $A(-1,-1)$，且 $AB=AC$，$\angle BAC=30°$，求 $S_{\triangle AOB}$．

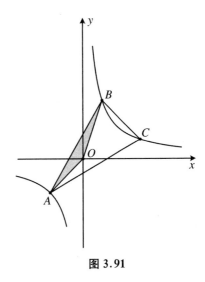

图 3.91

92. 如图3.92所示，在面积为5的正方形 $ABCD$ 中，点 E 为边 CD 上一点，连接 AE，过点 D 作 $DM\perp AE$ 于点 M，连接 MC，将 $\triangle DMC$ 沿 DM 翻折，点 C 的对应点为 F，连接 AF、BF．若 $S_{\triangle ABF}=1$，求 $\triangle PMF$ 的周长 L．

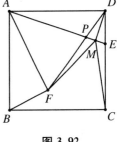

图 3.92

93. 如图 3.93 所示，在平面直角坐标系 xOy 中，直线 $y=3x+b(b>0)$ 交 x 轴于点 A，交 y 轴于点 B，点 P 为直线 $y=1$ 上一动点，直线 $y=1$ 与 y 轴的交点为 C．若 $\triangle ABP$ 为等边三角形，求 b 的值．

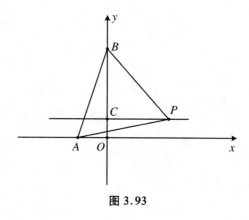

图 3.93

94. 如图 3.94 所示，$\odot O_1$ 与 $\odot O_2$ 外切于点 M，它们的两条外公切线的夹角为 $60°$，点 E、F 为其中的两个切点，连心线与 $\odot O_1$、$\odot O_2$ 分别交于 A、B 两点（异于点 M），过点 B 作直线交 $\odot O_1$ 于 C、D 两点，求 $\tan\angle BAC \cdot \tan\angle BAD$ 的值．

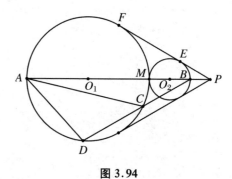

图 3.94

95. 如图 3.95 所示,在平面直角坐标系 xOy 中,$A(0,3)$,$B(4,0)$,$\triangle ABC$ 为等边三角形,求点 C 的坐标.

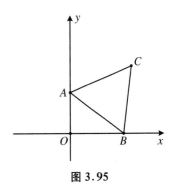

图 3.95

96. 如图 3.96 所示,在 $\triangle ABC$ 中,中线 AM 与高 BH 交于点 D,$AM = BH$,$FD \parallel AB$,$FH = \sqrt{3}$,$DM = 4$,求 DH.

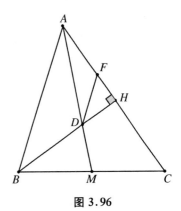

图 3.96

97. 如图 3.97 所示，点 A、C 在半径为 $5\sqrt{2}$ 的 $\odot O$ 上，点 B 是 $\odot O$ 内一点，$AB \perp CB$ 于点 B. 已知 $AB = 6$，$BC = 2$，求 OB.

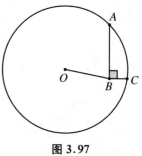

图 3.97

98. 如图 3.98 所示，$\triangle ABC$ 内接于 $\odot O$，$AB = AC$，点 D 在劣弧 $\overset{\frown}{AC}$ 上，$\angle ABD = 45°$，BD 交 AC 于点 E，连接 CD、AD. 已知 $\sin \angle BDC = \dfrac{12}{13}$，求 $\tan \angle CBD$.

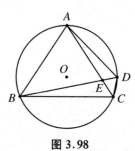

图 3.98

99. 如图 3.99 所示,已知△ABC 是⊙O 的内接三角形,∠ABC = 60°,BD 平分∠ABC,且∠BAC>∠ACB,OD⊥BD,求 $\dfrac{AD}{DC}$.

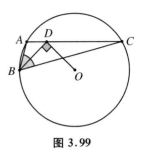

图 3.99

100. 如图 3.100 所示,△PAB 内接于⊙O,点 M、N 在 AB 上,$\dfrac{BN}{AM} = k$,PM⊥AO,PN⊥BO,求 $\dfrac{AP}{BP}$.

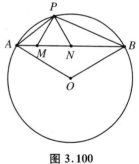

图 3.100

第四部分 几何综合100题解析

1. 解 （1）作 $AH\perp BC$ 于点 H，过点 B 作 BC 的垂线交 AE 的延长线于点 P，如图 4.1 所示.

$\because AB = AC, AH\perp BC$，

$\therefore BH = \dfrac{1}{2}BC$.

$\because EC = 3BE$，

$\therefore BE = \dfrac{1}{4}BC$，

$\therefore BE = HE$.

$\because \begin{cases} \angle PBE = \angle AHE，\\ \angle BEP = \angle HEA，\\ BE = HE，\end{cases}$

$\therefore \triangle BEP\cong\triangle HEA$（ASA），

$\therefore BP = HA, AE = PE$.

$\because \angle ABC = 30°, AH\perp BC$，

$\therefore AB = 2AH$.

$\because AD = BD$，

$\therefore AD = AH = BP$.

$\because BP\perp BC$，

$\therefore \angle ABP = \angle ABC + 90° = 120° = \angle CAD$.

$\because \begin{cases} AB = AC，\\ \angle ABP = \angle CAD，\\ BP = AD，\end{cases}$

$\therefore \triangle ABP\cong\triangle CAD$（SAS），如图 4.2 所示，

$\therefore \angle BAP = \angle ACD, AP = CD$.

$\because \angle BAC = 180° - 2\angle B = 120°$，

$\therefore \angle ADC + \angle ACD = 180° - \angle BAC = 60°$，

$\therefore \angle ADF + \angle FAD = \angle AFC = 60°$.

（2）如图 4.3 所示，在 $\triangle ADF$ 与 $\triangle CDA$ 中，

$\angle ADF = \angle CDA, \angle DAF = \angle DCA$，

$\therefore \triangle ADF\sim\triangle CDA$，

$\therefore \dfrac{DF}{AF} = \dfrac{AD}{AC} = \dfrac{1}{2}$.

作 $AQ\perp DC$ 于点 Q，如图 4.4 所示.

设 $DF = k$，则 $AF = 2k$.

$\because \angle AFQ = 60°$，

$\therefore FQ = k, AQ = \sqrt{3}k$，

$\therefore DQ = 2k, AD = \sqrt{7}k, AC = 2\sqrt{7}k$，

$\therefore QC = \sqrt{AC^2 - AQ^2} = 5k$，

$\therefore CD = DQ + QC = 7k$，

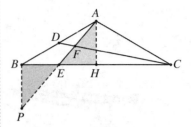

图 4.1

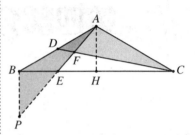

图 4.2

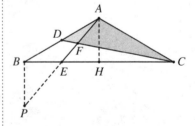

图 4.3

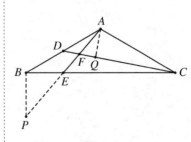

图 4.4

∴ $\dfrac{AF}{CD} = \dfrac{2}{7}$.   错误

(3) ∵ $AP = CD = 7k$，$PE = AE$，

∴ $AE = 3.5k$，

∴ $EF = AE - AF = 1.5k$，

∴ $\dfrac{AF}{EF} = \dfrac{4}{3}$.   正确

(4) ∵ $DF = k$，$CF = FQ + CQ = 6k$，

∴ $\dfrac{S_{\triangle ADF}}{S_{\triangle AFC}} = \dfrac{1}{6}$.

∴ $\dfrac{AF}{EF} = \dfrac{4}{3}$，

∴ $\dfrac{S_{\triangle AFC}}{S_{\triangle FEC}} = \dfrac{4}{3}$.

设 $S_{\triangle ADF} = 2a$，则

$S_{\triangle AFC} = 12a$，$S_{\triangle FEC} = 9a$，

∴ $S_{\triangle ACD} = 14a$.

∵ $AD = BD$，

∴ $S_{\triangle BCD} = S_{\triangle ACD} = 14a$，

∴ $S_{BEFD} = S_{\triangle BCD} - S_{\triangle FEC} = 5a$，

∴ $\dfrac{S_{\triangle ADF}}{S_{BEFD}} = \dfrac{2}{5}$.   正确

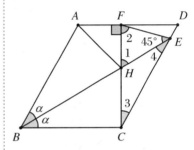

图 4.5

2. 解 (1) 如图 4.5 所示，设 $\angle ABE = \angle EBC = \alpha$，则

$\angle 1 = 90° - \alpha$，

∴ $\angle 2 = 180° - 45° - (90° - \alpha) = 45° + \alpha$.

∵ $AB \parallel CD$，

∴ $\angle 3 = 180° - 2\alpha - 90° = 90° - 2\alpha$，

∴ $\angle 4 = (90° - \alpha) - (90° - 2\alpha) = \alpha$，

∴ $\angle CEF = 45° + \angle 4 = 45° + \alpha = \angle 2$，

∴ $BC = CE = CF$.   正确

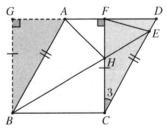

图 4.6

(2) 作 $BG \perp FA$ 交 FA 的延长线于点 G，如图 4.6 所示，

∴ 四边形 $BGFC$ 为正方形．

易证 Rt$\triangle AGB \cong$ Rt$\triangle DFC$（HL），

∴ $\angle ABG = \angle 3 = 90° - 2\alpha$，$AG = DF$.

延长 AG 至点 P，如图 4.7 所示，使得 $GP = CH$.

易证 $\triangle PGB \cong \triangle HCB$（SAS），

∴ $\angle P = \angle 1 = 90° - \alpha$，$\angle PBG = \angle HBC = \alpha$，

∴ $\angle PBA = \angle ABG + \angle PBG = (90° - 2\alpha) + \alpha = 90° - \alpha$，

∴ $\angle P = \angle PBA$，

∴ $AB = AP = AG + GP = DF + CH$，

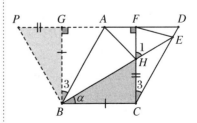

图 4.7

∴ $AB = 17$. 错误

(3) ∵ $AG = DF = 8$, $AB = 17$,
∴ $BG = BC = CF = FG = 15$,
∴ $FH = 6$, $AF = 7$,
∴ $\tan \angle AHF = \dfrac{AF}{FH} = \dfrac{7}{6}$. 错误

(4) 作 $CM \perp BE$ 于点 M, 如图 4.8 所示.
∵ $BC = CE$,
∴ $BM = ME$,
∴ $S_{\triangle BEC} = 2S_{\triangle BCM} = BM \cdot CM$
$= BC \cdot \cos \alpha \cdot BC \cdot \sin \alpha = BC^2 \sin \alpha \cdot \cos \alpha$.
∵ $\tan \alpha = \dfrac{HC}{BC} = \dfrac{9}{15} = \dfrac{3}{5}$,
∴ $\sin \alpha = \dfrac{3}{\sqrt{34}}$, $\cos \alpha = \dfrac{5}{\sqrt{34}}$,
∴ $S_{\triangle BEC} = \dfrac{15^3}{34}$. 错误

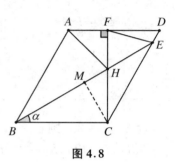

图 4.8

3. **解** (1) 作 $BH \perp AP$ 于点 H, 如图 4.9 所示.
∵ $BC = BF = AB$,
∴ △BAF 为等腰三角形,
∴ BH 平分 $\angle ABF$.
∵ △BFE 与 △BCE 关于 BP 轴对称,
∴ BP 平分 $\angle FBC$,
∴ $\angle HBP = \dfrac{1}{2}(\angle ABF + \angle FBC) = \dfrac{1}{2}\angle ABC = 45°$,
∴ △BHP 为等腰直角三角形,
∴ $\angle APB = 45°$.

作 $AQ \perp AP$ 交 PB 的延长线于点 Q, 如图 4.10 所示,
∴ △APQ 为等腰直角三角形,
∴ $AQ = AP$.
∵ $\angle QAB + \angle BAP = \angle PAD + \angle BAP = 90°$,
∴ $\angle QAB = \angle PAD$.
∵ $\begin{cases} AQ = AP, \\ \angle QAB = \angle PAD, \\ AB = AD, \end{cases}$
∴ △$QAB \cong$ △PAD (SAS),
∴ $QB = PD$,
∴ $QP = PB + QB = PB + DP = \sqrt{2}PA$,
∴ $\dfrac{PB + PD}{PA} = \sqrt{2}$. 正确

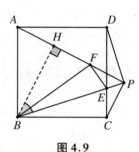

图 4.9

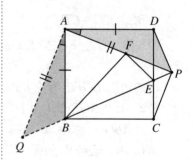

图 4.10

(2) 作 $BM \perp BP$ 交 PA 的延长线于点 M，如图 4.11 所示，

$\therefore \triangle BMP$ 为等腰直角三角形，

$\triangle BAM \cong \triangle BCP$ (SAS)，

$\therefore MA = PC$，

$\therefore PM = AP + AM = AP + PC = \sqrt{2}BP$，

$\therefore PA + PB + PC + PD = (PA + PC) + (PB + PD) = \sqrt{2}(PA + PB)$，

$\therefore PC + PD = (\sqrt{2} - 1)(PA + PB) \Rightarrow$

$\dfrac{PA + PB}{PC + PD} = \sqrt{2} + 1$. 错误

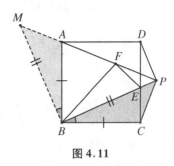

图 4.11

(3) 由对称性可知，$\angle APB = \angle BPC = 45°$，

$\therefore \angle APC = \angle ADC = 90°$，

$\therefore A、D、P、C$ 四点共圆，如图 4.12 所示，

$\therefore \angle CDP = \angle CAF, \angle APD = \angle ACD = 45°$.

连接 $AC、FC$，如图 4.12 所示.

$\because BP$ 垂直平分 FC，

$\therefore \triangle FCP$ 为等腰直角三角形，

$\therefore \angle ACF + \angle FCD = \angle DCP + \angle FCD = 45°$，

$\therefore \angle ACF = \angle DCP$，

$\therefore \triangle ACF \sim \triangle DCP$．

$\therefore \dfrac{AF}{PD} = \dfrac{AC}{DC} = \sqrt{2}$. 正确

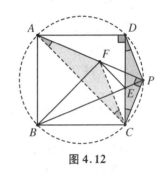

图 4.12

(4) $\because PB + PD = \sqrt{2}PA$，

$\therefore PA + PB + PC + PD = (\sqrt{2} + 1)PA + PC$.

设 FC 交 BP 于点 M，如图 4.13 所示．

$\because CE = \sqrt{10}, BC = 3\sqrt{10}$，

$\therefore BE = 10$．

$\because CM \perp BE$，

$\therefore CM = \dfrac{BC \cdot CE}{BE} = 3$．

$\because \triangle MPC$ 为等腰直角三角形，

$\therefore PC = 3\sqrt{2}$．

$\because AC = 6\sqrt{5}, PC \perp AP$，

$\therefore AP = 9\sqrt{2}$，

$\therefore PA + PB + PC + PD = (\sqrt{2} + 1)PA + PC$
$= 18 + 12\sqrt{2}$. 正确

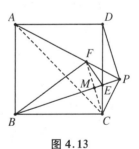

图 4.13

4. **解** (1) 连接 EH，如图 4.14 所示．

∵ $DC \parallel FG \Rightarrow \dfrac{DH}{HG} = \dfrac{DN}{FG} = \dfrac{DN}{EF}$,

∵ $AB \parallel DC \parallel FG \Rightarrow \dfrac{BG}{BC} = \dfrac{AF}{AN}$,

∵ $AD \parallel EF \Rightarrow \dfrac{AF}{AN} = \dfrac{DE}{DN}$,

∴ $\dfrac{BG}{BC} = \dfrac{DE}{DN}$,

∴ $\dfrac{DH}{HG} \cdot \dfrac{BG}{BC} \cdot \dfrac{CE}{ED} = \dfrac{DN}{EF} \cdot \dfrac{DE}{DN} \cdot \dfrac{EF}{ED} = 1$.

由梅涅劳斯定理逆定理知 B、E、H 三点共线.

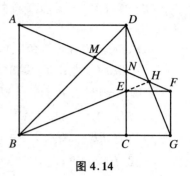

图 4.14

(2) 易证 $\text{Rt}\triangle BCE \cong \text{Rt}\triangle DCG(\text{SAS})$,如图 4.14 所示.

∴ $\angle CBE = \angle CDG$.

∵ $\angle BEC = \angle DEH$,

∴ $\angle CBE + \angle BCD = \angle CDG + \angle DHB$,

∴ $\angle DHB = \angle BCD = 90°$,

∴ $BH \perp GD$.

(3) ∵ $\angle BAD = 90°$,$\angle DHB = 90°$,

∴ A、D、H、B 四点在以 BD 为直径的圆上,如图 4.15 所示,

∴ $\angle DHA = \angle ABD = 45°$,

∴ $\angle AHB = \angle DHB - \angle DHA = 90° - 45° = 45°$,

∴ AH 平分 $\angle DHB$.

由三角形内角平分线定理得

$\dfrac{BH}{DH} = \dfrac{BM}{DM}$.

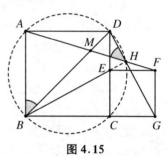

图 4.15

(4) 由 A、D、H、B 四点共圆,得 $\angle BAH = \angle BDH$.

如图 4.16 所示,在 $\triangle ABM$ 与 $\triangle DBG$ 中,

$\angle BAM = \angle BDG$,$\angle ABM = \angle DBG = 45°$,

∴ $\triangle ABM \sim \triangle DBG$,

∴ $\dfrac{AB}{DB} = \dfrac{AM}{DG} = \dfrac{1}{\sqrt{2}} \Rightarrow DG = \sqrt{2}AM$.

(5) 易证 $\triangle DHE \sim \triangle BHG$,

∴ $\dfrac{DH}{BH} = \dfrac{HE}{HG} \Rightarrow HE \cdot BH = DH \cdot HG$.

当 BE 平分 $\angle CBD$ 时,由等腰三角形三线合一的性质可知 $\triangle BDG$ 为等腰三角形,

∴ $BD = BG$,$DH = GH$.

设正方形 $ABCD$ 的边长为 a,正方形 $CEFG$ 的边长为 b,

∴ $a + b = \sqrt{2}a \Rightarrow b = (\sqrt{2} - 1)a$.

∵ $HE \cdot BH = DH \cdot HG$,$DH = GH = \dfrac{1}{2}DG$,

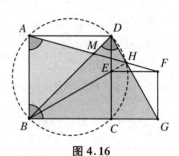

图 4.16

∴ $\frac{1}{4}DG^2 = 4 - 2\sqrt{2} \Rightarrow DG^2 = 4(4-2\sqrt{2})$.

在 Rt△DGC 中，由勾股定理得
$$a^2 + (\sqrt{2}-1)^2 a^2 = DG^2,$$
∴ $(4-2\sqrt{2})a^2 = 4(4-2\sqrt{2}) \Rightarrow a^2 = 4$,

∴ $S_{ABCD} = 4$.

5. **解** （1）∵ ∠ACB = 45°,
∴ ∠BPF = 22.5°.
∵ BF⊥PF,
∴ ∠GBP = 67.5°,
∴ ∠ABG = 22.5°, ∠GBO = 22.5°,
∴ BG 平分∠ABO.

作 GH⊥AB 于点 H，如图 4.17 所示,
∴ GH = GO, △AHG 为等腰直角三角形,
∴ $AG = \sqrt{2}HG = \sqrt{2}GO$.

思路点拨

或者由三角形内角平分线定理得 $\frac{AG}{GO} = \frac{AB}{BO} = \sqrt{2} \Rightarrow$
$AG = \sqrt{2}GO$.

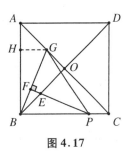

图 4.17

(2) 作 PM⊥BD 于点 Q，交 BG 于点 M，如图 4.18 所示.

∴ △QBP 为等腰直角三角形，BQ = PQ.
∵ ∠BMQ = 90° - 22.5° = 67.5° = ∠MBP,
∴ △MBP 为等腰三角形.
∵ PF⊥BM,
∴ BM = 2BF.
∵ $\begin{cases} \angle BQM = \angle PQE = 90° \\ BQ = PQ \\ \angle MBQ = \angle EPQ = 22.5° \end{cases}$
∴ △BMQ≌△PEQ（ASA）,
∴ PE = BM = 2BF.

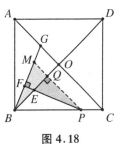

图 4.18

(3) 在点 P 运动的过程中，当 GB = GP 时，如图 4.19 所示.

∵ ∠GBP = ∠GPB = 67.5°,
∴ ∠BGP = 180° - 2×67.5° = 45°.
∴ △GFP 为等腰直角三角形，GF = PF,
∴ GP = GB = GF + BF = PF + BF.
易证 △PFB∽△BOG,
∴ $\frac{BF}{PF} = \frac{GO}{BO}$.

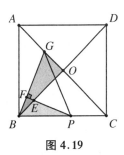

图 4.19

∵ $AG = \sqrt{2}GO$,

令 $GO = k$，则 $AG = \sqrt{2}k$，$AO = BO = (\sqrt{2}+1)k$，

∴ $\dfrac{BF}{PF} = \dfrac{GO}{BO} = \dfrac{1}{\sqrt{2}+1} \Rightarrow PF = (\sqrt{2}+1)BF$，

∴ $GP = PF + BF = (2+\sqrt{2})BF$. 正确

(4) 当点 P 为 BC 的中点时，$BP = \dfrac{1}{2}BC$.

延长 PF 交 AB 于点 H，如图 4.20 所示，

∴ $\triangle BEF \cong \triangle BHF$，

∴ $S_{\triangle BEH} = 2S_{\triangle BEF}$，$BH = BE$，

∴ $S_{\triangle BEH} = \dfrac{1}{2}BH^2 \cdot \sin 45°$.

∵ $S_{\triangle ABG} = \dfrac{1}{2}AB \cdot AG \cdot \sin 45°$，

∴ $\dfrac{2S_{\triangle BEF}}{S_{\triangle ABG}} = \dfrac{BH^2}{AB \cdot AG}$.

∵ $BH = (\sqrt{2}-1)BP = \dfrac{\sqrt{2}-1}{2}AB$，

∴ $\dfrac{S_{\triangle BEF}}{S_{\triangle ABG}} = \dfrac{(\sqrt{2}-1)^2}{8} \cdot \dfrac{AB}{AG}$.

设 $GO = k$，则 $AG = \sqrt{2}k$，$AO = (\sqrt{2}+1)k$，$AB = \sqrt{2}(\sqrt{2}+1)k$，

∴ $\dfrac{AB}{AG} = \sqrt{2}+1$，

∴ $\dfrac{S_{\triangle BEF}}{S_{\triangle ABG}} = \dfrac{\sqrt{2}-1}{8}$. 错误

思路点拨

在本题的背景下，若 $BC = nBP$，则 $\dfrac{S_{\triangle BEF}}{S_{\triangle ABG}} = \dfrac{\sqrt{2}-1}{2} \cdot \dfrac{1}{n^2}$.

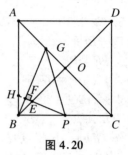

图 4.20

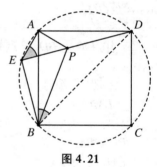

图 4.21

6. **解** (1) ∵ $\angle BAE + \angle BAP = 90°$，

$\angle DAP + \angle BAP = 90°$，

∴ $\angle BAE = \angle DAP$.

∵ $\angle DAP + \angle ADP = \angle APE = 45°$，

∴ $\angle ADP + \angle BAE = 45°$. 正确

(2) 连接 BD，如图 4.21 所示.

∵ $\angle AED = \angle ABD = 45°$，

∴ A、E、B、D 四点共圆，

∴ $\angle BED = \angle BAD = 90°$.

在 Rt$\triangle BEP$ 中，$EP = \sqrt{2}$，$BP = \sqrt{6}$，则 $BE = 2$.

作 $BG \perp AE$ 于点 G，如图 4.22 所示，

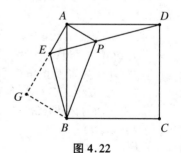

图 4.22

∴∠GEB = 45°,
∴△EGB 为等腰直角三角形,
∴$BG = \frac{BE}{\sqrt{2}} = \sqrt{2}$.   错误

(3) 易证△BAE≌△DAP(SAS),
∴BE = DP = 2,
∴ED = EP + DP = 2 + $\sqrt{2}$.
连接 BD,如图 4.23 所示,
∴$BD^2 = BE^2 + ED^2 = 10 + 4\sqrt{2}$,
∴$S_{ABCD} = \frac{1}{2}BD^2 = 5 + 2\sqrt{2}$.   正确

(4) ∵△BAE≌△DAP,
∴$S_{\triangle BAE} = S_{\triangle DAP}$,
∴$S_{\triangle APD} + S_{\triangle APB} = S_{\triangle BAE} + S_{\triangle APB} = S_{AEBP}$
　　　　　　　　　　　$= S_{\triangle AEP} + S_{\triangle BEP}$,
∴$S_{\triangle APD} + S_{\triangle APB} = \frac{1}{2}AE^2 + \frac{1}{2}BE \cdot PE$
　　　　　　　　　　　$= \frac{1 + 2\sqrt{2}}{2}$.   正确

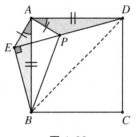

图 4.23

7. 解 (1) 过点 D 作 DF 的垂线,过点 A 作 AC 的垂线,两直线交于点 P,连接 PN,如图 4.24 所示.
∵∠PDA + ∠ADM = 90°,∠MDC + ∠ADM = 90°,
∴∠PDA = ∠MDC.
∵∠DAC = 45°,PA⊥AC,
∴∠PAD = 45° = ∠MCD.
∵$\begin{cases}\angle PAD = \angle MCD,\\ AD = CD,\\ \angle PDA = \angle MDC,\end{cases}$
∴△PDA≌△MDC(ASA),
∴PD = MD,AP = CM.
∵PD⊥DF,∠EDF = 45°,
∴∠PDN = ∠MDN = 45°.
∵$\begin{cases}PD = MD,\\ \angle PDN = \angle MDN,\\ DN = DN,\end{cases}$
∴△PDN≌△MDN(SAS),如图 4.25 所示,
∴PN = MN.
∵$PN^2 = AN^2 + AP^2$,
∴$MN^2 = AN^2 + CM^2$.   正确

(2) 连接 BD,如图 4.26 所示.
∵∠EDB + ∠BDF = ∠EDF = 45°,
　∠MDC + ∠BDF = ∠BDC = 45°,

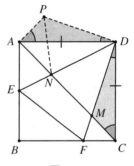

图 4.24

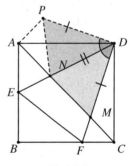

图 4.25

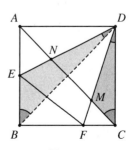

图 4.26

∴∠EDB=∠MDC.
∵∠EBD=∠MCD=45°,
∴△EBD∽△MCD(AA),
∴$\dfrac{BE}{CM}=\dfrac{BD}{DC}=\sqrt{2}$.   错误

(3)延长 BC 至点 G,使得 CG=AE,连接 DG,如图 4.27 所示.

∵$\begin{cases}AE=CG,\\ \angle EAD=\angle GCD=90°,\\ AD=CD,\end{cases}$

∴△AED≌△CGD(SAS),
∴ED=GD,∠ADE=∠CDG.
∵∠EDF=45°,
∴∠ADE+∠CDF=45°,
∴∠CDG+∠CDF=∠GDF=45°.

∵$\begin{cases}ED=GD,\\ \angle EDF=\angle GDF,\\ DF=DF,\end{cases}$

∴△EDF≌△GDF(SAS),
∴∠EFD=∠GFD,
∴DF 平分∠EFC.   正确

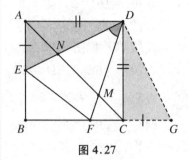

图 4.27

(4)∵∠NDM=∠FCM=45°,∠NMD=∠FMC,
∴∠DNM=∠MFC=∠EFD.
连接 EM,如图 4.28 所示.
∵∠EAM=∠EDM=45°,∠EAD=90°,
∴点 A、E、M、D 在以 ED 为直径的圆上,
∴∠EMD=90°,
∴△EMD 为等腰直角三角形.
作 MQ⊥ED 于点 Q,则△EMQ 为等腰直角三角形,如图 4.29 所示.
∵∠QNM=∠MFE,
∴Rt△QNM∽Rt△MFE,
∴$\dfrac{EF}{MN}=\dfrac{EM}{MQ}=\sqrt{2}$.   正确

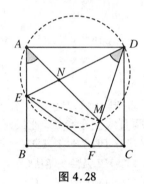

图 4.28

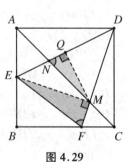

图 4.29

8. 解 (1)易证△BEC≌△CFD(SAS),如图 4.30 所示,
∴∠ECB=∠FDC.
∵∠FDC+∠DFC=90°,
∴∠ECB+∠DFC=90°.
由射影定理得
$CF^2=HF\cdot FD,CD^2=HD\cdot DF$,

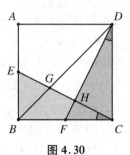

图 4.30

∴ $\left(\dfrac{CF}{CD}\right)^2 = \dfrac{FH}{HD} = \dfrac{1}{4}$. 错误

(2) 作 $GP \parallel BC$ 交 DF 于点 P，如图 4.31 所示，

∴ $\dfrac{GP}{BF} = \dfrac{DG}{DB}$.

∵ $AB \parallel DC$,

∴ $\dfrac{EB}{DC} = \dfrac{BG}{DG} = \dfrac{EG}{GC} = \dfrac{1}{2}$,

∴ $\dfrac{DG}{DB} = \dfrac{2}{3}$,

∴ $\dfrac{GP}{BF} = \dfrac{GP}{FC} = \dfrac{2}{3} = \dfrac{GH}{HC}$.

设 $GH = 2k$，则 $HC = 3k$，$GC = 5k$，

∴ $EG = \dfrac{5}{2}k$,

∴ $EG : GH : HC = \dfrac{5}{2} : 2 : 3 = 5 : 4 : 6$. 正确

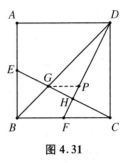

图 4.31

(3) ∵ $\tan \angle HDC = \dfrac{HC}{DH} = \dfrac{FC}{DC} = \dfrac{1}{2}$,

∴ $DH = 2HC$.

∵ $GH = \dfrac{2}{3}HC$,

∴ $\tan \angle BDF = \dfrac{GH}{DH} = \dfrac{\frac{2}{3}HC}{2HC} = \dfrac{1}{3}$. 正确

(4) 连接 BH，如图 4.32 所示.

易知 $S_{\triangle BEC} = \dfrac{1}{4}S_{ABCD} = 30$.

∵ $EG : GH : HC = 5 : 4 : 6$,

∴ $S_{\triangle GBH} = \dfrac{4}{15}S_{\triangle EBC} = 8$.

∵ $BF = FC$,

∴ $S_{\triangle BHF} = \dfrac{1}{2}S_{\triangle BHC} = \dfrac{1}{2} \times \dfrac{6}{15}S_{\triangle EBC} = 6$,

∴ $S_{BGHF} = S_{\triangle GBH} + S_{\triangle BHF} = 14$. 正确

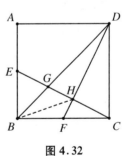

图 4.32

9. 解 (1) ∵ AF 平分 $\angle BAC$,

∴ $\angle BAF = \angle FAC = 22.5°$,

∴ $\angle FAD = \angle FAC + \angle CAD = 22.5° + 45° = 67.5°$.

∵ $\angle AND = \angle BAF + \angle ABN = 22.5° + 45° = 67.5°$,

∴ $\angle DAN = \angle AND$,

∴ $\triangle ADN$ 为等腰三角形，如图 4.33 所示,

∵ $DE \perp AN$,

∴ DE 平分 $\angle ADB$. 正确

(2) 易证∠AEM = ∠AME = 67.5°,

∴△AEM 为等腰三角形,

∴AE = AM.

∵DE 平分∠ADB,

∴$\tan\angle EDB = \tan\angle EDA = \dfrac{AE}{AD} = \dfrac{AM}{AD}$.

由三角形内角平分线定理得

$\dfrac{DO}{DA} = \dfrac{OM}{AM} = \dfrac{1}{\sqrt{2}}, \dfrac{BD}{AD} = \dfrac{BE}{AE} = \sqrt{2}$.

令 $OM = k$,则 $AM = \sqrt{2}k$, $AO = (\sqrt{2}+1)k$,

∴$AD = \sqrt{2}(\sqrt{2}+1)k$,

∴$\dfrac{AM}{AD} = \dfrac{1}{\sqrt{2}+1} = \sqrt{2}-1$,

∴$\tan\angle EDB = \sqrt{2}-1$. 【错误】

(3) $x = \dfrac{BE}{OM} = \dfrac{BE}{\dfrac{AM}{\sqrt{2}}} = \dfrac{\sqrt{2}BE}{AE} = \dfrac{\sqrt{2}BD}{AD} = 2$,

$y = \dfrac{BN}{ON} = \dfrac{AB}{AO} = \sqrt{2}$,

$z = \dfrac{CF}{BF} = \dfrac{AC}{AB} = \sqrt{2}$,

∴$x > y = z$. 【正确】

(4) 易证∠BNF = ∠BFN = 67.5°,

∴$BN = BF$.

设 $BN = BF = \sqrt{2}a$,则 $ON = a$,

∴$BO = (1+\sqrt{2})a$,

∴$\dfrac{S_{\triangle BNF}}{S_{\triangle ODC}} = \dfrac{BF^2 \cdot \sin 45°}{BO^2} = \dfrac{2a^2 \times \dfrac{\sqrt{2}}{2}}{(1+\sqrt{2})^2 a^2}$

$= \dfrac{\sqrt{2}}{3+2\sqrt{2}} = 3\sqrt{2}-4$. 【正确】

10. 解 (1) ∵$\begin{cases} AE = DF, \\ \angle DAE = \angle BDF, \\ AD = DB, \end{cases}$

∴△ADE≌△DBF(SAS),如图 4.34 所示,

∴∠ADE = ∠DBF.

∵∠ADE + ∠EDB = ∠ADB = 60°,

∴∠BGE = ∠DBG + ∠EDB = 60°. 【正确】

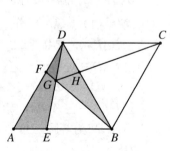

图 4.34

(2) ∵ ∠BGE = ∠DCB = 60°,

∴ G、B、C、D 四点共圆,如图 4.35 所示,

∴ ∠CGD = ∠CBD = 60°,∠CGB = ∠CDB = 60°,

∴ CG 平分∠DGB. 正确

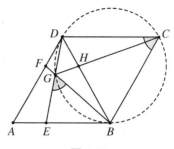

图 4.35

(3) 在线段 CG 上取一点 M,使得 GM = DG,如图 4.36所示.

∵ ∠DGM = 60°,

∴ △DGM 为等边三角形,

∴ ∠DMC = 120° = ∠DGB.

∵ $\begin{cases} \angle DGB = \angle DMC, \\ \angle DBG = \angle DCM, \\ DB = DC, \end{cases}$

∴ △DGB ≌ △DMC(AAS),

∴ GB = MC,

∴ CG = GM + MC = DG + BG. 正确

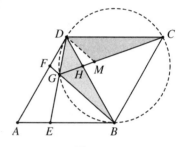

图 4.36

(4) ∵ $S_{\triangle DGC} = \frac{1}{2} DG \cdot CG \cdot \sin \angle DGC$

$= \frac{1}{2} DG \cdot CG \cdot \sin 60°,$

$S_{\triangle BGC} = \frac{1}{2} GB \cdot CG \cdot \sin 60°,$

∴ $S_{DGBC} = \frac{\sqrt{3}}{4}(DG+BG) \cdot CG = \frac{\sqrt{3}}{4} CG^2 = \frac{\sqrt{3}}{4} k^2 a^2,$

∴ $S_{\triangle DGB} = S_{DGBC} - S_{\triangle DBC} = \frac{\sqrt{3}}{4} k^2 a^2 - \frac{\sqrt{3}}{4} a^2 = \frac{\sqrt{3}}{4} a^2 (k^2-1),$

∴ $\frac{S_{\triangle DGB}}{S_{\triangle ABD}} = k^2 - 1.$ 正确

11. 解 (1) 易证△AEG ≌ △HBG(ASA),如图 4.37 所示,

∴ BH = EA,HG = AG.

∵ 四边形 ABCD 为菱形,△EFD 为等边三角形,

∴ △ABC、△ACD 均为等边三角形,

∴ HC = FE,CF = AE.

连接 HF,如图 4.38 所示.

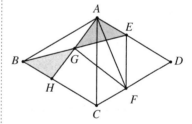

图 4.37

∵ $\begin{cases} HC = FE, \\ \angle HCF = \angle FEA = 120°, \\ CF = AE, \end{cases}$

∴ △HCF ≌ △FEA(SAS),

∴ HF = AF,∠HFC = ∠FAE.

∵ ∠FAE + ∠AFE = ∠FED = 60°,

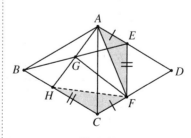

图 4.38

∴ $\angle HFC + \angle AFE = 60°$,

∴ $\angle AFH = 60°$,

∴ △AHF 为等边三角形,

∴ GF 垂直平分 AH. 【正确】

(2) ∵ △AHF 为等边三角形,不随点 E 的位置变化而变化,

又 GF 垂直平分 AH,

∴ $\dfrac{GF}{AH} = \dfrac{\sqrt{3}}{2}$. 【错误】

(3) ∵ $S_{\triangle AHC} = \dfrac{1}{2}HC \cdot AC\sin\angle ACH$

$= \dfrac{1}{2}HC \cdot AC\sin 60°$,

$S_{\triangle ACF} = \dfrac{1}{2}CF \cdot AC \cdot \sin 60°$,

∴ $S_{AHCF} = \dfrac{1}{2}\sin 60° \cdot (HC + CF) \cdot AC$,如图 4.39 所示.

∵ $CF = AE = BH$,

∴ $HC + CF = HC + BH = BC = AC$,

∴ $S_{AHCF} = \dfrac{1}{2}\sin 60° \cdot AC^2$,

∴ $S_{AHCF} = S_{\triangle ABC} = S_{\triangle ACD} = \dfrac{1}{2}S_{ABCD}$,

∴ $S_{\triangle ABH} + S_{\triangle ADF} = \dfrac{1}{2}S_{ABCD}$. 【正确】

(4) 连接 BF,如图 4.40 所示.

易证 △CBF ≌ △ABE (SAS),

∴ $S_{\triangle BCF} = S_{\triangle ABE}$.

∵ 点 G 为 BF 的中点,

∴ $S_{\triangle ABE} = 2S_{\triangle ABG}$,

∴ $S_{GHCF} = S_{\triangle BCF}$,

∴ $S_{GHCF} - S_{\triangle CHF} = S_{\triangle BCF} - S_{\triangle HCF}$,

∴ $S_{\triangle BHF} = S_{\triangle GHF}$.

∵ △BHF 与 △GHF 同底,如图 4.41 所示,

∴ △BHF 与 △GHF 必然等高,

∴ BE // HF,

∴ △ABE ∽ △CFH,如图 4.42 所示,

∴ $\dfrac{AB}{CF} = \dfrac{AE}{CH}$.

∵ $AB = AD$, $CF = AE$, $CH = ED$,

∴ $AE^2 = AD \cdot ED$,

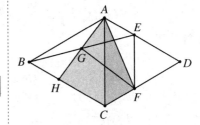

图 4.39

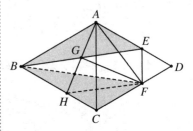

图 4.40

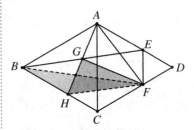

图 4.41

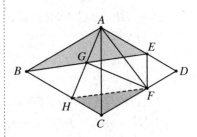

图 4.42

∴ 点 E 为线段 AD 的黄金分割点,

∴ $AE = \dfrac{\sqrt{5}-1}{2}AD$,

∴ $ED = \dfrac{3-\sqrt{5}}{2}AD = 2$. 正确

12. 解 (1)当 $EG \perp AC$ 时,如图 4.43 所示.

∵ AC 平分 $\angle BAD$,

∴ $\triangle AEG$ 为等腰三角形,

∴ AC 垂直平分 EG.

∵ $\angle EAG = 120°$,

∴ $\angle AEG = 30°$,

∴ $\dfrac{1}{2}EG = \dfrac{\sqrt{3}}{2}AE \Rightarrow EG = \sqrt{3}AE$.

∵ 点 B、G 关于 EF 对称,

∴ $BE = EG$.

设 $AE = x$,则 $BE = EG = \sqrt{3}x$,

∴ $\dfrac{AE}{AB} = \dfrac{AE}{AE+BE} = \dfrac{x}{x+\sqrt{3}x} = \dfrac{1}{1+\sqrt{3}} = \dfrac{\sqrt{3}-1}{2}$. 正确

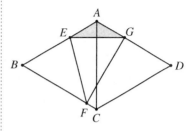

图 4.43

(2)当 $AG = DG$ 时,连接 CG、BG,BG 交 EF 于点 H,如图 4.44 所示.

∵ $\triangle ACD$ 为等边三角形,

∴ $CG \perp AD$.

∵ $AD \parallel BC$,

∴ $CG \perp BC$,

∴ $\angle GBC + \angle BGC = 90°$.

∵ $EF \perp BG$,

∴ $\angle GBC + \angle BFE = 90°$,

∴ $\angle BFE = \angle BGC$,

∴ $\cos\angle BFE = \cos\angle BGC = \dfrac{GC}{BG}$.

设菱形的边长为 $2x$,则 $GD = x$,

∴ $CG = \sqrt{3}x$,

∴ $BG = \sqrt{7}x$,

∴ $\cos\angle BFE = \dfrac{\sqrt{3}}{\sqrt{7}} = \dfrac{\sqrt{21}}{7}$. 正确

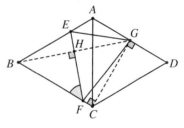

图 4.44

(3)过点 G 作 AC 的平行线,交 BA 的延长线于点 M,交 BC 的延长线于点 N,如图 4.45 所示.

易证 $\triangle BMN$ 和 $\triangle AMG$ 均为等边三角形.

由对称性得 $\angle EGF = \angle B = 60°$,

∴ $\angle M = \angle N = \angle EGF$.

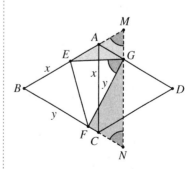

图 4.45

易证△EMG∽△GNF,

∴$\dfrac{EG}{GF} = \dfrac{L_1}{L_2}$.

设菱形边长为$(m+n)a$, 则 $AG = AM = GM = ma$,

∴$BM = BN = MN = (n+m)a + ma = (2m+n)a$,

∴$GN = (m+n)a$,

∴$L_1 = BM + MG = (3m+n)a$,

$L_2 = BN + GN = (3m+2n)a$,

∴$\dfrac{EG}{GF} = \dfrac{3m+n}{3m+2n} = 1 - \dfrac{n}{3m+2n}$. 正确

(4) 当 $AG = DG$ 时,如图 4.44 所示.

由(3)可知 $\dfrac{EG}{BF} = \dfrac{3 \times 1 + 1}{3 \times 1 + 2 \times 1} = \dfrac{4}{5}$,

由(2)可知 $\cos \angle BFE = \dfrac{\sqrt{3}}{\sqrt{7}}$, $BG = 2BH = 2HG = \sqrt{7}$,

∴$\sin \angle BFE = \dfrac{2}{\sqrt{7}}$, $BF = \dfrac{BH}{\sin \angle BEF} = \dfrac{\frac{\sqrt{7}}{2}}{\frac{2}{\sqrt{7}}} = \dfrac{7}{4}$,

∴$EG = \dfrac{7}{5}$, $HF = BF\cos\angle BFE = \dfrac{\sqrt{21}}{4}$.

∴$EH = \sqrt{EG^2 - HG^2} = \dfrac{\sqrt{21}}{10}$,

∴$EF = EH + HF = \dfrac{\sqrt{21}}{10} + \dfrac{\sqrt{21}}{4} = \dfrac{7\sqrt{21}}{20}$. 正确

13. 解 (1) ∵$\angle DAF = \angle DEF = 90°$,

∴点 D、A、F、E 在以 DF 为直径的圆上,如图 4.46 所示,

∴$\angle DFE = \angle DAE = 45°$,

∴△DFE 为等腰直角三角形.

∵△EGF 与△EMF 关于 EF 轴对称,

∴$GF = FM$, $EG = EM$, $\angle EFM = \angle EFG = 45°$,

∴$\angle DFM = 90°$,

∴$\tan \angle FDN = \dfrac{FM}{DF} = \dfrac{GF}{DF}$.

∵$AF \parallel DC$,

∴$\dfrac{GF}{DG} = \dfrac{AF}{DC} = \dfrac{1}{2}$,

∴$\dfrac{GF}{DF} = \dfrac{1}{3}$,

∴$\tan \angle FDN = \dfrac{1}{3}$. 正确

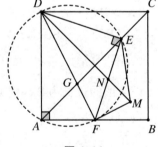

图 4.46

(2) ∵ $\tan\angle FDN = \dfrac{1}{3}$, $\tan\angle ADF = \dfrac{AF}{AD} = \dfrac{1}{2}$,

由"12345"模型，$\angle ADM = 45°$,

∴ $DM \perp AC$, 如图 4.47 所示，

∴ $\angle EDM = \angle FEG$.

∵ $\angle FEG = \angle NEM$,

∴ $\triangle EMN \sim \triangle DME$. 正确

(3) ∵ $\angle FDM + \angle MDE = \angle FDM + \angle ADF = 45°$,

∴ $\angle ADF = \angle MDE$,

∴ $\tan\angle MDE = \tan\angle ADF = \dfrac{1}{2}$,

∴ $EN = \dfrac{1}{2}DE$.

∵ $DF = 3\sqrt{10}$,

∴ $DE = 3\sqrt{5}$,

∴ $S_{\triangle DEN} = \dfrac{1}{2}DE \cdot EN = \dfrac{1}{4}DE^2 = \dfrac{45}{4}$.

∵ EF 平分 $\angle DFM$,

∴ $\dfrac{NM}{DN} = \dfrac{FM}{DF} = \dfrac{1}{3}$,

∴ $S_{\triangle ENM} = \dfrac{1}{3}S_{\triangle DEN} = \dfrac{15}{4}$. 正确

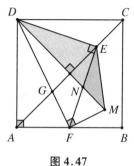

图 4.47

(4) 连接 MB, 如图 4.48 所示.

∵ $\angle ADM = 45°$,

∴ D、M、B 三点共线.

∵ $\angle FDB + \angle BDE = \angle BDE + \angle EDC = 45°$,

∴ $\angle FDB = \angle EDC$.

∵ $\angle DBF = \angle DCE = 45°$,

∴ $\triangle DFB \sim \triangle DEC$,

∴ $\dfrac{DB}{DC} = \dfrac{FB}{EC} = \sqrt{2}$,

∴ $CE = \dfrac{FB}{\sqrt{2}} = \dfrac{3\sqrt{2}}{\sqrt{2}} = 3$.

∵ $AG = \dfrac{1}{3}AC = 4$,

∴ $GE = EM = 5$.

∵ $\triangle EMN \sim \triangle DME$,

∴ $\dfrac{EM}{DM} = \dfrac{EN}{DE} = \dfrac{1}{2}$,

∴ $DM = 2EM = 10$,

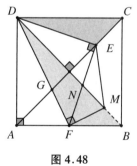

图 4.48

∴△DME 的周长为 DE+(EM+DM)=DE+3GE= $15+3\sqrt{5}$,

∴△EMN 的周长为 $\dfrac{DE+3GE}{2}=\dfrac{15+3\sqrt{5}}{2}$. 正确

14. 解 (1)延长 EF 交 DC 于点 P,连接 BP,如图 4.49 所示.

易证 Rt△BCP≌Rt△BFP(HL),

∴PC=PF.

设 PC=PF=x,则 EP=40+x,DP=60-x.

由勾股定理得 $(40+x)^2-(60-x)^2=DE^2 \Rightarrow x=12$,

∴DP=48,

∴$\tan\angle FED=\dfrac{DP}{DE}=\dfrac{48}{20}=\dfrac{12}{5}$. 正确

(2) ∵∠DPE+∠CQB=∠DPE+∠FED=90°,

∴∠CQB=∠FED,

∴$\tan\angle CQB=\dfrac{12}{5}$,

∴CQ:BC:BQ=5:12:13.

∵BC=60,

∴CQ=25,BQ=65. 正确

(3) ∵BF=AB=60,

∴FQ=BQ-BF=5. 错误

(4)延长 GO 交 AB 于点 K,如图 4.50 所示.

易证△CGO≌△AKO(ASA),

∴AK=CG.

∵GQ∥BK,

∴$\dfrac{GQ}{BK}=\dfrac{QF}{BF}$.

设 AK=CG=x,则 GQ=CQ-CG=25-x,BK=60-x,

∴$\dfrac{25-x}{60-x}=\dfrac{5}{60}\Rightarrow x=\dfrac{240}{11}$,

∴$GQ=25-\dfrac{240}{11}=\dfrac{35}{11}$. 正确

15. 解 (1)∵△BCE 为等边三角形,四边形 ABCD 为正方形,如图 4.51 所示,

∴△ABE 为等腰三角形.

∵∠ABE=150°,

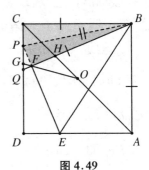

图 4.49

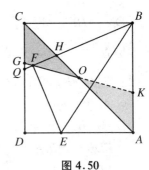

图 4.50

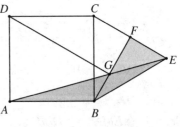

图 4.51

∴∠AEB = 15°,
∴∠GEF = 45°.
∵EF = CF,
∴GF⊥EF,
∴△EFG 为等腰直角三角形.

(2) 连接 DB,如图 4.52 所示.
∵△EFG 为等腰直角三角形,
∴∠FGE = ∠AGB = 45°,
∵∠AGB = ∠ADB = 45°,
∴A、B、G、D 四点共圆,
∴∠AGD = ∠ABD = 45°,
∴∠AGD = ∠AGB = 45°,
∴AG 平分∠DGB.

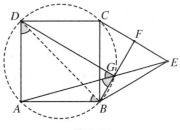

图 4.52

(3) ∵AB = CE = 8,
∴EF = GF = 4,BF = 4√3,
∴BG = BF - GF = 4√3 - 4.

(4) 作 CH⊥DG 于点 H,如图 4.53 所示,
∴四边形 CHGF 为正方形,
∴Rt△DCH≌Rt△BEF(HL),
∴DH = BF,
∴DG = BF + HG = BF + EF = 4√3 + 4.

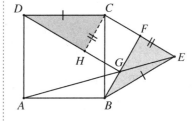

图 4.53

作 AQ⊥AG 交 GD 的延长线于点 Q,如图 4.54 所示,
∴△QAG 为等腰直角三角形.
易证△DQA≌△BGA(SAS),
∴DQ = BG,
∴DG + DQ = DG + BG = √2 AG ⇒ √2 AG = 8√3 ⇒
AG = 4√6.

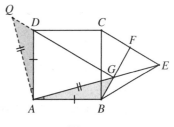

图 4.54

16. 解 (1) 连接 GF、GE,如图 4.55 所示,
∴四边形 GECD 为矩形,
∴GE = DC = CB,
∠FEG = 90° - ∠FEB = 45° = ∠FBC.
∵ { BF = EF,
    ∠FBC = ∠FEG,
    BC = EG,
∴△FBC≌△FEG(SAS),
∴∠BFC = ∠EFG,FC = FG,
∴∠BFE + ∠EFC = ∠CFG + ∠EFC,

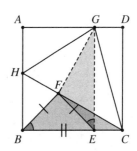

图 4.55

∴ ∠BFE = ∠CFG = 90°,

∴ △FGC 为等腰直角三角形,

∴ ∠HCG = 45°.

(2) 作 CN⊥GC 交 AB 的延长线于点 N,如图 4.56 所示.

易证△GDC≌△NBC(ASA),△HNC≌△HGC(SAS),

∴ HG = HN = HB + BN = HB + GD,

∠GHC = ∠BHC,

∴ △AHG 的周长为

AH + AG + HG = AH + HB + AG + GD = 2AB.

∵ 2AB = 2a,

∴ AB = a,

∴ $S_{ABCD} = a^2$.

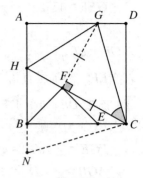

图 4.56

(3) 作 FM⊥BC 于点 M,如图 4.57 所示.

设 BC = 3k,则 CE = ME = FM = k,

∴ $\tan \angle HCB = \dfrac{FM}{ME+EC} = \dfrac{1}{2}$.

(4) ∵ BH ∥ FM,

∴ ∠MFC = ∠BHC = ∠GHC,

∴ $\tan \angle GHC = \tan \angle MFC = \dfrac{MC}{FM}$.

∵ EC : BE = 1 : 2n,

∴ EC : ME : MF = 1 : n : n,

∴ $\tan \angle GHC = \dfrac{n+1}{n}$.

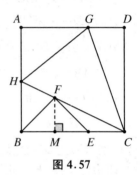

图 4.57

17. 解 (1) 作 CN⊥BE 于点 N,CM⊥ED 于点 M,如图 4.58 所示,

∴ 四边形 CNEM 为圆的内接四边形,

∴ ∠FEB = ∠MCN.

∵ CB = CE = CD,

∴ $\angle NCE = \dfrac{1}{2}\angle BCE, \angle ECM = \dfrac{1}{2}\angle ECD$,

∴ $\angle MCN = \dfrac{1}{2}(\angle BCE + \angle ECD) = \dfrac{1}{2}\angle BCD = 45°$,

∴ ∠FEB = 45°.

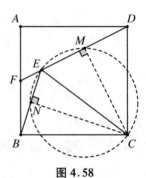

图 4.58

作 BG⊥DF 交 DE 的延长线于点 G,连接 AG、BD,如图 4.59 所示,

∴ △GBE 为等腰直角三角形.

∵ ∠BGD = ∠BAD = 90°,

∴ B、G、A、D 四点共圆,

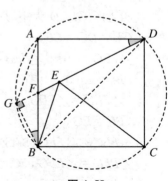

图 4.59

∴ ∠ADF = ∠GBF.
∵ ∠GBF + ∠FBE = 45°,
∴ ∠ADF + ∠FBE = 45°. 正确

(2) ∵ $\tan \angle ADF = \dfrac{1}{2}$,
∴ $\tan \angle GBF = \dfrac{1}{2}$.
设 $GF = x$,则 $GB = 2x, BE = 2\sqrt{2}x$.
∵ $GB = GE = 2x$,
∴ $EF = x$,
∴ $BE = 2\sqrt{2}EF$. 错误

(3) ∵ $\tan \angle ADF = \dfrac{1}{2}, \angle ADB = 45°$,
∴ $\tan \angle BDG = \dfrac{1}{3}$,
∴ $GD = 3GB = 3GE$,
∴ $ED = 2GE = \dfrac{2}{\sqrt{2}}BE = \sqrt{2}BE$. 正确

(4) ∵ $BE = 2$,
∴ $BG = \sqrt{2}, GD = 3\sqrt{2}$,
∴ $BD^2 = 20$,
∴ $S_{ABCD} = \dfrac{1}{2}BD^2 = 10$. 正确

18. 解 (1) 设 $\angle ACD = \alpha$,如图 4.60 所示,
∴ $\angle CAD = \alpha, \angle ADB = \angle ADE = 2\alpha$.
∵ $CD = BD = AD = ED$,
∴ 点 $C、E、A、B$ 在以点 D 为圆心、以 CD 为半径的圆上,
∴ $\angle ADE = 2\angle ACE = 2\alpha$,
∴ $\angle ACE = \angle ACD = \alpha$,
∴ AC 平分 $\angle ECD$. 正确

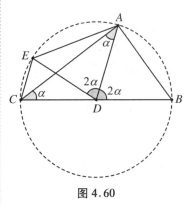

图 4.60

(2) 作 $AH \perp BC$ 于点 H,如图 4.61 所示.
∵ $\dfrac{1}{2}AH \cdot BC = \dfrac{1}{2}AB \cdot AC$,
∴ $AH = \dfrac{12}{5}$.
∵ $AB^2 = BH \cdot BC$,
∴ $BH = \dfrac{AB^2}{BC} = \dfrac{9}{5}$,
∵ $DB = \dfrac{5}{2}$,

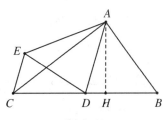

图 4.61

∴ $DH = DB - BH = \frac{7}{10}$.

∵ $\angle ADE = \angle ADH$,

∴ $\tan \angle ADE = \tan \angle ADH = \frac{AH}{DH} = \frac{24}{7}$. 【正确】

(3) 连接 BE 交 AD 于点 G, 如图 4.62 所示.

∵ $\angle ACE = \angle CAD \Rightarrow CE \parallel AD$,

又 $CD = BD$,

∴ DG 为 $\triangle CEB$ 的中位线,

∴ $CE = 2DG$.

∵ $CE \perp EB$,

∴ $AD \perp EB$.

∵ $\begin{cases} \angle ADH = \angle BDG, \\ \angle AHD = \angle BGD, \\ AD = BD, \end{cases}$

∴ $\triangle ADH \cong \triangle BDG$(AAS),

∴ $DG = DH = \frac{7}{10}$,

∴ $CE = 2DG = \frac{7}{5}$. 【错误】

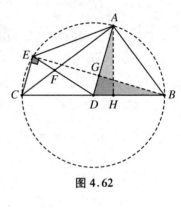

图 4.62

(4) ∵ $CE \parallel AD$,

∴ $\frac{CE}{AD} = \frac{CF}{AF} = \frac{14}{25} = \frac{S_{\triangle CFD}}{S_{\triangle AFD}}$,

∴ $S_{\triangle CFD} = \frac{14}{39} S_{\triangle ACD}$.

∵ $S_{\triangle ACD} = \frac{1}{2} S_{\triangle ABC} = 3$,

∴ $S_{\triangle CFD} = \frac{14}{13}$. 【正确】

19. **解** (1) 易证 $\triangle AEB \cong \triangle AFD$(ASA), 如图 4.63 所示,

∴ $EB = FD, AF = AE$.

∵ $AB \parallel CD$,

∴ $\frac{BG}{FC} = \frac{EB}{EC}$,

∴ $EB \cdot FC = BG \cdot EC$,

∴ $FD \cdot FC = BG \cdot EC$. 【正确】

(2) ∵ $\tan \angle DAF = n = \frac{DF}{AD}$,

设 $AD = 1, DF = BE = n$,

∴ $\tan \angle CEF = \frac{CF}{EC} = \frac{DC - DF}{BE + BC} = \frac{1-n}{1+n}$. 【正确】

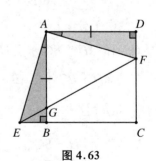

图 4.63

(3) 作 $FH\parallel BC$ 交 AB 于点 H，如图 4.64 所示，

∴ 四边形 $AHFD$ 为矩形，

∴ $AD = HF$，

∴ $\dfrac{DF}{AD} = \dfrac{BE}{HF} = \dfrac{EG}{GF} = \dfrac{S_{\triangle AEG}}{S_{\triangle AGF}}$，

∴ $\dfrac{S_{\triangle AEG}}{S_{\triangle AGF}} = \tan\angle DAF = m$. 　　错误

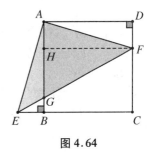

图 4.64

(4) 当 $\tan\angle DAF = \dfrac{1}{3}$ 时，$AD = 3DF$，

∴ $AF = \sqrt{10}\,DF$.

∵ △AEF 为等腰直角三角形，

$S_{\triangle AEF} = \dfrac{1}{2}AF^2 = 5DF^2 = 10 \Rightarrow DF = \sqrt{2}$，

∴ $AD = 3\sqrt{2}$，

∴ 当 $\tan\angle DAF = \dfrac{2}{3}$ 时，$DF = 2\sqrt{2}$，

∴ $AF^2 = AD^2 + DF^2 = 26$，

$S_{\triangle AEF} = \dfrac{1}{2}AF^2 = 13$. 　　错误

20. 解　(1) 连接 AM，如图 4.65 所示．

根据对称性可知

$\angle NAM = \angle NEM = \angle DAB - \angle DAM$
$\qquad\qquad = 90° - \angle DAM$.

据题意，$\angle DAM > 0°$，

∴ $\angle NEM < 90°$. 　　错误

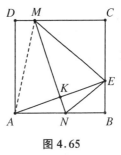

图 4.65

(2) ∵ $\tan\angle EAN = \tan\angle AEN = \dfrac{EB}{AB} = \dfrac{1}{3}$，

∴ $AB = DC = 3EB$，

∴ $CE = 2EB$，

∴ $5EB = 10 \Rightarrow EB = 2, AB = 6$.

设 $AN = NE = x$，则 $NB = 6 - x$.

根据勾股定理得 $x^2 = 4 + (6-x)^2 \Rightarrow x = \dfrac{10}{3}$.

∴ $S_{\triangle AEN} = \dfrac{1}{2}AN \cdot EB = \dfrac{10}{3}$. 　　正确

(3) ∵ $\tan\angle EAN = \tan\angle AEN = \dfrac{EB}{AB} = n$，

设 $AB = 1, EB = n, AN = NE = x$，

∴ $NB = 1 - x$.

根据勾股定理得 $x^2 = n^2 + (1-x)^2 \Rightarrow x = \dfrac{n^2+1}{2}$，

∴ $\sin\angle ENB = \dfrac{EB}{NE} = \dfrac{n}{\frac{n^2+1}{2}} = \dfrac{2n}{n^2+1}$. 　错误

(4) 作 $MH\perp AB$ 于点 H，如图 4.66 所示．
易证 $\triangle AEB\cong\triangle MNH$(ASA)，
∴ $BE = HN$．
设 $AB = 4a$，则 $AH = DM = a$．
设 $EB = HN = x$，则 $AN = NE = x+a$，$NB = 3a-x$．
∴ $(x+a)^2 = (3a-x)^2 + x^2 \Rightarrow x = (4-2\sqrt{2})a$，
∴ $\tan\angle AEN = \tan\angle EAN = \dfrac{EB}{AB} = \dfrac{2-\sqrt{2}}{2}$. 　正确

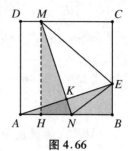

图 4.66

21．解　(1) ∵ AE 平分 $\angle BAD$，
∴ $\angle HAD = 45°$．
∵ $AH\perp DH$，
∴ $\triangle AHD$ 是等腰直角三角形，
∴ $AH = HD = \dfrac{AD}{\sqrt{2}} = AB = CD$，
∴ $\text{Rt}\triangle DHE\cong\text{Rt}\triangle DCE$(HL)，如图 4.67 所示，
∴ $\angle HDO = \angle CDO$．
由三角形内角平分线定理得 $\dfrac{DH}{DF} = \dfrac{HO}{OF}$. 　正确

(2) ∵ $AB = AH$，$\angle BAH = 45°$，
∴ $\angle AHB = 67.5°$，
∴ $\angle DHO = 22.5°$，$\angle OHE = 67.5°$．
∵ $\angle ADH = 45°$，
∴ $\angle HDC = 45°$．
∵ DE 平分 $\angle HDC$，
∴ $\angle HDO = 22.5°$，$\angle OEH = 67.5°$，
∴ $\angle DHO = \angle HDO$，$\angle OHE = \angle OEH$，
∴ $HO = OE = OD$. 　正确

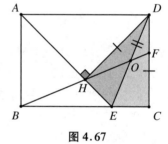

图 4.67

(3) 作 $HG\perp BC$ 于点 G，如图 4.68 所示．
∵ $\triangle HGE$ 是等腰直角三角形，
∴ $HG = GE = \dfrac{HE}{\sqrt{2}}$．
设 $AB = AH = BE = \sqrt{2}x$，则 $AD = BC = 2x$．
∴ $AE = \sqrt{2}AB = 2x$，
∴ $HE = (2-\sqrt{2})x$，
∴ $GE = \dfrac{HE}{\sqrt{2}} = (\sqrt{2}-1)x$，
∴ $BG = BE - GE = x$，
∴ 点 G 为 BC 的中点．
∵ $HG\parallel CF$，

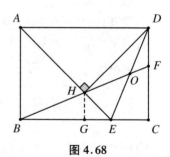

图 4.68

∴ HG 为 △BCF 的中位线,
∴ $BH = HF$.　　　　　　　　　　　　正确

(4) ∵ $BC = 2BG$, $CF = 2HG$,
∴ $BC - CF = 2(BG - HG) = 2[x - (\sqrt{2}-1)x]$
$= 2(2-\sqrt{2})x$.
∵ $HE = (2-\sqrt{2})x$,
∴ $BC - CF = 2HE$.　　　　　　　　　正确

22. **解** (1) 如图 4.69 所示,由垂径定理可知 $CG = DG$,
由圆的对称性可知 $\overset{\frown}{AC} = \overset{\frown}{AD}$,
∴ ∠ADF = ∠AED.
∵ ∠FAD 为 △ADF 与 △AED 的共角,
∴ △ADF ∽ △AED(AA).　　　　　　正确

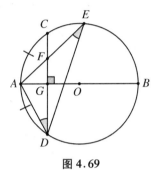

图 4.69

(2) ∵ $\dfrac{CF}{FD} = \dfrac{1}{3}$, $CF = 2$,
∴ $FD = 6$, $CD = CF + FD = 8$,
∴ $CG = DG = 4$,
∴ $FG = CG - CF = 2$.　　　　　　　　正确

(3) ∵ $FG = 2$, $AF = 3$,
∴ $AG = \sqrt{5}$.
∵ ∠ADG = ∠E,
∴ $\tan∠E = \tan∠ADG = \dfrac{AG}{DG} = \dfrac{\sqrt{5}}{4}$.　　错误

(4) ∵ △ADF ∽ △AED,
∴ $\dfrac{AD}{AE} = \dfrac{AF}{AD} \Rightarrow AD^2 = AE \cdot AF$.
∵ $AD^2 = AG^2 + GD^2 = 21$, $AF = 3$,
∴ $AE = 7$,
∴ $FE = 4$,
∴ $\dfrac{S_{\triangle ADF}}{S_{\triangle DEF}} = \dfrac{AF}{FE} = \dfrac{3}{4}$.
∵ $S_{\triangle ADF} = \dfrac{1}{2}AG \cdot DF = 3\sqrt{5}$,
∴ $S_{\triangle DEF} = 4\sqrt{5}$.　　　　　　　　　正确

23. **解** (1) 延长 DQ 交 ⊙O 于点 K,连接 CO、KO,
如图 4.70 所示,
∴ $DQ = KQ$.
易证 Rt△CPO ≅ Rt△OQK(HL),
∴ ∠COP = ∠OKQ.
∵ ∠OKQ + ∠KOQ = 90°,

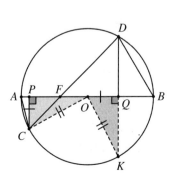

图 4.70

∴ ∠COP + ∠KOQ = 90°,
∴ ∠COK = 90°,
∴ ∠CDK = 45°,
∵ CP // DK,
∴ ∠PCD = 45°.   错误

(2) 设⊙O 的半径为 r.
∵ ∠CDK = ∠PCD = 45°,
∴ △PCF 和△DQF 均为等腰直角三角形,如图 4.71 所示,
∴ $S_{\triangle PCF} = \frac{1}{2}PC^2$, $S_{\triangle DQF} = \frac{1}{2}DQ^2$.
∵ PC = OQ,DQ = KQ,
∴ $S_{\triangle PCF} + S_{\triangle DQF} = \frac{1}{2}(OQ^2 + KQ^2)$
$= \frac{1}{2}OK^2 = \frac{1}{2}r^2$,为定值.   错误

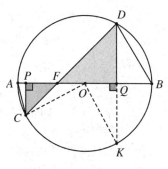

图 4.71

(3) 连接 AD、BC,如图 4.72 所示.
∵ AB 为⊙O 的直径,
∴ ∠ACB = 90°.
∵ CP⊥AB,
∴ $AC^2 = AP \cdot AB$.
同理,$DB^2 = BQ \cdot AB$.
∴ $\frac{AC^2}{DB^2} = \frac{AP}{BQ} \Rightarrow \frac{AC}{DB} = \sqrt{\frac{AP}{BQ}}$.   正确

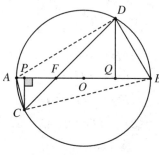

图 4.72

(4) 作 OH⊥CD 于点 H,如图 4.73 所示.
∴ CH = 2b,
∵ $S_{\triangle PCF} + S_{\triangle DQF} = \frac{1}{2}r^2 = 2a^2 \Rightarrow r = 2a$,
∴ $OH = 2\sqrt{a^2 - b^2}$.
∵ ∠DFB = 45°,
∴ △FHO 为等腰三角形,
∴ OH = FH.
∵ $CF = \sqrt{2}PC$,
∴ $\sqrt{2}PC + 2\sqrt{a^2 - b^2} = 2b \Rightarrow$
$PC = \sqrt{2}(b - \sqrt{a^2 - b^2})$.   正确

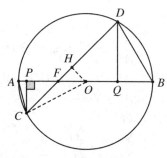

图 4.73

24. 解 (1) ∵ ∠AOB = 90°,如图 4.74 所示,
∴ AB 为⊙P 的直径,
∴ $P\left(a, \frac{2}{a}\right)$为线段 AB 的中点,

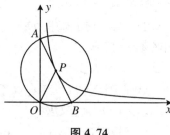

图 4.74

∴ $A\left(0, \dfrac{4}{a}\right), B(2a, 0)$.

由待定系数法解得直线 AB 的解析式为

$$y = -\dfrac{2}{a^2}x + \dfrac{4}{a}.$$ 正确

(2) $S = \pi OP^2 = \pi\left(a^2 + \dfrac{4}{a^2}\right) = \pi\left[\left(a - \dfrac{2}{a}\right)^2 + 4\right] \geqslant 4\pi$.

当且仅当 $a = \dfrac{2}{a}$, 即 $a = \sqrt{2}$ 时, $S = 4\pi$. 错误

(3) 作 $PC \perp y$ 轴于点 C, $PD \perp x$ 轴于点 D, 如图 4.75 所示.

∵ PC 为 $\triangle AOB$ 的中位线,

∴ $S_{\triangle APO} = 2S_{\triangle PCO} = 2$.

同理, $S_{\triangle POB} = 2S_{\triangle POD} = 2$.

∴ $S_{\triangle AOB} = S_{\triangle APO} + S_{\triangle POB} = 4$, 为定值. 正确

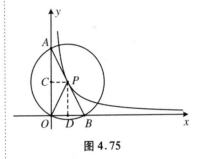

图 4.75

(4) 连接 BN, 作 $NF \perp x$ 轴于点 F, 如图 4.76 所示.

∵ $OMNB$ 为 $\odot P$ 的内接四边形,

∴ $\angle NBF = \angle OMN = 60°$.

设 $BF = m$, 则 $NF = \sqrt{3}m$.

∵ $P(1, 2)$,

∴ $B(2, 0)$.

∴ $OP = \sqrt{5}, OB = 2$.

∵ 点 P 是正 $\triangle OMN$ 的外心, 即正 $\triangle OMN$ 的内心,

∴ OP 平分 $\angle MON$,

∴ $\angle PON = 30°$,

∴ $OP \cdot \cos 30° = \dfrac{1}{2}ON \Rightarrow ON = \sqrt{15}$.

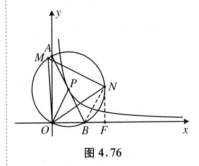

图 4.76

在 Rt$\triangle ONF$ 中, 有 $ON^2 = NF^2 + OF^2$,

∴ $15 = 3m^2 + (2+m)^2 \Rightarrow m = \dfrac{-1 + 2\sqrt{3}}{2}$ (负值舍去),

∴ $OF = \dfrac{3 + 2\sqrt{3}}{2}, NF = \dfrac{6 - \sqrt{3}}{2}$.

∵ 点 P 是正 $\triangle OMN$ 的外心, 即 $\triangle OMN$ 的垂心,

∴ $OP \perp MN$.

由 $P(1, 2)$ 可知直线 OP 的解析式为 $y = 2x$,

设直线 l 的解析式为 $y = -\dfrac{1}{2}x + b$,

将点 $N\left(\dfrac{3 + 2\sqrt{3}}{2}, \dfrac{6 - \sqrt{3}}{2}\right)$ 代入解得 $b = \dfrac{15}{4}$,

∴ $y = -\dfrac{1}{2}x + \dfrac{15}{4}$. 错误

25. 解 (1) 连接 BO、CO，则 $BO \perp CO$，如图 4.77 所示.

$\because \angle COF + \angle FOB = 90°, \angle BOE + \angle FOB = 90°,$

$\therefore \angle COF = \angle BOE,$

$\therefore \overset{\frown}{CF} = \overset{\frown}{BE}.$

$\because AB = CB,$

$\therefore \overset{\frown}{AB} = \overset{\frown}{BC},$

$\therefore \overset{\frown}{AB} - \overset{\frown}{BE} = \overset{\frown}{BC} - \overset{\frown}{CF},$

$\therefore \overset{\frown}{AE} = \overset{\frown}{BF}.$ 【正确】

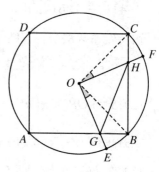

图 4.77

(2) 易证 $\triangle COH \cong \triangle BOG$(ASA)，如图 4.78 所示，

$\therefore OH = OG, CH = BG.$

$\because HO \perp GO,$

$\therefore \triangle OGH$ 是等腰三角形. 【正确】

(3) 作 $OM \perp AB$ 于点 M，作 $ON \perp BC$ 于点 N，如图 4.79 所示，

$\therefore$ 四边形 $OMBN$ 为正方形.

易证 $Rt\triangle ONH \cong Rt\triangle OMG$(HL)，

$\therefore S_{\triangle ONH} = S_{\triangle OMG},$

$\therefore S_{OGBH} = S_{OMBN} = \dfrac{1}{4} S_{ABCD}$，为定值. 【错误】

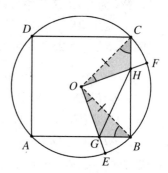

图 4.78

(4) $\because BG = CH,$

$\therefore L_{\triangle BGH} = BG + BH + HG = CH + BH + GH$

$= BC + GH.$

$\because \triangle OGH$ 为等腰三角形，

$\therefore L_{\triangle BGH} = \sqrt{2} OG + 4.$

$\because$ 点 G 在线段 AB 上，

$\therefore OG$ 的最小值为点 O 到 AB 的垂直距离，

$\therefore L_{\min} = 2\sqrt{2} + 4.$ 【错误】

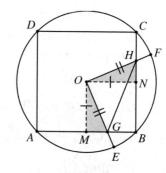

图 4.79

26. 解 (1) 连接 BD，如图 4.80 所示.

由弦切角定理得 $\angle DBC = \angle DAB.$

$\because \angle DAO = \angle ADO = \angle CDE,$

$\therefore \angle DBC = \angle CDE,$

$\therefore \triangle CDE \sim \triangle CBD$(AA)，

$\therefore \dfrac{CD}{CB} = \dfrac{CE}{CD} \Rightarrow CD^2 = CE \cdot CB.$ 【正确】

(2) 由切割线定理得 $EB^2 = DE \cdot AE,$

由切线长定理得 $DF = FB.$

$\because \triangle DEB$ 为直角三角形，

$\therefore EF = BF = \dfrac{1}{2} BE,$

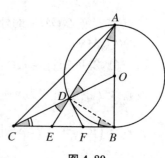

图 4.80

∴4EF² = DE·AE. 正确

(3) 如图 4.81 所示,设∠EAB = ∠ADO = α,∠OCB = β,
∴β + 2α = 90°.
若 α = β,则 α = β = 30°.
∵ $\tan\beta = \dfrac{OB}{BC} = \dfrac{OB}{AB} = \dfrac{1}{2}$,
∴β≠30°,
∴α≠β. 错误

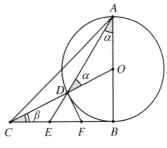

图 4.81

(4) 连接 BD,如图 4.82 所示.
∵ $\sin\alpha = \dfrac{DE}{BE} = \dfrac{BD}{AB} = \dfrac{BD}{BC} \Rightarrow BE = \dfrac{DE \cdot BC}{BD}$,
又△CDE∽△CBD,
∴$\dfrac{CD}{BC} = \dfrac{DE}{BD} \Rightarrow CD = \dfrac{DE \cdot BC}{BD}$,
∴CD = BE,
∴CD² = BE² = CE·CB,
∴点 E 为线段 BC 的黄金分割点,
∴$\dfrac{BE}{BC} = \dfrac{BE}{AB} = \tan\angle EAB = \dfrac{\sqrt{5}-1}{2}$. 正确

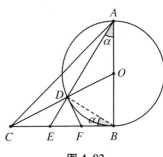

图 4.82

27. 解 (1) ∵AB 为⊙O 的直径,如图 4.83 所示,
∴AC⊥BC.
∵AC 垂直平分 ED,
∴EP = PD,ED⊥AC,
∴ED∥BC,
∴∠FCG = ∠CEP.
∵AC⊥BC,DF⊥BC,
∴AC∥DF,
∴四边形 CPDG 为矩形,
∴CG = PD = PE,
∴△FCG≌△CEP(ASA),
∴EC = CF. 正确

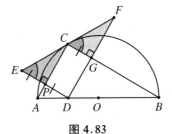

图 4.83

(2) 连接 CD,如图 4.84 所示.
∵EC = CF,ED⊥DF,
∴CD 为 Rt△EFD 斜边上的中线,
∴EF = 2CD.
∵点 D 在线段 AB 上,
∴当 CD⊥AB 时,CD 取得最小值.
此时,CD·AB = AC·BC.
∵AB = 4,∠ABC = 30°,

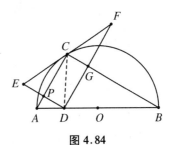

图 4.84

∴ $AC = 2, BC = 2\sqrt{3}$,

∴ $CD = \dfrac{AC \cdot BC}{AB} = \sqrt{3}$,

∴ $EF_{\min} = 2\sqrt{3}$. 错误

(3) 连接 CO,如图 4.85 所示.

∵ $\angle CAB = 60°, AO = CO$,

∴ △ACO 为等边三角形.

∵ $AO = 2$,

∴ $AD = DO$,

∴ CD 平分 $\angle ACO$,

∴ $\angle ACD = 30°$.

∵ $\angle ACE = \angle ACD = 30°$,

∴ $\angle ECO = \angle ACE + \angle ACO = 30° + 60° = 90°$,

∴ $EF \perp CO$,

∴ 当 $AD = 1$ 时,EF 与半圆相切. 正确

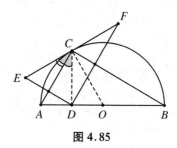

图 4.85

(4) 连接 AE,如图 4.86 所示.

∵ △AEC 与 △ADC 关于 AC 对称,

∴ $\angle EAC = \angle DAC = 60°$,为定值,

∴ 点 E 在射线 AE 上运动.

由对称性,$S_{\triangle AEC} = S_{\triangle ADC}$.

当点 D 从点 A 运动到点 O 时,线段 EC 扫过的面积为

$$S_{\triangle AEC} = S_{\triangle ACO} = \dfrac{1}{2} S_{\triangle ABC}.$$

∵ $EC = CF$,

∴ 线段 EF 扫过的面积为

$$2S_{\triangle AEC} = S_{\triangle ABC} = \dfrac{1}{2} AC \cdot BC = 2\sqrt{3}.$$ 错误

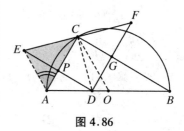

图 4.86

28. **解** (1) 以点 Q 为圆心、以 BO 为直径作半圆 $\odot Q$,交 $\odot O$ 于点 M,连接 BM,如图 4.87 所示.

∵ $OM \perp BM$,

∴ BM 与 $\odot Q$ 相切.

此时,$\sin \angle MBO = \dfrac{OM}{BO} = \dfrac{1}{2}$,

∴ $\angle MBO = 30°, \angle MOB = 60°$.

当线段 AB 与 $\odot O$ 只有一个公共点 A 时,有

$0° \leqslant \alpha \leqslant \angle MOB$,

∴ $0° \leqslant \alpha \leqslant 60°$. 正确

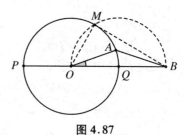

图 4.87

(2) 作 $AH \perp BP$ 于点 H,如图 4.88 所示.

∵ $AO = 1, BO = 2, AB \geqslant 1$,

∴当△OAB 是等腰三角形时,只有 AB = BO = 2 这一种情况.

当 AB = BO = 2 时,由勾股定理得
$AH^2 = AO^2 - HO^2 = AB^2 - BH^2$.

设 OH = x,则 BH = 2 - x,

∴ $1 - x^2 = 4 - (2-x)^2 \Rightarrow x = \frac{1}{4}$,

∴ $AH = \frac{\sqrt{15}}{4}$,

∴ $\tan \alpha = \sqrt{15}$. 错误

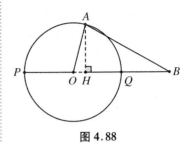

图 4.88

(3) 连接 MQ,如图 4.89 所示.
∵ AO⊥PM, MQ⊥PM,
∴ AO // MQ.
∵ OQ = BQ,
∴ MQ 为△ABO 的中位线,
∴ AM = BM.

设 AM = BM = x,
由割线定理得 BM·AB = BQ·BP,

∴ $2x^2 = 3 \Rightarrow x = \sqrt{\frac{3}{2}}$,

∴ $AB = 2x = \sqrt{6}$. 正确

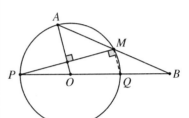

图 4.89

(4) 连接 MO,作 MN⊥BP 于点 N,如图 4.90 所示.
∵ PO = MO,
∴ ∠MPB = ∠PMO,
∴ ∠MOQ = 2∠MPB.

∵ $MQ = \frac{1}{2}AO = \frac{1}{2}$, PM⊥MQ,

∴ $PM = \sqrt{PQ^2 - MQ^2} = \frac{\sqrt{15}}{2}$.

∵ MN·PQ = PM·MQ,

∴ $MN = \frac{\sqrt{15}}{8}$,

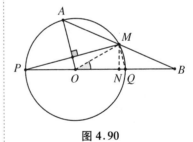

图 4.90

∴ $\sin \angle MOQ = \sin 2\angle MPB = \frac{MN}{MO} = \frac{\sqrt{15}}{8}$. 正确

29. **解** (1) ∵ EB 为⊙O 的切线,BC 为⊙O 的直径,
∴ EB⊥BC.
∵ AD⊥BC,
∴ EB // AD,

∴ $\frac{AG}{EF} = \frac{CG}{CF} = \frac{GD}{BF} \Rightarrow \frac{AG}{EF} = \frac{GD}{BF}$.

∵ AG = GD,

∴ BF = EF.   正确

(2) 连接 AB、AO,如图 4.91 所示.

∵ AB⊥AC,BF = EF,

∴ AF 为 Rt△AEB 斜边上的中线,

∴ BF = AF,

∴ ∠FBA = ∠FAB.

∵ AO = BO,

∴ ∠ABO = ∠OAB.

∵ ∠FBA + ∠ABO = 90°,

∴ ∠FAB + ∠OAB = ∠PAO = 90°,

∴ PA⊥AO,

∴ PA 为⊙O 的切线.   正确

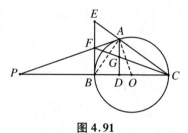

图 4.91

(3) ∵ AF = BF = FG,

∴ ∠FAG = ∠FGA = ∠CGD.

∵ ∠P + ∠FAG = 90°,∠FCP + ∠CGD = 90°,

∴ ∠P = ∠FCP,

∴ PF = FC.

∵ FB⊥PC,

∴ PB = BC.

设 PB = BC = R,PF = y,AF = FB = x,如图 4.92 所示.

由切割线定理得

$PA^2 = PB \cdot PC \Rightarrow (x+y)^2 = R \cdot 2R = 2R^2$,

由勾股定理得 $R^2 = y^2 - x^2$,

∴ $(x+y)^2 = 2(y^2 - x^2) \Rightarrow y^2 - 2xy - 3x^2 = 0 \Rightarrow$

$(y - 3x)(y + x) = 0$,

∴ $y = 3x$,

∴ $R = 2\sqrt{2}x$,

∴ $\tan \angle P = \dfrac{x}{R} = \dfrac{x}{2\sqrt{2}x} = \dfrac{\sqrt{2}}{4}$.   错误

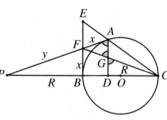

图 4.92

(4) 连接 AO,如图 4.93 所示.

∵ AO = CO,

∴ ∠ECB = ∠OAC,

∴ ∠POA = 2∠ECB.

∵ $PA = y + x = 4x$, $AO = \dfrac{1}{2}R = \sqrt{2}x$,

又 PA⊥AO,

∴ $\tan 2\angle ECB = \tan \angle POA = \dfrac{PA}{AO} = \dfrac{4x}{\sqrt{2}x} = 2\sqrt{2}$.   正确

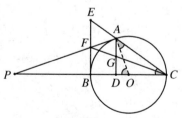

图 4.93

30. **解** (1) 连接 FD 并延长至点 G，使得 $DG=FD$，连接 ED、EG、AG，如图 4.94 所示.

易证 $\triangle ADG \cong \triangle BDF$(SAS),

∴ $\angle GAD = \angle FBD$, $AG = BF$,

∴ $AG \parallel BC$.

∵ $AC \perp BC$,

∴ $AG \perp AC$.

∵ $ED \perp FD$, $FD = DG$,

∴ $EF = EG$.

∵ $AE^2 + AG^2 = EG^2$.

∴ $AE^2 + BF^2 = EF^2$. 正确

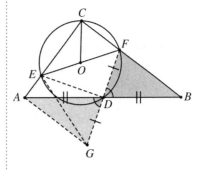

图 4.94

(2) 连接 CD、DO，如图 4.95 所示.

∵ 任意时刻都有 $CO = DO$,

∴ 点 O 在 CD 的垂直平分线上运动.

作 CD 的垂直平分线 l，交 CD 于点 P，交 AC 于点 M，交 BC 于点 N，如图 4.96 所示.

∵ $S = \pi CO^2$,

∴ ⊙O 的面积达到极值，即 CO 达到极值.

∵ 点 O 在直线 l 上运动,

∴ CO 的最小值为 CP.

当点 O 不在线段 MN 上时，⊙O 与 AC、BC 无交点，不满足题意.

当点 O 在线段 MN 上时，如图 4.97 所示，

易证 $\triangle CMN \sim \triangle CBA$,

∴ $\dfrac{CM}{CN} = \dfrac{CB}{CA} = \dfrac{4}{3}$,

∴ $CM > CN$,

∴ 当点 O 运动到点 M 时，⊙O 的半径达到最大值，面积最大.

① 当点 O 运动到点 P 时，如图 4.98 所示.

∵ $CO = CP = \dfrac{1}{2}CD = \dfrac{5}{2}$,

∴ $S_{\min} = \dfrac{25}{4}\pi$.

② 当点 O 运动到点 M 时，点 C、E、F 重合，如图 4.99 所示.

设 $CM = 4x$，则 $CN = 3x$，$MN = 5x$.

∵ $CM \cdot CN = CP \cdot MN$,

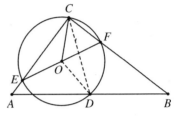

图 4.95

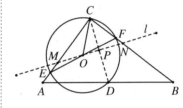

图 4.96

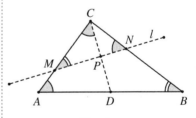

图 4.97

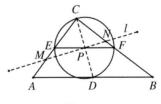

图 4.98

$\therefore CM = 4x = \dfrac{25}{6}$,

$\therefore S_{\max} = \dfrac{625}{36}\pi$.

综上, $\dfrac{25}{4}\pi \leqslant S \leqslant \dfrac{625}{36}\pi$.

(3) 当⊙O 过点 A、C、D 时,点 O 为△ACD 的外心,如图 4.100 所示.

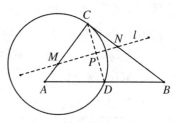

图 4.99

同理,当⊙O 过点 B、C、D 时,点 O 为△BCD 的外心.

作 AD 的垂直平分线交直线 l 于点 O_1,作 DB 的垂直平分线交直线 l 于点 O_2,连接 O_1D、O_2D,如图 4.101 所示,则⊙O 从过点 A 变化到过点 B 时,点 O 移动的路径长为 O_1O_2.

$\because DO_1 \perp AC, AD = CD$,

由等腰三角形三线合一的性质可知

$\angle O_1DP = \dfrac{1}{2}\angle ADC = \angle B$,

$\therefore \mathrm{Rt}\triangle O_1PD \sim \mathrm{Rt}\triangle ACB$.

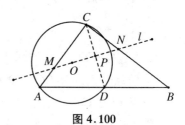

图 4.100

同理,$\mathrm{Rt}\triangle O_2PD \sim \mathrm{Rt}\triangle BCA$.

$\therefore \dfrac{O_1P}{AC} = \dfrac{PD}{CB} \Rightarrow O_1P = \dfrac{3}{4}PD$,

$\dfrac{O_2P}{BC} = \dfrac{PD}{CA} \Rightarrow O_2P = \dfrac{4}{3}PD$,

$\therefore O_1O_2 = O_1P + O_2P = \dfrac{25}{12}PD = \dfrac{125}{24}$.

(4) 延长 CO 交 AB 于点 Q,连接 DO,如图 4.102 所示.

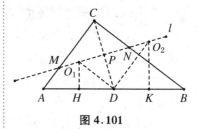

图 4.101

设 $CE = m, CF = n$,则

$AE = b - m, BF = a - n$.

$\because EF^2 = m^2 + n^2 = (b-m)^2 + (a-n)^2$,

$\therefore 2mb + 2na = a^2 + b^2$.

$\because 2mb + 2na \geqslant 2\sqrt{2mb \cdot 2na} = 4\sqrt{mnab}$,

$\therefore a^2 + b^2 \geqslant 4\sqrt{mnab} \Rightarrow \left(\dfrac{a^2+b^2}{4}\right)^2 \geqslant mnab \Rightarrow$

$\dfrac{1}{2}mn \leqslant \dfrac{(a^2+b^2)^2}{32ab}$,

$\therefore S_{\triangle CEF} \leqslant \dfrac{(a^2+b^2)^2}{32ab}$.

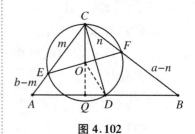

图 4.102

当且仅当 $mb = na$ 时, $S_{\triangle CEF}$ 取得最大值.

此时,$mb = na \Rightarrow \dfrac{m}{n} = \dfrac{a}{b} \Rightarrow \dfrac{CE}{CF} = \dfrac{BC}{AC}$,

$\therefore \mathrm{Rt}\triangle ECF \sim \mathrm{Rt}\triangle BCA$,

∴ ∠CEF = ∠ECO = ∠B,
∴ ∠A + ∠ECO = ∠A + ∠B = 90°,
∴ CQ⊥AB.
∵ ∠COF = 2∠ECO = 2∠B,
∴ ∠COF = ∠CDQ.
∵ ∠CDQ + ∠QCD = 90°,
∴ ∠COF + ∠QCD = 90°,
∴ EF⊥CD.
∵ EF 为⊙O 的直径,CD 为⊙O 的弦,
∴ EF 垂直平分 CD.

31. 解 (1) 连接 MC,如图 4.103 所示.

∵ 直线 $y = \frac{\sqrt{3}}{3}x - \frac{5\sqrt{3}}{3}$ 与 x 轴、y 轴分别交于 A、B 两点,

∴ $A(5,0), B\left(0, -\frac{5\sqrt{3}}{3}\right)$.

∴ $AO = 5, BO = \frac{5\sqrt{3}}{3}$,

∴ $\tan\angle BAO = \frac{\sqrt{3}}{3}$,

∴ ∠BAO = 30°.
∵ AB 与⊙M 相切于点 C,
∴ MC⊥AB,
∴ ∠CMA = 60°.
∵ MC = MD,
∴ △MCD 为等边三角形,
∴ CD = MD = MC = r, ∠MDC = 60°,
∴ ∠DCA = 30° = ∠BAO,
∴ AD = CD = r,
∴ AE = 3r.
∵ r = CM = AMsin 30°, AM ≤ AO = 5,
∴ $r \leq \frac{5}{2}$.
∵ AE = 3r,
∴ 点 E 的横坐标为 5 - 3r.
∵ 5 - 3r ≤ 0,
∴ $r \geq \frac{5}{3}$,
∴ $\frac{5}{3} \leq r \leq \frac{5}{2}$.

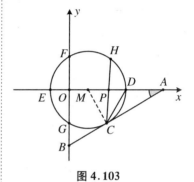

图 4.103

(2) 连接 EH、DH，如图 4.104 所示.

$\because \angle HCD = \angle HED$，

$\therefore \tan\angle HCD = \tan\angle HED = \dfrac{1}{2}$.

$\because EH \perp HD$，

$\therefore \dfrac{EH}{ED} = \dfrac{2}{\sqrt{5}} \Rightarrow EH = \dfrac{2}{\sqrt{5}} \cdot 2r = \dfrac{4}{\sqrt{5}}r$.

易证 $\triangle EHP \backsim \triangle CDP$（AA），

$\therefore \dfrac{EH}{CD} = \dfrac{EP}{CP} = \dfrac{4}{\sqrt{5}}$.   错误

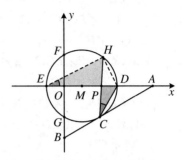

图 4.104

(3) 作 $PN \perp CD$ 于点 N，如图 4.105 所示.

$\because EP : PD = 3 : 2$，

$\therefore PD = \dfrac{2}{5}ED = \dfrac{4}{5}r$，

$\therefore \dfrac{PD}{CD} = \dfrac{4}{5}$.

设 $PD = 4k$，则 $ND = 2k, CN = 3k, PN = 2\sqrt{3}k$，

$\therefore PC = \sqrt{21}k$，

$\therefore \cos\angle HCD = \dfrac{CN}{PC} = \dfrac{3}{\sqrt{21}} = \dfrac{\sqrt{21}}{7}$.   正确

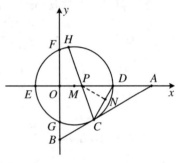

图 4.105

(4) 作 $CQ \perp AE$ 于点 Q，如图 4.106 所示.

$\because r = 2$，

$\therefore$ 点 E 的横坐标为 $5 - 3r = -1$，

$\therefore OE = 1, OD = 3$.

由相交弦定理得 $OE \cdot OD = HO \cdot CO$，

$\therefore HO \cdot CO = 3$.

易求 $QD = 1, QC = \sqrt{3}$，

$\therefore OQ = 2, CO = \sqrt{7}$，

$\therefore HO = \dfrac{3}{\sqrt{7}}$，

$\therefore \dfrac{HO}{CO} = \dfrac{3}{7}$.   正确

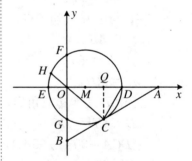

图 4.106

32. 解 (1) 作 $EH \perp AB$ 于点 H，如图 4.107 所示.

$\because BE$ 平分 $\angle ABD$，

又 $ED \perp BD, EH \perp AB$，

$\therefore ED = EH$.

$\because \angle EGD$ 为圆的内接四边形 $EFBG$ 的外角，

$\therefore \angle EGD = \angle EFH$，

$\therefore \triangle EFH \cong \triangle EGD$（AAS），

$\therefore EF = EG$.   正确

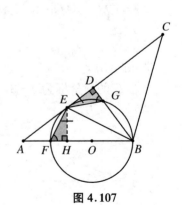

图 4.107

(2) 如图 4.108 所示,由三角形内角平分线定理得

$$\frac{ED}{AE} = \frac{BD}{AB} = \sin A.$$

∵ $AB = BC$,

∴ $\angle A = \angle C$,

∴ $\frac{ED}{AE} = \frac{3}{5}$.

∵ $BD = 6$,

∴ $AB = 10$, $AD = 8$,

∴ $AE = 5$, $ED = 3$. 正确

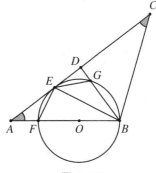

图 4.108

(3) 连接 OE,如图 4.109 所示.

∵ $\angle OEB = \angle OBE = \angle DBE$,

∴ $OE \parallel BD$.

∵ $BD \perp AC$,

∴ $OE \perp AC$,

∴ ⊙O 与 AC 相切.

由弦切角定理得 $\angle DEG = \angle DBE$.

∵ $\tan \angle DBE = \frac{ED}{BD} = \frac{1}{2}$,

∴ $\tan \angle DEG = \frac{DG}{ED} = \frac{1}{2} \Rightarrow DG = \frac{3}{2}$. 错误

(4) ∵ $\triangle EFH \cong \triangle EGD$,$\triangle EDB \cong \triangle EHB$,

∴ $S_{EFBG} = S_{DEHB} = 2S_{\triangle EDB} = ED \cdot BD = 18$. 正确

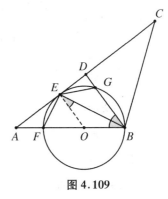

图 4.109

33. 解 (1) 连接 OB、OC,作 $OH \perp BC$ 于点 H,如图 4.110 所示.

∵ $BC = 2\sqrt{3}$,

∴ $BH = \sqrt{3}$.

∵ $BO = CO = 2$,

∴ $\sin \angle BOH = \frac{BH}{BO} = \frac{\sqrt{3}}{2}$,

∴ $\angle BOC = 2\angle BOH = 120°$,

∴ $\angle A = \frac{1}{2}\angle BOC = 60°$,为定值. 正确

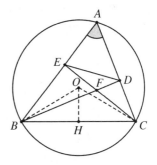

图 4.110

(2) 连接 AF 并延长交 BC 于点 G,如图 4.111 所示.

∵ $BD \perp AC$,$CE \perp AB$,BD、CE 交于点 F,

∴ 点 F 为 $\triangle ABC$ 的垂心,

∴ $AG \perp BC$.

∵ $\angle ABC = 45°$,

∴ $\angle BAG = 45°$,

∴ $\triangle AEF$ 为等腰直角三角形,

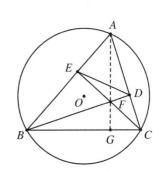

图 4.111

∴ $AE = EF$.

(3) ∵ $\angle BEC = \angle BDC = 90°$,

∴ 点 B、E、D、C 在以 BC 为直径的 $\odot H$ 上,如图 4.112 所示.

∵ $\angle A = 60°$,$CE \perp AB$,

∴ $\angle EBD = 30°$,

∴ $\angle EHD = 60°$,

∴ △EDH 为等边三角形,

∴ $ED = EH = DH = \dfrac{1}{2}BC = \sqrt{3}$.

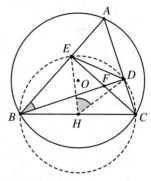

图 4.112

(4) 取 BC 的中点 H,连接 EH、DH,作 $HM \perp ED$ 于点 M,如图 4.113 所示.

∵ EH 为 Rt△EBC 斜边上的中线,

∴ $EH = \dfrac{1}{2}BC$.

同理,$HD = \dfrac{1}{2}BC$.

∴ $EH = DH$,

∴ $EM = DM$.

∴ 线段 ED 的垂直平分线必平分弦 BC.

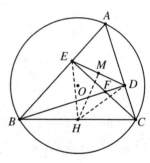

图 4.113

34. **解** (1) 连接 DO、AQ、QO,如图 4.114 所示.

∵ $DP // OB$,$DP = OB$,

∴ 四边形 $DOBP$ 为平行四边形,

∴ $DO // PB$.

∵ $BP \perp AQ$,

∴ $AQ \perp DO$,

∴ DO 垂直平分 AQ,

∴ $AD = DQ$,

∴ △$ADO \cong$ △QDO(SSS),

∴ $\angle DQO = \angle DAO = 90°$,

∴ DQ 与半圆 O 相切.

(2) 设正方形 $ABCD$ 的边长为 a.

∵ $DC // AB$,

∴ $\angle CPB = \angle QBA$.

∵ $\tan \angle CPB = 2$,

∴ $\cos \angle QBA = \dfrac{1}{\sqrt{5}}$,

∴ $BQ = a\cos\angle QBA = \dfrac{a}{\sqrt{5}}$.

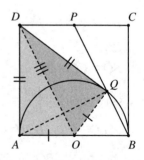

图 4.114

∵ $PB = \dfrac{\sqrt{5}}{2}a$,

∴ $\dfrac{BQ}{BP} = \dfrac{2}{5} \Rightarrow \dfrac{PQ}{BQ} = \dfrac{3}{2}$. 正确

(3) 过点 Q 作 AB 的垂线,交 DC 于点 M,交 AB 于点 N,如图 4.115 所示.

∵ $DC \parallel AB$,

∴ $\dfrac{BQ}{PQ} = \dfrac{NQ}{MQ} = \dfrac{2}{3}$,

∴ $\dfrac{MQ}{MN} = \dfrac{3}{5} \Rightarrow MQ = \dfrac{3}{5}a$,

∴ $\sin\angle CDQ = \dfrac{MQ}{DQ} = \dfrac{3}{5}$,

∴ $\cos\angle CDQ = \dfrac{4}{5}$. 错误

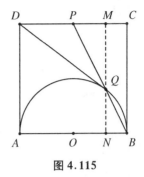

图 4.115

(4) 连接 AQ、OQ,如图 4.116 所示.

∵ $\angle CBP = \angle BAQ$,

∴ $\angle QOB = 2\angle CBP$,

∴ $\sin 2\angle CBP = \dfrac{QN}{OQ} = \dfrac{\dfrac{2}{5}a}{\dfrac{1}{2}a} = \dfrac{4}{5}$. 正确

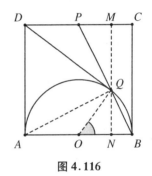

图 4.116

35. 解 (1) 连接 BD,如图 4.117 所示,

∴ $BD \perp AD$.

∵ $EF \perp BE$,$AD \parallel EF$,

∴ $BE \perp AD$.

∵ 过直线外一点有且只有一条直线与已知直线垂直,

∴ D、E、B 三点一线. 正确

(2) ∵ D、E、B 三点一线,

∴ $\angle DCA = \angle DBA$.

∵ $\angle CEB = \angle CAB + \angle DBA$,

∴ $\angle CEB = \angle DCA + \angle CAB$. 正确

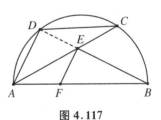

图 4.117

(3) 当 $\angle DCA = 45°$ 时,如图 4.118 所示,

∴ $\angle DBA = 45°$,

∴ $\triangle ADB$ 与 $\triangle EFB$ 均为等腰直角三角形.

∵ 点 C 为 $\overset{\frown}{BD}$ 的中点,

∴ $\overset{\frown}{DC} = \overset{\frown}{BC}$,

∴ AC 平分 $\angle DAB$.

由三角形内角平分线定理得

$\dfrac{AD}{AB} = \dfrac{DE}{BE} = \dfrac{1}{\sqrt{2}} \Rightarrow \dfrac{BE}{BD} = \dfrac{\sqrt{2}}{1+\sqrt{2}}$.

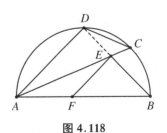

图 4.118

233

∵ $AD = BD$, $BE = EF$,

∴ $\dfrac{EF}{AD} = \dfrac{\sqrt{2}}{1+\sqrt{2}} = 2-\sqrt{2}$. 正确

(4) ∵ $\overset{\frown}{DC} = \overset{\frown}{BC}$,

∴ AC 平分 $\angle DAB$,

∴ $\angle DAC = \angle CAB$.

∵ $AD \parallel EF$,

∴ $\angle AEF = \angle DAC$,

∴ $\angle DAC = \angle CAB = \angle AEF$,

∴ $AF = EF$.

作 $FH \perp AE$ 于点 H,如图 4.119 所示,

∴ $AH = HE$.

设 $AE = 4k$,则 $AH = 2k$, $AF = EF = \sqrt{5}k$,

∴ $\cos\angle CAB = \dfrac{2}{\sqrt{5}}$,

∴ $AD = AE\cos\angle DAC = \dfrac{8k}{\sqrt{5}}$.

∴ $\dfrac{EF}{AD} = \dfrac{\sqrt{5}k}{\dfrac{8k}{\sqrt{5}}} = \dfrac{5}{8}$. 错误

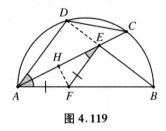

图 4.119

36. **引理** 如图 4.120 所示,对于任意直线 $y = k_1 x + b$ 与反比例函数 $y = \dfrac{k_2}{x}$ ($x > 0$),若有两个交点 A、B,设直线与坐标轴的交点分别是 C、D,则 $AD = CB$;设点 A、B、C 的横坐标分别为 x_A, x_B, x_C,则 $x_A + x_B = x_C$.

证 过点 A 作坐标轴的垂线,垂足分别为点 M、E,过点 B 作 x 轴的垂线,垂足为点 N,如图 4.121 所示.

∵ $\begin{cases} y = k_1 x + b \\ y = \dfrac{k_2}{x} \end{cases} \Rightarrow k_1 x^2 + bx - k_2 = 0$,

∴ $x_A + x_B = -\dfrac{b}{k_1}$.

∵ $y = k_1 x + b \Rightarrow x_C = -\dfrac{b}{k_1}$,

∴ $x_A + x_B = x_C$,

∴ $x_A = x_C - x_B$,

∴ $OM = EA = NC$.

∵ $AE \parallel x$ 轴,

∴ $\angle EAD = \angle NCB$.

∵ $\begin{cases} \angle EAD = \angle NCB, \\ AE = CN, \\ \angle DEA = \angle BNC, \end{cases}$

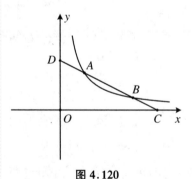

图 4.120

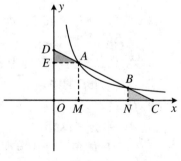

图 4.121

∴△DAE≌△BCN(ASA),
∴AD=CB.

解 延长 PC 交 x 轴于点 D,连接 BD,如图 4.122 所示.

设 A、C、D 三点的横坐标分别为 x_A、x_C、x_D.

∵AP=DC,
∴$S_{\triangle BAP}=S_{\triangle BDC}$,
∴$S_{\triangle BPC}=S_{\triangle ABD}=24$.
∵点 A、B 关于原点中心对称,
∴AO=BO,
∴$S_{\triangle AOD}=\dfrac{1}{2}S_{\triangle ABD}=\dfrac{1}{2}\times 24=12$.
∵点 A 为 $y=\dfrac{6}{x}$ 与 $y=\dfrac{3}{2}x$ 的交点,
∴点 A 的坐标为(2,3),
∴$S_{\triangle AOD}=\dfrac{1}{2}\times 3\times OD=12$,
∴OD=8,
∴$x_A+x_C=x_D=8$.
∵$x_A=2$,
∴$x_C=8-2=6$.
∵点 C 在 $y=\dfrac{6}{x}$ 上,
∴点 C 的坐标为(6,1).

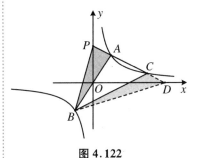

图 4.122

思路点拨

根据反比例函数重要性质一,首先通过等积变换将研究对象从 $S_{\triangle BPC}$ 转化为 $S_{\triangle ABD}$,再由反比例函数与正比例函数的交点关于原点中心对称的性质,得到 $S_{\triangle AOD}=12$.这样,问题就变得简单了,可以解得 OD=8,再根据 $x_A+x_C=x_D=8$ 解得点 C 的坐标.

37. **引理** 如图 4.123 所示,对于任意矩形 OCED 截任意反比例函数 $y=\dfrac{k}{x}(x>0)$ 于点 A、B,总有 AB∥CD.

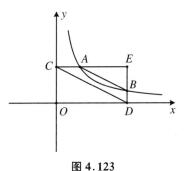

图 4.123

证 延长 AB 交坐标轴于点 M、N,如图 4.124 所示.
∵△ACM≌△NDB(AAS),
∴AC=ND.
又 AC∥ND,
∴四边形 ACDN 为平行四边形,
∴AB∥CD.

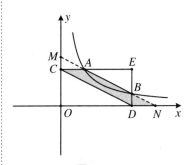

图 4.124

解 过点 A 作 x 轴的平行线,交 y 轴于点 C,过点 B 作 y 轴的平行线,交 x 轴于点 E,交 CA 的延长线于点 D,如图 4.125 所示.

∴ 四边形 $COED$ 为矩形.

∵ $\angle AOB = \angle ABO = 45°$,

∴ $\angle OAB = 90°$,$AO = BA$.

∵ $\angle CAO + \angle COA = 90°$,$\angle CAO + \angle DAB = 90°$,

∴ $\angle COA = \angle DAB$.

∵ $\begin{cases} \angle COA = \angle DAB, \\ \angle ACO = \angle ADB, \\ AO = BA, \end{cases}$

∴ $\triangle COA \cong \triangle DAB$(AAS),

∴ $AC = DB = \sqrt{2}$,$CO = DA$.

设 $CO = DA = m$,则 $BE = m - \sqrt{2}$,$OE = m + \sqrt{2}$,

∴ $k = (m + \sqrt{2})(m - \sqrt{2}) = m^2 - 2$.

连接 CE,如图 4.126 所示,则 $CE \parallel AB$,

∴ $\dfrac{DA}{AC} = \dfrac{DB}{BE} \Rightarrow \dfrac{m}{\sqrt{2}} = \dfrac{\sqrt{2}}{m - \sqrt{2}} \Rightarrow m^2 - \sqrt{2}m - 2 = 0 \Rightarrow$

$m = \dfrac{\sqrt{2} + \sqrt{10}}{2}$(负值舍去).

∴ $k = m^2 - 2 = \sqrt{2}m = \sqrt{5} + 1$.

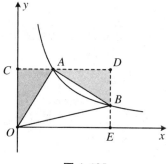

图 4.125

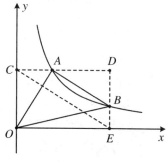

图 4.126

思路点拨

这是一道经典好题.在初中阶段,如果在平面直角坐标系中出现等腰直角三角形,则常见的解决方法是构造一线三直角模型,寻求全等解决坐标问题.再由反比例函数重要性质二构造平行线,利用线段之间的比例关系求解.

38. **引理** 如图 4.127 所示,对于任意平行四边形 $ABCD$,从顶点 A 引出两条射线,与这个顶点的两条对边分别交于 E、F 两点,将四边形划分为四个三角形,其中 $S_{\triangle ABE} = a$,$S_{\triangle ADF} = b$,$S_{\triangle ECF} = c$,$S_{\triangle AEF} = s$,那么总有 $s = \sqrt{(a+b+c)^2 - 4ab}$.

证 作 $AH \perp BC$ 于点 H,过点 F 作 $FG \perp BC$ 交 BC 的延长线于点 G,GF 的延长线交 AD 于点 P,如图 4.128 所示.

设 $AD = BC = m$,$AH = h$,$FG = h_1$,$FP = h_2$.

∵ $a = \dfrac{1}{2} h \cdot BE \Rightarrow BE = \dfrac{2a}{h}$,

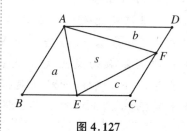

图 4.127

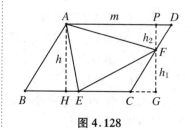

图 4.128

$$\therefore CE = m - BE = m - \frac{2a}{h}.$$

$$\because b = \frac{1}{2}mh_2 \Rightarrow h_2 = \frac{2b}{m},$$

$$\therefore h_1 = h - h_2 = h - \frac{2b}{m},$$

$$\therefore c = \frac{1}{2}EC \cdot h_1 \Rightarrow 2c = \left(m - \frac{2a}{h}\right)\left(h - \frac{2b}{m}\right) \Rightarrow$$

$$(mh)^2 - 2(a+b+c)mh + 4ab = 0,$$

$$\therefore mh = (a+b+c) \pm \sqrt{(a+b+c)^2 - 4ab},$$

$$\therefore s = mh - (a+b+c) = \sqrt{(a+b+c)^2 - 4ab}(负值舍去).$$

解 过点 B 作 x 轴的平行线,交 y 轴于点 F,如图 4.129 所示,过点 A 作 y 轴的平行线,交 x 轴于点 D,交 FB 的延长线于点 E,作 $CG \perp x$ 轴于点 G,如图 4.129 所示,

$$\therefore AE \parallel CG.$$

又 $AB \parallel CO$,

$$\therefore \angle EAB = \angle GCO.$$

$$\therefore \begin{cases} \angle EAB = \angle GCO, \\ \angle AEB = \angle CGO, \\ AB = CO, \end{cases}$$

$$\therefore \triangle EAB \cong \triangle GCO(\text{AAS}),$$

$$\therefore S_{\triangle EAB} = S_{\triangle GCO} = 1.$$

连接 BO,如图 4.130 所示,

$$\therefore S_{\triangle ADO} = S_{\triangle BOF} = 1.5.$$

在矩形 $EDOF$ 中,有

$$S_{\triangle AOB} = \sqrt{(1+1.5+1.5)^2 - 4 \times 1.5 \times 1.5} = \sqrt{7},$$

$$\therefore S_{OABC} = 2S_{\triangle AOB} = 2\sqrt{7}.$$

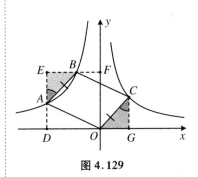

图 4.129

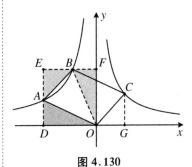

图 4.130

思路点拨

本题采用分而治之的策略,其核心思路是采用平行四边形的一个重要性质.若将本题推广到一般情况:

若点 C 在反比例函数 $y = \frac{k_1}{x}(k_1 > 0, x > 0)$ 曲线上,点 A、B 在反比例函数 $y = \frac{k_2}{x}(k_2 < 0, x < 0)$ 曲线上,则

$$S_{OABC} = 2\sqrt{\left(\frac{1}{2}k_1 - k_2\right)^2 - 4 \cdot \left(\frac{1}{2}k_2\right)^2} = \sqrt{k_1^2 - 4k_1k_2}.$$

39. **引理** (1)① 如图 4.131 所示,直线 $y = k_1 x + b$ ($k_1 < 0$)与反比例函数 $y = \dfrac{k_2}{x}$ ($k_2 > 0, x > 0$)的图像有两个交点 A、B,且 $OA = OB$,设直线 AB 与坐标轴的交点分别是 C、D,则 $\triangle COD$ 为等腰直角三角形,且点 A、B 关于直线 $y = x$ 轴对称.

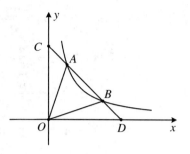

图 4.131

证 作 $OE \perp AB$ 于点 E,如图 4.132 所示.
$\because OA = OB$,
$\therefore AE = BE$.
$\because AC = BD$,
$\therefore CE = DE$,
$\therefore OE$ 垂直平分 CD,
$\therefore OC = OD$,
$\therefore \triangle COD$ 为等腰直角三角形.
$\because OE$ 平分 $\angle COD$,
$\therefore OE$ 的直线解析式为 $y = x$,
$\therefore$ 点 A、B 关于直线 $y = x$ 轴对称.

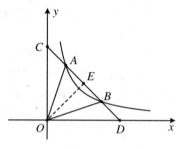

图 4.132

② 如图 4.133 所示,反比例函数 $y = \dfrac{k}{x}$ ($k > 0, x > 0$)与一次函数 $y = -x + b$ 的图像有两个交点 A、B,设直线 AB 与坐标轴的交点分别是 C、D,那么点 A、B 关于直线 $y = x$ 轴对称,$OA = OB$.

证 易证 $\triangle AOC \cong \triangle BOD$(SAS),
$\therefore OA = OB$.
再由①可知,点 A、B 关于直线 $y = x$ 轴对称.

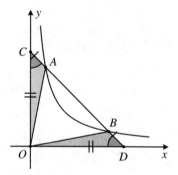

图 4.133

(2)① 如图 4.134 所示,直线 $y = k_1 x + b$ 与反比例函数 $y = \dfrac{k_2}{x}$ ($k_2 > 0, x > 0$)的图像有两个交点 A、B,$AM \perp x$ 轴于点 M,交 OB 于点 K,$BN \perp x$ 轴于点 N,则 $S_{\triangle ABO} = S_{AMNB}$.

证 $\because S_{\triangle AOM} = \dfrac{1}{2} k_2 = S_{\triangle OBN}$,
$\therefore S_{\triangle AOM} - S_{\triangle OKM} = S_{\triangle OBN} - S_{\triangle OKM}$,
$\therefore S_{\triangle AOK} = S_{KMNB}$,
$\therefore S_{\triangle AOK} + S_{\triangle AKB} = S_{KMNB} + S_{\triangle AKB}$,
$\therefore S_{\triangle ABO} = S_{AMNB}$.

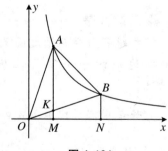

图 4.134

思路点拨

这是计算反比例函数"小喇叭"三角形时重要的等积变换模型. 通过等积变换,可以方便快捷地求解 $\triangle ABO$ 的面积,只需明确 A、B 两点坐标即可:

$$S_{\triangle ABO} = \frac{1}{2}(AM + BN) \cdot MN$$
$$= \frac{1}{2}(y_A + y_B) \cdot (x_B - x_A)$$
$$= \frac{1}{2}(y_A x_B - y_B x_A).$$

特别地,当 $AO = BO$ 时,设 $A\left(a, \dfrac{k_2}{a}\right)$,则 $B\left(\dfrac{k_2}{a}, a\right)$,故 $S_{\triangle ABO} = \dfrac{1}{2}\left(\dfrac{k_2^2}{a^2} - a^2\right)$.

② 如图 4.135 所示,直线 $y = k_1 x + b$ 与反比例函数 $y = \dfrac{k_2}{x}$ 的两条双曲线有两个交点 A、B,那么如何求解 $S_{\triangle ABO}$?

事实上,只需作 BO 的延长线交 $y = \dfrac{k_2}{x}$ 于点 C.

∵ 正比例函数与反比例函数关于原点中心对称,
∴ $BO = CO$,
∴ $S_{\triangle ABO} = S_{\triangle ACO} = S_{AMNC}$.

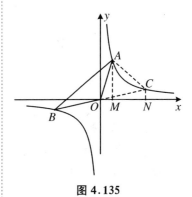

图 4.135

思路点拨

这是计算反比例函数"大喇叭"三角形时重要的等积变换模型. 点 C 的坐标可以通过点 B 求解.

解 据题意,点 A、B 关于直线 $y = x$ 轴对称,$OA = OB$.
设 $A\left(a, \dfrac{1}{a}\right)$,则 $B\left(\dfrac{1}{a}, a\right)$.
设 $y = -x + b$ 与 x 轴的交点为点 C,则 $C(b, 0)$.
∴ $\dfrac{1}{2}\left(\dfrac{1}{a} + a\right)\left(\dfrac{1}{a} - a\right) = 4\sqrt{3}$,
∴ $\dfrac{1}{a^2} - a^2 = 8\sqrt{3} \Rightarrow a^2 = 7 - 4\sqrt{3}$.
∴ $b = a + \dfrac{1}{a} \Rightarrow b^2 = \dfrac{1}{a^2} + a^2 + 2 \Rightarrow b^2 = 16 \Rightarrow b = 4$.

思路点拨

本题中,可以直接对 a^2 开方,得 $a=2-\sqrt{3}$. 但是,双重二次根式的化简在初中阶段属于难点,尤其在中考体系中不常见. 本解法退而求其次,采用比较常用的整体思想求解 b.

作 $OD \perp AB$,如图 4.136 所示,则 $AD=BD$.
∵ $\angle ACO = 45°$,
∴ △ODC 为等腰直角三角形,
∴ $OD = \dfrac{b}{\sqrt{2}} = 2\sqrt{2}$.
∵ $\dfrac{1}{2} DO \cdot AB = 4\sqrt{3} \Rightarrow AB = 2\sqrt{6}$,
∴ $AD = DB = \sqrt{6}$,
∴ $AO = BO = \sqrt{14}$.
∴ $\dfrac{1}{2} AO^2 \sin \angle AOB = 4\sqrt{3} \Rightarrow \sin \angle AOB = \dfrac{4\sqrt{3}}{7}$,
∴ $\cos \angle AOB = \dfrac{1}{7}$.

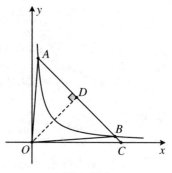

图 4.136

思路点拨

本题综合性较强,破题的关键在于参数 a,引入参数 a 的根本目的是建立点 A 坐标与 △AOB 面积的关系,再由面积公式解得 AB. 如采用两点之间的距离公式解 AB 或 AO,则计算量稍大,不建议首选采用. 最终根据面积公式解得 $\cos \angle AOB$.

40. 引理 (1) 如图 4.137 所示,直线 $y = k_1 x + b$ ($k_1 < 0$) 与反比例函数 $y = \dfrac{k_2}{x}$ ($k_2 > 0$,$x > 0$) 的图像有两个交点 A、B,点 A、D 关于 y 轴对称,点 B、C 关于 x 轴对称,则 $DC \parallel AB$.

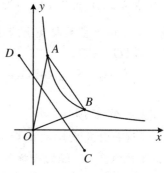

图 4.137

证 设直线 AB 交 y 轴于点 N,交 x 轴于点 M,连接 AD、BC,如图 4.138 所示.
∵ $BM = AN$,
又点 A、D 关于 y 轴对称,点 B、C 关于 x 轴对称,
∴ $CM = ND$.
∵ $\angle NAD = \angle BMO$,
$\angle DNA + \angle CMB = 2(\angle ANO + \angle BMO)$
$= 2(\angle ANO + \angle NAD) = 180°$,

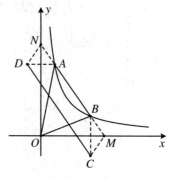

图 4.138

∴ CM ∥ DN，
∴ 四边形 DNMC 为平行四边形，DC ∥ AB．

(2) 如图 4.139 所示，直线 $y = k_1 x + b (k_1 < 0)$ 与反比例函数 $y = \dfrac{k_2}{x} (k_2 > 0, x > 0)$ 的图像有两个交点 A、B，点 A、D 关于 y 轴对称，点 B、C 关于 x 轴对称，则 $S_{\triangle DPO} + S_{\triangle KCO} = S_{APKB}$．

证 作 $AM \perp x$ 轴于点 M，连接 BC 交 x 轴于点 N，DC 交 x 轴于点 E，如图 4.140 所示．

∵ $S_{\triangle DOC} = S_{\triangle DOE} + S_{\triangle COE}$，

$S_{\triangle DOE} = \dfrac{1}{2} AM \cdot OE$，

$S_{\triangle COE} = \dfrac{1}{2} CN \cdot OE = \dfrac{1}{2} BN \cdot OE$，

∴ $S_{\triangle DOC} = \dfrac{1}{2} (AM + BN) \cdot OE$．

延长 AB 交 x 轴于点 F，连接 CF、BE、AD，如图 4.141 所示，易证 $\triangle BNF \cong \triangle CNE$ (ASA)，

∴ $EN = FN = OM$，

∴ $OE = OM + ME = ME + EN = MN$，

∴ $S_{\triangle DOC} = \dfrac{1}{2} (AM + BN) \cdot MN = S_{\triangle ABO}$，

∴ $S_{\triangle DOC} - S_{\triangle POK} = S_{\triangle ABO} - S_{\triangle POK}$，

∴ $S_{\triangle DPO} + S_{\triangle KCO} = S_{APKB}$．

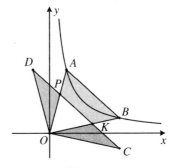

图 4.139

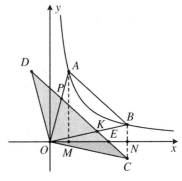

图 4.140

思路点拨

特别地，当 $OA = OB$ 时，$\triangle DOP \cong \triangle COK$ (SAS)．此时，$S_{APKB} = 2 S_{\triangle COK}$，四边形 $BECF$ 为正方形．

解 连接 BD 交 x 轴于点 N，连接 OD，设 CD 交 y 轴于点 H，交 x 轴于点 M，如图 1.142 所示．

∵ $AO = BO$，

∴ $S_{AEFB} = 2 S_{\triangle OFD}$，

∴ $S_{\triangle OFD} = 2.4$．

∵ $S_{\triangle OBD} = 2 S_{\triangle OBN} = 4$，

∴ $S_{\triangle DFB} = 1.6$，

∴ $\dfrac{S_{\triangle DFB}}{S_{\triangle OFD}} = \dfrac{2}{3} = \dfrac{BF}{OF} = \dfrac{BD}{OH}$．

∵ $OA = OB$，点 A、B 在反比例函数 $y = \dfrac{4}{x}$ 的图像上，

∴ AB 与 x 轴之间的夹角是 $45°$．

∵ $AB \parallel CD$，

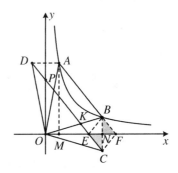

图 4.141

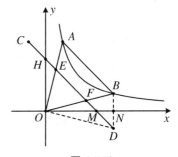

图 4.142

∵△OHM 与△MND 均为等腰直角三角形,如图 4.143所示,

∴OM = OH,BN = ND = MN,

∴$\frac{2BN}{OM} = \frac{2}{3} \Rightarrow OM = 3BN \Rightarrow ON = 4BN$.

∵ON · BN = 4,

∴$4BN^2 = 4 \Rightarrow BN = 1$,

∴B(4,1).

∵点 A、B 关于 y = x 轴对称,

∴A(1,4).

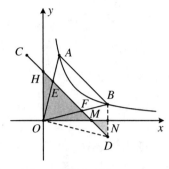

图 4.143

思路点拨

本题如果采用解析法求解,则过于烦琐.但是,若采用纯几何的方法解答,就需要对图形的几何性质进行不遗余力的深度挖掘.

本题的着眼点在于 $S_{AEFB} = 2S_{\triangle OFD}$(这个结论不是偶然的情况,是本题背景下必然的结果),这就将不规则的图形面积比转化成两个同高的三角形面积比.那么剩下的就是将相关线段进行重新整合与规划,向着利于解题的方向转化.本解法最大的优点在于计算简单,适合初中生.

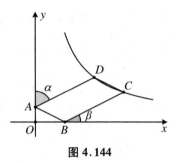

图 4.144

41. 引理 如图 4.144 所示,点 A、B 分别在坐标轴上,点 C、D 在反比例函数 $y = \frac{k}{x}(k>0, x>0)$ 上,若四边形 ABCD 为平行四边形,则∠BAO = α,∠ABO = β.

证 作 DF⊥y 轴于点 F,作 CE⊥x 轴于点 E,如图 4.145所示.

易证△FAD≌△ECB(AAS),

∴DF = BE,∠BCE = α.

延长 CD 分别交坐标轴于点 M、N,如图 4.146 所示.

易证△MDF≌△CNE(AAS),

∴DF = EN,

∴BE = NE,

∴CE 垂直平分 BN,

∴∠CBE = ∠CNE = β.

∵AB∥CD,

∴∠ABO = ∠CNE = β,

∴∠BAO = ∠BCE = α.

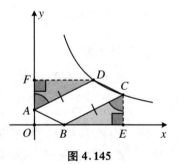

图 4.145

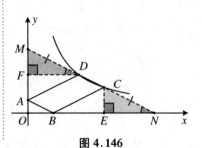

图 4.146

思路点拨

这个有趣的反比例函数的几何性质非常类似物理光学中光的反射现象. 将 AD 看作一束光, 那么光路 $D \to A \to B \to C$ 满足反射规律.

解 作 $CE \perp x$ 轴于点 E, 如图 4.147 所示.

∵ 四边形 $ABCD$ 为平行四边形,

∴ $\angle CBE = \angle ABO$,

∴ $\text{Rt}\triangle AOB \sim \text{Rt}\triangle CEB$,

∴ $\dfrac{BC}{AB} = n = \dfrac{CE}{AO} = \dfrac{BE}{BO}$.

∵ $AO = 1$, $BO = 2$,

∴ $CE = n$, $BE = 2n$,

∴ $OE = 2 + 2n$,

∴ $k = OE \cdot CE = 2(n^2 + n)$.

∵ $f(n) = 2n^2 + 2n$ 的对称轴为 $n = -\dfrac{1}{2}$,

当 $n > -\dfrac{1}{2}$ 时, $f(n)$ 为增函数,

∴ 当 $2 \leqslant n \leqslant 5$ 时, $f(2) \leqslant k \leqslant f(5)$,

∴ $12 \leqslant k \leqslant 60$.

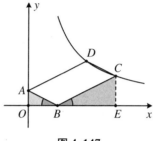

图 4.147

思路点拨

本题的关键在于利用反比例函数的几何性质构造相似图形, 解得点 C 的坐标与 k 的二次函数关系, 再由二次函数的性质解得 k 的取值范围.

42. 引理 如图 4.148 所示, 在平面直角坐标系中, 线段 OA 交反比例函数 $y = \dfrac{k_1}{x}$ 图像于点 C, 交 $y = \dfrac{k_2}{x}$ 图像于点 A, 线段 OB 交反比例函数 $y = \dfrac{k_1}{x}$ 图像于点 D, 交 $y = \dfrac{k_2}{x}$ 于点 B, 连接 AB、CD, 则 $AB \parallel CD$, 且 $\dfrac{OC}{OA} = \dfrac{OD}{OB} = \sqrt{\dfrac{k_1}{k_2}}$.

证 作 $CM \perp x$ 轴于点 M, 作 $AN \perp x$ 轴于点 N, 如图 4.149 所示.

∵ $S_{\triangle COM} = \dfrac{1}{2} k_1$, $S_{\triangle AON} = \dfrac{1}{2} k_2$,

∴ $\dfrac{S_{\triangle COM}}{S_{\triangle AON}} = \dfrac{k_1}{k_2}$.

∵ $\triangle COM \sim \triangle AON$,

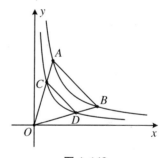

图 4.148

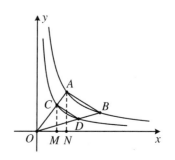

图 4.149

$$\therefore \frac{OC^2}{OA^2} = \frac{k_1}{k_2},$$

$$\therefore \frac{OC}{OA} = \sqrt{\frac{k_1}{k_2}}.$$

同理, $\frac{OD}{OB} = \sqrt{\frac{k_1}{k_2}}$,

$$\therefore \frac{OC}{OA} = \frac{OD}{OB},$$

$$\therefore AB \parallel CD.$$

解 (1) 作 $CG \perp x$ 轴于点 G, 作 $BH \perp x$ 轴于点 H, 如图 4.150 所示.

$$\therefore \frac{OC}{OB} = \sqrt{\frac{4}{9}} = \frac{2}{3},$$

$$\therefore OG = \frac{2}{3}OH = 6, CG = \frac{2}{3}BH = \frac{2}{3},$$

$$\therefore C\left(6, \frac{2}{3}\right).$$

$$\because DC \parallel AB,$$

$$\therefore S_{\triangle ODC} = \frac{4}{9} S_{\triangle OAB},$$

$$\therefore \frac{S_{ABCD}}{S_{\triangle OAB}} = \frac{5}{9}.$$

$$\because S_{ABCD} = \frac{20}{3},$$

$$\therefore S_{\triangle OAB} = 12.$$

设 $A\left(a, \frac{9}{a}\right)$, 则

$$S_{\triangle OAB} = \frac{1}{2}\left(\frac{9}{a} + 1\right)(9 - a) = 12 \Rightarrow$$

$$a^2 + 24a - 81 = 0 \Rightarrow (a-3)(a+27) = 0,$$

$$\therefore a = 3(\text{负值舍去}),$$

$$\therefore A(3, 3),$$

$$\therefore y_{AB} = -\frac{1}{3}x + 4.$$

设 $y_{CD} = -\frac{1}{3}x + b$,

将 $C\left(6, \frac{2}{3}\right)$ 代入解得 $b = \frac{8}{3}$,

$$\therefore y_{CD} = -\frac{1}{3}x + \frac{8}{3}.$$

(2) 当 $OC = OD$ 时, 如图 4.151 所示.

$$\because DC \parallel AB,$$

$$\therefore OA = OB,$$

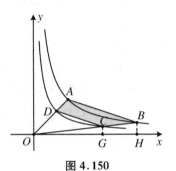

图 4.150

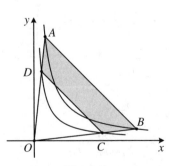

图 4.151

∵ 点 A、B 关于 $y = x$ 轴对称,

∴ $A(1,9)$,

∴ $S_{\triangle OAB} = \dfrac{1}{2}(9+1)(9-1) = 40$,

∴ $S_{ABCD} = \dfrac{5}{9} S_{\triangle OAB} = \dfrac{200}{9}$.

思路点拨

本题充分利用反比例函数的几何性质,解法简捷. 其中, $\dfrac{OC}{OB} = \sqrt{\dfrac{k_1}{k_2}}$,$AB \parallel CD$,以及当 $OC = OD$ 时,点 A、B 关于 $y = x$ 轴对称和"小喇叭"三角形的面积计算公式是本题的解题要点.

43. **引理** 如图 4.152 所示,直线 $y = k_1 x + b$ 与反比例函数 $y = \dfrac{k_2}{x}$ 的两支双曲线交于 A、B 两点,与坐标轴分别交于点 E、F,$BC \perp x$ 轴于点 C,$AD \perp y$ 轴于点 D,则 $CD \parallel AB$,$CF = AD$,$BF = AE$.

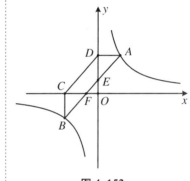

图 4.152

证 ∵ $\begin{cases} y = k_1 x + b, \\ y = \dfrac{k_2}{x}, \end{cases}$

∴ $\dfrac{k_2}{x} = k_1 x + b \Rightarrow k_1 x^2 + bx - k_2 = 0$,

∴ $x_A + x_B = -\dfrac{b}{k_1}$.

∵ $y = k_1 x + b$ 与 x 轴交点 F 的横坐标为 $-\dfrac{b}{k_1}$,

∴ $x_A + x_B = x_F$,

∴ $x_A = x_F - x_B$,

∴ $AD = CF$.

∵ $AD \parallel CF$,

∴ $AFCD$ 为平行四边形,

∴ $CD \parallel AB$,

∴ $\triangle BCF \cong \triangle EDA$(ASA),

∴ $BF = AE$.

在此基础上,作 $AM \perp x$ 轴于点 M,作 $BN \perp y$ 轴于点 N,连接 MN,如图 4.153 所示,

∴ $MN \parallel AB$,

易证 $Rt\triangle CBF \cong Rt\triangle ONM$(SAS),

∴ $\angle CFB = \angle OMN$,

∴ $MN \parallel AB$.

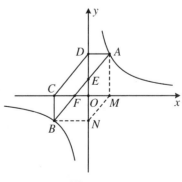

图 4.153

解 作 $AM \perp y$ 轴于点 M, 作 $BN \perp y$ 轴于点 N, 连接 DM、CN, 如图 4.154 所示.

$\because DM // AB$,

$\therefore S_{\triangle ADE} = S_{\triangle AME}$.

同理, $S_{\triangle BCE} = S_{\triangle BNE}$.

$\because \dfrac{S_{\triangle ADE}}{S_{\triangle BCE}} = \dfrac{1}{4}$,

$\therefore \dfrac{S_{\triangle AME}}{S_{\triangle BNE}} = \dfrac{1}{4}$,

$\therefore \dfrac{AM}{BN} = \dfrac{AE}{BE} = \dfrac{1}{2}$.

$\because AM = DH, BH = AE$,

$\therefore AE : HE : BH = 1 : 1 : 1, DH : HO : OC = 1 : 1 : 1$.

$\because AB : AC = 5 : 2$,

$\therefore AH : AC = 5 : 3$,

$\therefore AC : CH = 3 : 4$,

$\therefore AC : OC = 3 : 2$,

$\because CD = k = 3CO$,

$\therefore CO = \dfrac{k}{3}$,

$\therefore AC = 3$,

$\therefore OC = 2$,

$\therefore k = OC \cdot AC = 6$.

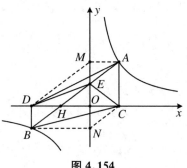

图 4.154

思路点拨

本题通过等积变换, 将 $\dfrac{S_{\triangle ADE}}{S_{\triangle BCE}} = \dfrac{1}{4}$ 转化成 $\dfrac{S_{\triangle AME}}{S_{\triangle BNE}} = \dfrac{1}{4}$, 那么相关线段之间的数量关系一目了然. 这是最关键的一步. 运用反比例函数的几何性质, 使得解题简捷.

44. 解 作 $AH \perp OB$ 于点 H, 如图 4.155 所示.

$\because OB \cdot BC = k$,

$\therefore OB = \dfrac{k}{\sqrt{3}}$.

根据对称性有 $AO = BO, \angle AOD = \angle BOD = 30°$,

$\therefore \angle AOH = 60°$,

$\therefore AH = AO \sin 60°, OH = AO \cos 60°$.

$\because OH \cdot AH = k$,

$\therefore AO^2 \times \dfrac{1}{2} \times \dfrac{\sqrt{3}}{2} = k \Rightarrow \dfrac{k^2}{4} = k \Rightarrow k = 4$.

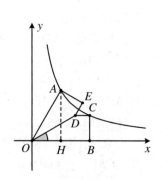

图 4.155

思路点拨

本题主要根据反比例函数的比例系数的几何意义建立方程.

45. 解 ∵ $A(-4\sqrt{2}, 4\sqrt{2})$, $B(2\sqrt{2}, 2\sqrt{2})$,

∴ $y_{AO} = -x$, $y_{BO} = x$,

∴ AO、BO 与 x、y 轴之间的夹角均为 $45°$,

∴ $AO \perp BO$.

将 $Rt\triangle AOB$ 绕原点顺时针旋转 $45°$ 得到 $Rt\triangle MON$,
如图 4.156 所示,

易求 $OM = AO = 8$, $ON = BO = 4$,

∴ $y_{MN} = -2x + 8$.

设点 E、F 为直线 MN 与反比例函数 $y = \dfrac{6}{x}$ 图像的交点,

∴ $\dfrac{6}{x} = -2x + 8 \Rightarrow x^2 - 4x + 3 = 0 \Rightarrow (x-1)(x-3) = 0$,

∴ $E(1, 6)$, $F(3, 2)$,

∴ $S_{\triangle COD} = S_{\triangle OEF} = \dfrac{1}{2}(6+2)(3-1) = 8$.

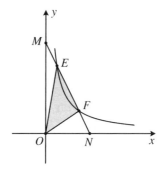

图 4.156

思路点拨

本题的关键在于将 $Rt\triangle AOB$ 顺时针旋转 $45°$. 既然曲线逆时针旋转给解题造成困难,那么我们就采用逆向思维,将几何元素还原到本来的情况,这样一来,就回到了我们熟悉并容易解决问题的轨道上.

46. 解 连接 OB,如图 4.157 所示.

∵ $S_{\triangle AOD} = \dfrac{1}{2}m$, $S_{\triangle ABO} = \dfrac{3}{2}m$,

∴ $\dfrac{S_{\triangle AOD}}{S_{\triangle ABO}} = \dfrac{AD}{AB} = \dfrac{1}{3}$,

∴ $\dfrac{BD}{AB} = \dfrac{2}{3}$.

连接 AC,如图 4.158 所示.

∵ $AC \parallel DE$,

∴ $S_{\triangle DBE} = \dfrac{4}{9} S_{\triangle ABC} = \dfrac{2}{9} S_{ABCO}$.

∵ $S_{ABCO} = 3m$, $S_{\triangle AOD} + S_{\triangle ECO} = m$,

∴ $S_{\triangle DBE} = \dfrac{2}{3}m$,

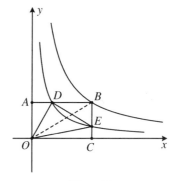

图 4.157

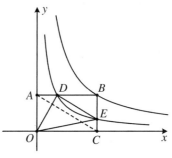

图 4.158

$\therefore S_{\triangle OED} = 3m - m - \dfrac{2}{3}m = \dfrac{4}{3}m$,

$\therefore \dfrac{S_{\triangle DBE}}{S_{\triangle ODE}} = \dfrac{1}{2}$.

思路点拨

本题的关键在于解 BD 与 AB 的比值,再由 $AC \parallel DE$ 解得 $S_{\triangle DBE}$ 与 $S_{\triangle ABC}$ 之间的数量关系,最终分别解得 $S_{\triangle DBE}$ 和 $S_{\triangle ODE}$.

47. 解 (1) 作 $AD \perp x$ 轴于点 D,如图 4.159 所示.
易证 $\triangle AOD \backsim \triangle COB$.

由反比例函数比例系数的几何意义可知

$S_{\triangle AOD} = \dfrac{1}{2}$, $S_{\triangle COB} = \dfrac{1}{2}k$,

$\therefore \dfrac{AO^2}{CO^2} = \dfrac{S_{\triangle AOD}}{S_{\triangle COB}} = \dfrac{1}{k}$,

$\therefore \dfrac{AO}{CO} = \dfrac{1}{\sqrt{k}}$.

$\therefore \dfrac{S_{\triangle ABO}}{S_{\triangle BCO}} = \dfrac{AO}{CO} = \dfrac{1}{\sqrt{k}}$,

$\therefore S_{\triangle ABO} = \dfrac{S_{\triangle BCO}}{\sqrt{k}} = \dfrac{\frac{1}{2}k}{\sqrt{k}} = \dfrac{1}{2}\sqrt{k}$.

$\because S_{\triangle BCO} + S_{\triangle ABO} = S_{\triangle ABC}$,

$\therefore \dfrac{1}{2}k + \dfrac{1}{2}\sqrt{k} = 6 \Rightarrow k + \sqrt{k} - 12 = 0 \Rightarrow$

$(\sqrt{k} - 3)(\sqrt{k} + 4) = 0$,

$\therefore k = 9$.

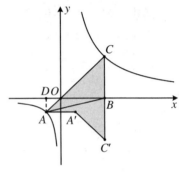

图 4.159

思路点拨

本题也可以通过移项后两边平方求解,但是这种解法容易产生增根,不建议采用.对于初中二次方程的解法,首先要考虑因式分解法,然后再考虑公式法.

(2) 连接 AC'、OA',如图 4.160 所示.
由对称性得 $\angle AA'O = \angle OAA'$.
$\because AA' \parallel x$ 轴,
$\therefore \angle AA'O = \angle BOA'$, $\angle OAA' = \angle COB$,
$\therefore \angle BOA' = \angle COB$.
由对称性得 $\angle BOC' = \angle COB$,
$\therefore \angle BOA' = \angle BOC'$,

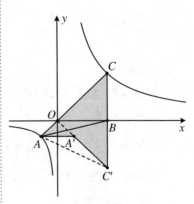

图 4.160

∴ O、A'、C' 在一条直线上.

由对称性可知, $AO = OA'$, $OC = OC'$.

∵ $CO : AO = 1 : 3$, $OA' + A'C' = C'O$,

∴ $OA' : A'C' = 1 : 2$.

∴ $S_{\triangle AA'C} = 2S_{\triangle OAA'} = 2$.

∵ $S_{\triangle ABC} = 6$,

∴ $S_{\triangle ACC'} = 12$,

∴ 阴影部分面积为 $S_{\triangle ACC'} - S_{\triangle AA'C} = 12 - 2 = 10$.

思路点拨

本题是近年中考中的经典试题,将反比例函数与相似、面积相结合.由面积比得出相似比,再由面积得到等式解二次方程.第二问的难点在于证明三点共线,这是初中几何比较少见的题型,得到相关线段比之后,再由共高定理和割补法求解.

48. **解** ∵ $y = x - 2k$ 的图像与 x 轴、y 轴分别交于 C、D 两点,

∴ $C(2k, 0)$, $D(0, -2k)$.

设直线 AB 的解析式为 $y = mx + b$,

∵ 点 $A(4, 0)$ 在直线 AB 上,

∴ $b = -4m$,

∴ $y = mx - 4m$.

令 $mx - 4m = \dfrac{k}{x} \Rightarrow mx^2 + 4mx - k = 0 \Rightarrow \Delta = 4m(4m + k)$.

∵ 直线与双曲线在第四象限只有一个交点,

∴ $\Delta = 4m(4m + k) = 0 \Rightarrow m = -\dfrac{1}{4}k$.

∴ 直线 AB 的解析式为 $y = -\dfrac{1}{4}kx + k$,

∴ $B(0, k)$,

∴ $BD = -3k$, $AC = 4 - 2k$,

∴ $S_{ABCD} = \dfrac{1}{2} BD \cdot AC = 3(k^2 - 2k)$.

∵ 函数 $y = k^2 - 2k$ 的对称轴为 $k = 1$,

又 $k \leqslant -1$,

∴ 当 $k = -1$ 时, S_{ABCD} 取得最小值 9.

思路点拨

本题的关键在于要解得 S_{ABCD} 与 k 的函数关系式.其中韦达定理起了重要的作用.

对于对角线相互垂直的四边形,面积的求法有特殊性.

49. 解 作 $AN \perp OB$ 于点 N，作 $CH \perp OB$ 于点 H，作 $DG \perp OB$ 于点 G，作 $CK \perp AN$ 于点 K，连接 OD，如图 4.161 所示．

∴ △COH、△ACK、△DBG 为等腰直角三角形．

易证 △$ACK \cong$ △DBG（AAS），

∴ $GB = CK$．

设 $OH = a, CK = BG = b$，

∴ $a + b = \frac{1}{2}m$．

∵ $S_{\triangle OCH} = S_{\triangle ODG} = \frac{1}{2}k$，

∴ $\frac{1}{2}a^2 = \frac{1}{2}(m-b)b \Rightarrow a^2 - 2ab - b^2 = 0 \Rightarrow$

$a = (\sqrt{2}+1)b$．

易证 △$ACK \sim$ △COH，

∴ $\frac{OC}{AC} = \frac{a}{b} = \sqrt{2}+1$，

∴ $\frac{OC}{AO} = \frac{\sqrt{2}+1}{\sqrt{2}+2} = \frac{1}{\sqrt{2}}$．

∵ $m = \sqrt{2}AO$，

∴ $OC = \frac{1}{2}m$，

∴ $S_{\triangle OCH} = \frac{1}{4}OC^2 = \frac{1}{16}m^2 = \frac{1}{2}k \Rightarrow \frac{m^2}{k} = 8$．

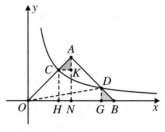

图 4.161

思路点拨

本题利用线段之间的数量关系得到 a、b、m 之间的第一个等量关系，再利用反比例函数面积不变性得到了 a、b、m 之间的第二个等量关系，从而得到 a、b 之间的比例关系．那么，OC 与 m 之间的数量关系迎刃而解，最终过渡到 k 与 m^2 之间的数量关系．

50. 解 过点 O 作 AO 的垂线，交 AB 的延长线于点 D，作 $DE \perp x$ 轴于点 E，作 $AF \perp x$ 轴于点 F，如图 4.162 所示．

设 $A(a, b)$．

易证 Rt△$DEO \sim$ Rt△OFA（AA），

∴ $\frac{DE}{OF} = \frac{EO}{FA} = \frac{DO}{AO}$．

∵ $\angle DAO = 60°, DO \perp AO$，

∴ $DO = \sqrt{3}AO$，

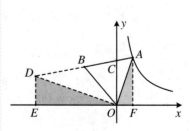

图 4.162

$\therefore \dfrac{DE}{OF} = \dfrac{EO}{FA} = \sqrt{3} \Rightarrow DE = \sqrt{3}a, OE = \sqrt{3}b.$

在 Rt△AOD 中,∠BDO = ∠BOD = 30°,

∴BD = BO = AB.

∴$\dfrac{AC}{AB} = \dfrac{1}{3}$,

∴$\dfrac{AC}{DC} = \dfrac{1}{5}$.

∵DE∥y 轴∥AF,

∴$\dfrac{OF}{OE} = \dfrac{AC}{DC} = \dfrac{1}{5} \Rightarrow \dfrac{a}{\sqrt{3}b} = \dfrac{1}{5} \Rightarrow a = \dfrac{\sqrt{3}}{5}b.$

∵$ab = 5\sqrt{3} \Rightarrow b = 5$,

∴$A(\sqrt{3}, 5)$,

∴$AO = 2\sqrt{7}$.

作 BH⊥x 轴于点 H,如图 4.163 所示.

∴$\dfrac{AC}{BC} = \dfrac{OF}{OH} = \dfrac{1}{2}$,

∴$OH = 2\sqrt{3}$,

∴$BH = 4$,

∴$B(-2\sqrt{3}, 4)$.

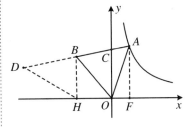

图 4.163

思路点拨

本题的关键在于构造一线三等角相似模型,利用特殊的直角三角形的边长相似比解得坐标之间的数量关系,再利用平行线分线段成比例定理解决问题.

51. **解** 连接 BO、CO,作 ON⊥BC 于点 N,如图 4.164 所示.

∵∠A = 60°,

∴∠BOC = 120°.

∵BO = CO, BC = 12,

∴CN = BN = 6,∠BCO = 30°,

∴$CO = BO = 4\sqrt{3}$.

∵∠BEO = ∠BNO = 90°,

∴B、E、N、O 四点在以 BO 为直径的圆上,如图 4.165 所示.

取 BO 的中点 P,则点 E 的运动轨迹为⊙P 的一段弧.

当点 D 从点 B 运动到点 C,即点 D、C 重合时,点 E 的运动路径为 $\overset{\frown}{BNE}$,如图 4.166 所示.

∵∠BOE = 60°,

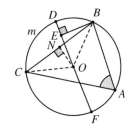

图 4.164

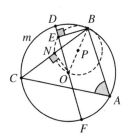

图 4.165

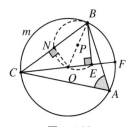

图 4.166

∴ ∠OBE = 30°,

∴ $\overset{\frown}{OE}$ = 60°,

∴ $\overset{\frown}{BNE}$ = $\overset{\frown}{BO}$ + $\overset{\frown}{OE}$ = 180° + 60° = 240°,

∴ $\overset{\frown}{BNE}$ 的长度为 $\dfrac{240°}{360°} \cdot BO \cdot \pi = \dfrac{8}{3}\sqrt{3}\pi$,

∴ 点 E 的路径长度为 $\dfrac{8}{3}\sqrt{3}\pi$.

求路径长度,一般分为两步解决:第一步,分析所求点的轨迹,为求路径长度打下坚实的理论基础;第二步,具体问题具体对待,通过条件求解.以本题为例,首先通过构造两个共斜边的直角三角形,明确点的轨迹,再由已知条件计算点 E 的旋转角度,最后求弧长,即路径长度.

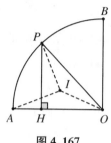

图 4.167

52. **解** 连接 PI、OI、AI,如图 4.167 所示.

∵ 点 I 为 Rt△PHO 的内心,

∴ ∠PIO = 90° + $\dfrac{1}{2}$ × 90° = 135°,为定值.

易证 △AIO ≌ △PIO(SAS),

∴ ∠AIO = ∠PIO = 135°,为定值.

∵ AO 为定线段,∠AIO 为定角,

∴ 点 I 在以 AO 为弦的圆上.

以 AO 为斜边,在 AO 下方作等腰 Rt△AOM,以 AM 为半径作 ⊙M,如图 4.168 所示,

∴ ⊙M 为点 I 的轨迹圆,劣弧 $\overset{\frown}{AO}$ 为点 I 的路径.

∵ AO = 2,

∴ AM = $\sqrt{2}$,

∴ $\overset{\frown}{AO}$ = $\dfrac{90°}{360°}$ × 2$\sqrt{2}\pi$ = $\dfrac{\sqrt{2}}{2}\pi$,

∴ 点 I 的路径长度为 $\dfrac{\sqrt{2}}{2}\pi$.

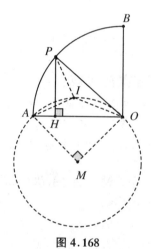

图 4.168

本题是典型的定弦定角类型的路径问题,通过全等的证明得到定角,最关键的是找到轨迹圆的圆心位置,圆心的位置与定角的值有直接关系.得到了圆心位置,自然水到渠成.

53. **解** (1) 以 AO 为斜边在第一象限作等腰 Rt△PAO,连接 CO、DP,如图 4.169 所示.

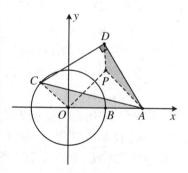

图 4.169

∵ ∠CAO + ∠CAP = 45°, ∠DAP + ∠CAP = 45°,

∴ ∠CAO = ∠DAP.

∴ $\dfrac{AC}{AD} = \dfrac{AO}{AP} = \sqrt{2}$,

∴ $\dfrac{AC}{AO} = \dfrac{AD}{AP}$,

∴ $\dfrac{CA}{DA} = \dfrac{CO}{DP} = \sqrt{2} \Rightarrow DP = \dfrac{CO}{\sqrt{2}} = \sqrt{2}$,为定值,

∴ 点 D 在以定点 P 为圆心、以 $\sqrt{2}$ 为半径的圆上运动,
  如图 4.170 所示.

∵ 当点 C 绕⊙O 运动一周时,点 D 绕⊙P 运动一周,

∴ 点 D 的路径长度为 $2DP\pi = 2\sqrt{2}\pi$.

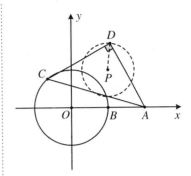

图 4.170

(2) 以 AO 为直角边在第一象限作等腰 Rt△PAO,连接 CO,DP,如图 4.171 所示.

∵ ∠CAO + ∠CAP = 90°, ∠DAP + ∠CAP = 90°,

∴ ∠CAO = ∠DAP.

∵ $\begin{cases} CA = DA, \\ \angle CAO = \angle DAP, \\ AO = AP, \end{cases}$

∴ △CAO ≌ △DAP(SAS),

∴ CO = DP = 2,为定值,

∴ 点 D 在以定点 P 为圆心、以 2 为半径的圆上运动,
  如图 4.172 所示.

∵ 当点 C 绕⊙O 运动一周时,点 D 绕⊙P 运动一周,

∴ 点 D 的路径长度为 $2DP\pi = 4\pi$.

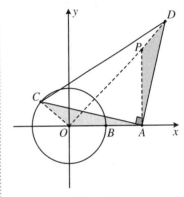

图 4.171

(3) 在 y 轴的正半轴上取点 P,使得 PO = AO,则 △POA 为等腰直角三角形,连接 CO、PA、DP,如图 4.173 所示.

∵ ∠CAO + ∠CAP = 45°, ∠DAP + ∠CAP = 45°,

∴ ∠CAO = ∠DAP.

∴ $\dfrac{AC}{AD} = \dfrac{AO}{AP} = \dfrac{1}{\sqrt{2}}$,

∴ $\dfrac{AC}{AO} = \dfrac{AD}{AP}$,

∴ $\dfrac{CA}{DA} = \dfrac{CO}{DP} = \dfrac{1}{\sqrt{2}} \Rightarrow DP = \sqrt{2}CO = 2\sqrt{2}$,为定值,

∴ 点 D 在以定点 P 为圆心、以 $2\sqrt{2}$ 为半径的圆上运动,如图 4.174 所示.

∵ 当点 C 绕⊙O 运动一周时,点 D 绕⊙P 运动一周,

∴ 点 D 的路径长度为 $2DP\pi = 4\sqrt{2}\pi$.

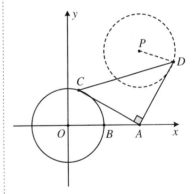

图 4.172

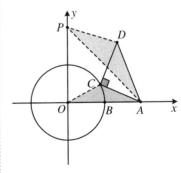

图 4.173

思路点拨

本题为典型的路径旋缩模型.对于这种类型的题目,首先要判断从动点的轨迹.通过构造相似或全等,达到证明其轨迹的目的.对于圆或圆弧类型的轨迹,只需证明从动点到某一定点的距离为定值,这样符合圆的定义.确定了圆心与半径,求路径就容易了.

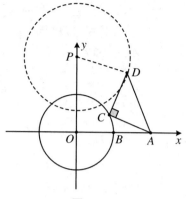

图 4.174

54. 解 作点 A 关于 BC 的对称点 D,连接 DP、DQ,如图 4.175 所示.

∵ $AP = QP = DP$,
∴ 点 A、Q、D 在以点 P 为圆心、以 AP 为半径的圆上.
∵ $\angle APQ = 120°$,
∴ $\angle ADQ = 60°$,为定值,
∴ 点 Q 在过点 D 且与直线 AD 成 $60°$ 夹角的直线上运动.

设此直线为 l,作 $AH \perp l$ 于点 H,则点 H 为点 Q 运动的起点,连接 AQ,如图 4.176 所示.
∵ $\angle BAP = \angle BAH + \angle HAP = 30° + \angle HAP$,
  $\angle HAQ = \angle QAP + \angle HAP = 30° + \angle HAP$,
∴ $\angle BAP = \angle HAQ$,
∴ Rt$\triangle BAP \backsim$ Rt$\triangle HAQ$,
∴ $\dfrac{BP}{HQ} = \dfrac{AP}{AQ}$.

作 $PE \perp AQ$ 于点 E,如图 4.177 所示.
∵ $AP = QP, \angle APQ = 120°$,
∴ $HQ = \sqrt{3} BP$.

当点 P 从点 B 运动到点 C 时,$BP = BC = \sqrt{3}$,
∴ $HQ = 3$,
∴ 点 Q 的路径长度为 3.

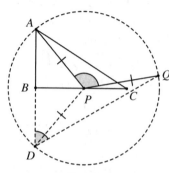

图 4.175

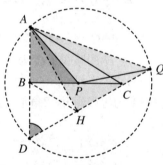

图 4.176

思路点拨

对于直线型轨迹,如果能确定某定点与动点的连线与某直线成固定夹角,即可证明动点的轨迹为此直线.本题通过对称变换,证明定点 D 与动点 Q 的连线始终与直线 AD 成 $60°$ 夹角.计算轨迹长度时,一般先找到动点的起点,再运用相似或全等的几何手段求解.

当然,如果熟悉瓜豆原理,可速解本题.但是,特别要注意的是,不是只要存在主动点与从动点就适用瓜豆原理,当无定比时不适用瓜豆原理.

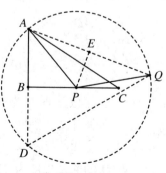

图 4.177

55. **解** 作 $QH \perp x$ 轴于点 H，如图 4.178 所示.

易证 $\triangle AOP \cong \triangle PHQ$（AAS），

$\therefore AO = PH = 2, OP = HQ$.

设点 $P(m,0)$，则 $Q(m+2,m)$，

$\therefore \begin{cases} x = m+2 \\ y = m \end{cases} \Rightarrow y = x-2$,

$\therefore$ 点 Q 在直线 $y = x-2$ 上运动.

设直线 $y = x-2$ 与 x、y 轴的交点分别为 G、E，连 AG，如图 4.179 所示.

$\therefore G(2,0), E(0,-2)$,

$\therefore \triangle AGO$ 和 $\triangle EGO$ 均为等腰直角三角形,

$\therefore \angle AGQ = \angle AOP = 90°$.

$\because$ 当点 P 从点 O 出发时，点 Q 与点 G 重合,

$\therefore$ 点 G 为点 Q 运动的起点，GQ 为路径长度.

$\because \angle OAP = 45° + \angle GAP, \angle GAQ = 45° + \angle GAP$,

$\therefore \angle OAP = \angle GAQ$,

$\therefore \triangle OAP \sim \triangle GAQ$（AA）,

$\therefore \dfrac{OP}{GQ} = \dfrac{AP}{AQ} = \dfrac{1}{\sqrt{2}} \Rightarrow GQ = \sqrt{2}\,OP$.

当点 P 从点 O 运动到点 C 时，$OP = 6$,

$\therefore GQ = 6\sqrt{2}$.

连接 OM，如图 4.180 所示.

$\because BO = OG, BM = QM$,

$\therefore$ 点 M 的运动轨迹为 $\triangle BGQ$ 的中位线.

$\because GP = 6\sqrt{2}$,

$\therefore OM = 3\sqrt{2}$,

$\therefore$ 当点 P 从原点运动到点 C 时，点 M 的路径长度为 $3\sqrt{2}$.

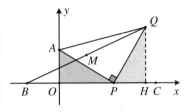

图 4.178

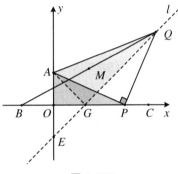

图 4.179

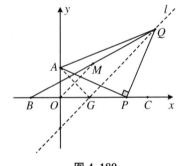

图 4.180

思路点拨

本题从分析点 Q 的轨迹入手，进而得到点 M 的路径长度为点 Q 路径长度的一半.

本题在寻求点 Q 的轨迹时采用了解析法，而不采用纯几何法，只是想说明"条条大路通罗马".

在平面直角坐标系中，对于运动的点，只要得到其纵、横坐标的关系，就确定了其运动轨迹.

56. 解 连接 AO、CO、PO，如图 4.181 所示.

$\because AO = CO$,

$\therefore$ 点 O 一定在线段 AC 的垂直平分线上,

$\therefore$ 点 O 的轨迹为线段 AC 的垂直平分线.

$\because AB = AC$, $\angle BAC = 120°$,

$\therefore \angle ACB = 30°$,

$\therefore \angle AOP = 60°$.

$\because AO = PO$,

$\therefore \triangle APO$ 为等边三角形.

过点 A 作 BC 的垂线交线段 AC 的垂直平分线于点 E，连接 BE，如图 4.182 所示,

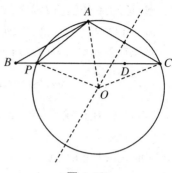

图 4.181

$\because AE$ 垂直平分 BC,

$\therefore AE = CE = BE$.

$\because \angle BAE = 60°$,

$\therefore \triangle ABE$ 为等边三角形,

$\therefore$ 点 E 为点 O 的起点，EO 为点 O 的运动路径.

$\because \angle BAP + \angle PAE = 60°$, $\angle EAO + \angle PAE = 60°$,

$\therefore \angle BAP = \angle EAO$.

$\because \begin{cases} AB = AE, \\ \angle BAP = \angle EAO, \\ AP = AO, \end{cases}$

$\therefore \triangle BAP \cong \triangle EAO$ (SAS),

$\therefore BP = EO$.

$\because$ 当点 P 从点 B 运动到点 D 时，$BP = BD = 6$,

$\therefore EO = BD = 6$,

$\therefore$ 当点 P 从点 B 运动到点 D 时，点 O 的路径长度为 6.

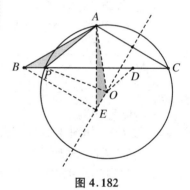

图 4.182

思路点拨

如果某动点到某定线段的两个端点的距离始终相等，那么动点一定在该定线段的垂直平分线上. 确定了轨迹线以后，还要确定动点的起点位置. 随后就要运用全等或相似等几何手段，计算主动点路径与从动点路径的关系. 这是路径长度问题的基本解题规律.

57. 解 设 $(0, -2)$ 为点 D，连接 DC，如图 4.183 所示.

据题意，$\triangle ACB$ 为等腰直角三角形.

$\because \angle ACB = \angle ADB = 90°$,

$\therefore$ 点 A、B、D、C 在以 AB 为直径的圆上,

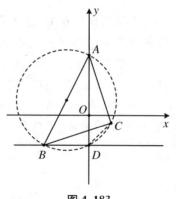

图 4.183

∴∠ADC = ∠ABC = 45°,为定值.

设(-5,-2)为点 E,(5,-2)为点 F,

∴点 C 的轨迹线为∠ADF 的角平分线 l.

作 Rt△ADF 的外接圆交直线 l 于点 M,如图 4.184 所示,

易证△AFM 为等腰直角三角形.

点 M 为点 C 的运动起点,MC 为运动路径.

∵∠CAM = ∠CAF + 45°,∠BAF = ∠CAF + 45°,

∴∠CAM = ∠BAF.

∵∠DFA = ∠DMA,

∴∠BFA = ∠CMA,

∴△BFA∽△CMA(AA),

∴$\dfrac{AB}{AC} = \dfrac{BF}{CM} = \sqrt{2} \Rightarrow CM = \dfrac{1}{\sqrt{2}}BF$.

∵当点 B 从点 F 运动到点 E 时,BF = EF = 10,

∴$MC = 5\sqrt{2}$,

∴点 C 的路径长度为 $5\sqrt{2}$.

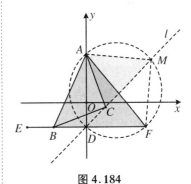

图 4.184

思路点拨

本题由四点共圆入手,确定了点 C 的轨迹线,再分析点 C 的运动起点,最后运用相似解决路径长度问题.

58. 解 (1)作线段 AO 的垂直平分线交半圆⊙O 于点 P,连接 AP、OP、DP,如图 4.185 所示,

∴△APO 为等边三角形.

∵∠PAD + ∠PAC = 60°,∠OAC + ∠PAC = 60°,

∴∠PAD = ∠OAC.

∵ $\begin{cases} AD = AC, \\ \angle PAD = \angle OAC, \\ AP = AO, \end{cases}$

∴△PAD≌△OAC(SAS),

∴PD = CO = 5,为定值,

∴点 D 在以点 P 为圆心、以 AO 为半径的圆上运动,如图 4.186 所示.

∵当点 C 从点 B 运动到点 A 时,点 D 在⊙P 上运动半周,

∴点 D 的路径长度为 5π.

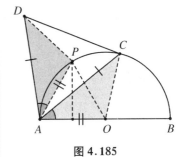

图 4.185

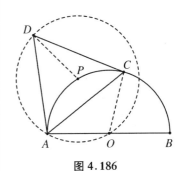

图 4.186

(2) 以 AO 为斜边，在 AB 上方作等腰 $Rt\triangle PAO$，连接 DP、CO，如图 4.187 所示.

∵ $\angle PAD + \angle PAC = 45°$，$\angle OAC + \angle PAC = 45°$，

∴ $\angle PAD = \angle OAC$.

∵ $\dfrac{OA}{PA} = \dfrac{AC}{AD} = \sqrt{2} \Rightarrow \dfrac{AD}{PA} = \dfrac{AC}{OA}$，

∴ $\triangle PAD \backsim \triangle OAC$，

∴ $\dfrac{DP}{OC} = \dfrac{AD}{AC} = \dfrac{1}{\sqrt{2}} \Rightarrow DP = \dfrac{5}{\sqrt{2}}$，为定值，

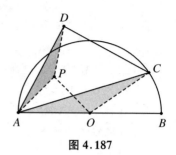

图 4.187

∴ 点 D 在以点 P 为圆心、以 $\dfrac{5\sqrt{2}}{2}$ 为半径的圆上运动，如图 4.188 所示.

∵ 当点 C 从点 B 运动到点 A 时，点 D 在 $\odot P$ 上运动半周，

∴ 点 D 的路径长度为 $\dfrac{5\sqrt{2}}{2}\pi$.

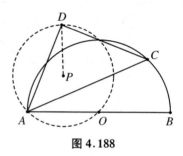

图 4.188

思路点拨

第一问，旋转相似，先找旋转中心，旋转中心为点 A，动点绕点 A 逆时针旋转 $60°$ 至伴随点 D，故从动点轨迹的圆心 P 由动点 C 轨迹的圆心 O 绕点 A 逆时针旋转 $60°$ 形成.

第二问，类似第一问，从动点轨迹的圆心 P 由点 O 绕点 A 逆时针旋转 $45°$ 形成，且满足 $AP = \dfrac{\sqrt{2}}{2}AO$.

59．解 如图 4.189 所示，$ED = FD$，$AD = BD$，

∴ $\triangle BED \cong \triangle AFD$（SAS），

∴ $\angle DBG = \angle DAG$，

∴ A、B、D、G 四点共圆.

∵ $\angle ADB = 90°$，

∴ 点 G 在以 AB 为直径的圆上运动.

取 AB 的中点 O，连接 OD，如图 4.190 所示，

∴ $OD \perp AB$.

∵ 点 E 从点 D 运动到点 A 时，点 G 的运动轨迹为 $\overset{\frown}{DGA}$，

∴ 点 G 的路径长度为 $\dfrac{1}{4} \cdot 4\pi = \pi$.

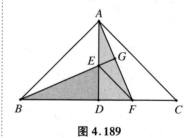

图 4.189

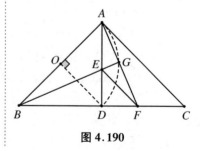

图 4.190

第四部分 几何综合100题解析

> **思路点拨**
>
> 本题通过全等证明了 A、B、D、G 四点共圆, 即可确定点 G 在以 AB 为直径的圆上运动, 那么先求出点 G 的旋转角, 再根据弧长公式计算路径长度.

60. 连接 MQ、PQ、BQ, 如图 4.191 所示.

∵ $AB = AC$, $MP \parallel AC$,

∴ $MB = MP$, $\angle BMP = \angle A$.

∵ 点 P、Q 关于 MN 轴对称,

∴ $MP = MQ$,

∴ $MP = MQ = MB$,

∴ 点 M 为 $\triangle BQP$ 的外心,

∴ $\angle BQP = \dfrac{1}{2}\angle BMP = \dfrac{1}{2}\angle A$.

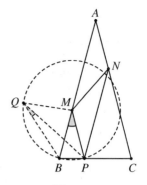

图 4.191

同理, $\angle CQP = \dfrac{1}{2}\angle A$, 如图 4.192 所示,

∴ $\angle BQP + \angle CQP = \angle BQC = \angle A$.

∴ A、Q、B、C 四点共圆, 如图 4.193 所示,

∴ 点 Q 在 $\triangle ABC$ 的外接圆上.

∵ $\angle A = 30°$,

∴ $\overset{\frown}{BAC} = 300°$.

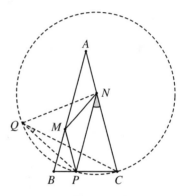

图 4.192

设 $\triangle ABC$ 的外接圆为 $\odot O$, 连接 BO、CO, 如图 4.194 所示,

∴ $\angle BOC = 2\angle A = 60°$,

∴ $\triangle BOC$ 为等边三角形,

∴ $\odot O$ 的半径为 12,

∴ 当点 P 从点 B 运动到点 C 时, 点 Q 的路径长度为

$\dfrac{300°}{360°} \times 12 \times 2\pi = 20\pi$.

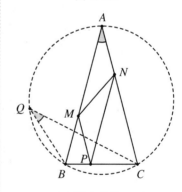

图 4.193

> **思路点拨**
>
> 本题首先通过证明点 Q 在 $\triangle ABC$ 的外接圆上, 确定点 Q 的运动轨迹, 再根据圆周角计算 $\odot O$ 的半径, 最终计算点 Q 的路径长度.

61. **解** 连接 BE, 如图 4.195 所示.

∵ $S_{\triangle AEC} = \dfrac{1}{2} S_{ABCD} - S_{\triangle ABE} - S_{\triangle BEC}$,

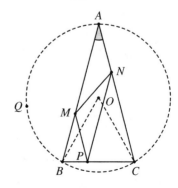

图 4.194

由一半模型得 $S_{\triangle BEC} + S_{\triangle AED} = \frac{1}{2} S_{ABCD}$,

$\therefore S_{\triangle AEC} = S_{\triangle AED} - S_{\triangle ABE}$.

$\because \sin\angle ADE = \frac{1}{2}$,

$\therefore \angle EAD = 60°, \angle BAE = 30°$.

$\therefore S_{\triangle AED} = \frac{1}{2} AE \cdot AD \cdot \sin 60° = 2\sqrt{3}$,

$S_{\triangle ABE} = \frac{1}{2} AB \cdot AE \cdot \sin 30° = 1$,

$\therefore S_{\triangle AEC} = 2\sqrt{3} - 1$.

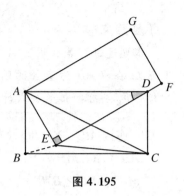

图 4.195

思路点拨

本题利用一半模型使得复杂的问题简单化,将不规则图形的面积转化为两个易求的三角形面积之差.

62. **解** 连接 CD、FD,如图 4.196 所示.

$\because NG \parallel AB$,

$\therefore \angle FNG = 45°$.

$\because \triangle ABC$ 为等腰直角三角形,$CD \perp AB$,

$\therefore \angle DCF = 45°$.

$\because \angle NFD = \angle DCF + \angle CDF = 45° + \angle CDF$,

$\angle NFD = \angle NFG + \angle GFD = 45° + \angle NFG$,

$\therefore \angle NFG = \angle CDF$,

$\therefore \triangle NFG \sim \triangle CDF(AA)$,

$\therefore \frac{FG}{DF} = \frac{NF}{CD} = \frac{NG}{CF} = \frac{1}{\sqrt{2}} \Rightarrow NF = \frac{CD}{\sqrt{2}} = \frac{AC}{2} = 2\sqrt{2}$.

$\because CF = AN$,

$\therefore CF = AN = \frac{1}{4} AC = \sqrt{2}, NG = 1$.

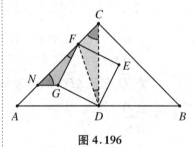

图 4.196

作 $FH \perp NG$ 交 NG 延长线于点 H,如图 4.197 所示,

$\therefore \triangle FNH$ 为等腰直角三角形,

$\therefore FH = NH = 2$,

$\therefore GH = 1$,

$\therefore S_{FGDE} = FG^2 = GH^2 + FH^2 = 5$.

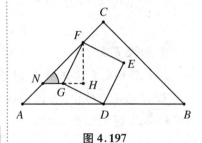

图 4.197

思路点拨

欲求正方形的面积,归根结底是求边长. 通过构造相似图形解得 NF、NG,为求解正方形的边长提供条件,再通过构造等腰直角三角形解得 FG.

63. **解** 连接 AE、AD，如图 4.198 所示.

$\because \begin{cases} AB = AC, \\ \angle ABE = \angle ACD = 120°, \\ EB = DC, \end{cases}$

$\therefore \triangle AEB \cong \triangle ADC$（SAS），

$\therefore AE = AD$.

过点 A 作 y 轴的平行线交 x 轴于点 G，过点 E 作 x 轴的平行线交 GA 的延长线于点 F，如图 4.199 所示.

$\because \begin{cases} EF = AG = 1, \\ AE = AD, \end{cases}$

$\therefore \text{Rt} \triangle AEF \cong \text{Rt} \triangle DAG$（HL），

$\therefore \angle FAE = \angle GDA$.

$\because \angle GAD + \angle GDA = 90°$,

$\therefore \angle FAE + \angle GAD = 90°$,

$\therefore \angle EAD = 90°$,

$\therefore \triangle EAD$ 为等腰直角三角形.

作 $AH \perp ED$ 于点 H，则 AH 垂直平分 BC，如图 4.200 所示.

设 $BC = 2k$，则 $BH = CH = k$，$DH = EH = \sqrt{3}k$，

$\therefore EB = CD = (\sqrt{3} - 1)k$.

作 $BM \perp y$ 轴于点 M，连接 BO，如图 4.201 所示，

$\therefore S_{\triangle BOM} = \dfrac{1}{2}$.

$\therefore \dfrac{S_{\triangle BEM}}{S_{\triangle BOM}} = \dfrac{EM}{OM} = \dfrac{EB}{BD} = \dfrac{\sqrt{3}-1}{\sqrt{3}+1} = \dfrac{(\sqrt{3}-1)^2}{2}$,

$\therefore S_{\triangle BEM} = \dfrac{(\sqrt{3}-1)^2}{4}$.

$\therefore \dfrac{S_{\triangle BEM}}{S_{\triangle EOD}} = \left(\dfrac{EB}{ED}\right)^2 = \left(\dfrac{\sqrt{3}-1}{2\sqrt{3}}\right)^2 = \dfrac{(\sqrt{3}-1)^2}{4 \times 3}$,

$\therefore S_{\triangle EOD} = 3$.

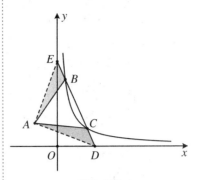

图 4.198

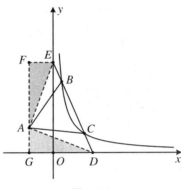

图 4.199

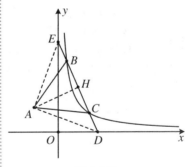

图 4.200

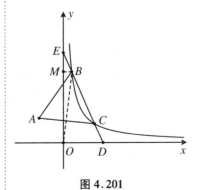

图 4.201

思路点拨

本题的关键在于解出 BE、BC、DC 三条线段的比值. 根据反比例函数的几何性质，易知 $EB = CD$，再通过构造全等三角形，分析得到 $\triangle EAD$ 为等腰直角三角形. 那么，三条线段的比值就比较容易求解了. 随后由反比例函数比例系数的几何意义得到 $S_{\triangle BOM} = \dfrac{1}{2}$. 再结合共高定理以及相似三角形、平行线分线段成比例等相关知识求解.

64. 解 连接 CO 交 AB 于点 H，如图 4.202 所示．

∵ 点 C 为 $\overset{\frown}{AB}$ 的中点，

∴ CD 平分 $\angle ADB$，CH 垂直平分 AB．

由三角形内角平分线定理得

$$\frac{BE}{AE}=\frac{BD}{AD}=\frac{1}{3}\Rightarrow AE=6,$$

∴ $AB=8$，$BH=AH=4$，$HE=BE=2$．

∵ $BD=DF$，

∴ $2\angle CDB=2\angle F$，

∴ $\angle CDB=\angle F$．

∵ $\angle DCB=\angle DAB$，

∴ $\triangle AFB\backsim\triangle CDB$（AA），如图 4.203 所示，

∴ $\frac{AF}{CD}=\frac{AB}{CB}\Rightarrow \frac{4}{\sqrt{5}}=\frac{8}{CB}\Rightarrow CB=2\sqrt{5},$

∴ $CH=2=HE$，$BH=4$．

连接 OB，如图 4.204 所示，设 $\odot O$ 半径为 r，则 $OH=r-2$，$OB=r$．

在 $Rt\triangle BOH$ 中，由勾股定理得

$$r^2=(r-2)^2+BH^2\Rightarrow r=5,$$

∴ $S=25\pi$．

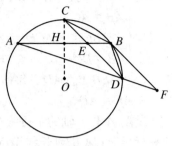

图 4.202

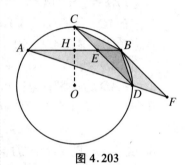

图 4.203

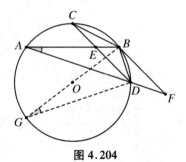

图 4.204

思路点拨

本题综合性较强，考点很多，可谓"山路十八弯"．首先由内角平分线定理解决弦 AB，再由垂径定理解决 BH，EH，然后通过相似求解 BC，并通过相交弦定理解得 CD，从而解得 BD．然后通过相似关系求解 BC，从而解得 CH．最后在 $Rt\triangle BOH$ 中，由勾股定理解得 $\odot O$ 的半径，从而求得圆的面积．

65. 解 作 $GQ\perp BC$ 于点 Q，$GP\perp AB$ 于点 P，如图 4.205 所示．

设 $\angle FBC=\angle PGB=\alpha$，$\angle EGQ=\angle EDC=\beta$，

∴ $\tan\alpha=\frac{1}{3}$，$\tan\beta=\frac{1}{2}$，

∴ $\alpha+\beta=45°$，

∴ $\angle BGE=\angle DGF=45°$．

设 $GQ=2x$，则 $EQ=x$，$BQ=PG=6x$，

∴ $BE=5x$，$AB=BC=10x$，$AP=8x$，

∴ $AG=10x=AB=AD$．

∵ AM 平分 $\angle DAG$，

∴ AM 为等腰 $\triangle ADG$ 的对称轴，

∴ $AH\perp DG$．

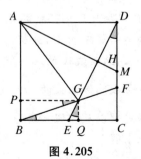

图 4.205

延长 AM、BF 交于点 N，作 $AK \perp BF$ 于点 K，连接 DN，如图 4.206 所示，

∴△GHN 和△AKN 均为等腰直角三角形．

由对称性可知，△DHN 为等腰直角三角形，

∴△DGN 为等腰直角三角形，

∴$DN = GN$，$DN \perp BN$．

∵$\angle KAN = 45°$，

$\tan \angle GAN = \tan \angle MAD = \tan \beta = \dfrac{1}{2}$，

∴$\tan \angle KAG = \dfrac{1}{3}$，

∴$AK = 3KG = \dfrac{3}{2}BG = 18$，

∴$\dfrac{3}{2}BG = GN + \dfrac{1}{2}BG \Rightarrow BG = GN = 12$，

∴$S_{\triangle ABN} = \dfrac{1}{2}AK \cdot BN = AK \cdot GN = 216$，

∴$S_{\triangle AGN} = \dfrac{1}{2}S_{\triangle ABN} = 108$．

∵$AB \parallel MF$，$FN : BN = 1 : 6$，

∴$S_{\triangle MFN} = \dfrac{1}{36}S_{\triangle ABN} = 6$，

∴$S_{AGFM} = 108 - 6 = 102$．

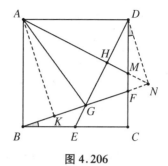

图 4.206

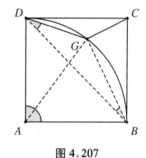

图 4.207

思路点拨

"12345"模型的灵活运用对于解决本题起到了至关重要的作用．通过补形就可发现，所求面积与 FN、GF、BG 三条线段的比值有很大的关联．那么，求这三条线段的关系就成了解决本题的首要任务．

66. **解** 连接 AG、BG、DB，如图 4.207 所示．

∵$\angle BDG = \dfrac{1}{2}\angle BAG$，$\angle DBG = \dfrac{1}{2}\angle DAG$，

∴$\angle BDG + \angle DBG = \dfrac{1}{2}(\angle BAG + \angle DAG)$

$= \dfrac{1}{2}\angle DAB = 45°$，

∴$\angle DGB = 135° = \angle DGC$，

∴$\angle BGC = 90°$．

∵$AD \perp DC$，

∴DC 与 $\odot A$ 相切于点 D．

由弦切角定理得 $\angle GDC = \angle GBD$，

∴ △GDC ∽ △GBD（AA）,如图 4.208 所示,

∴ $\dfrac{GD}{GC} = \dfrac{GB}{GD} = \dfrac{DB}{DC} = \sqrt{2}$.

设 $GC = x$,则 $DG = \sqrt{2}x$,$GB = 2x$.

∵ $BC = 10$,

∴ $5x^2 = 100 \Rightarrow x^2 = 20$.

作 $CE \perp DG$ 交 DG 的延长线于点 E,如图 4.209 所示.

∵ $\angle DGC = 135°$,

∴ $\angle CGE = 45°$,

∴ $S_{\triangle CGD} = \dfrac{1}{2} DG \cdot CG \sin 45°$

$= \dfrac{1}{2} \cdot \sqrt{2}x \cdot x \cdot \dfrac{\sqrt{2}}{2} = \dfrac{1}{2}x^2 = 10$.

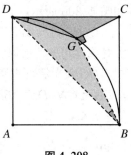

图 4.208

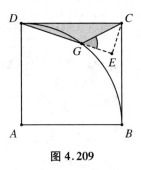

图 4.209

思路点拨

通过构造相似图形解决线段之间的比值问题,是解答本题的关键.圆周角与圆心角的关系以及弦切角定理起到决定性作用.

67. **解** 过点 A 作 x 轴的平行线交 y 轴于点 F,过点 B 作 x 轴的垂线交 x 轴于点 G,两直线交于点 E,如图 4.210 所示.

∵ $A(3,6)$ 在反比例函数 $y = \dfrac{k}{x}$ 的图像上,

∴ $k = 18$.

设 $B\left(m, \dfrac{18}{m}\right)$,则 $AE = m - 3$,$BE = 6 - \dfrac{18}{m}$.

∵ $\angle OAF + \angle BAE = 90°$,$\angle OAF + \angle AOF = 90°$,

∴ $\angle AOF = \angle BAE$.

∵ $\tan \angle AOF = \dfrac{1}{2}$,

∴ $\tan \angle BAE = \dfrac{BE}{AE} = \dfrac{6 - \dfrac{18}{m}}{m - 3} = \dfrac{1}{2}$,

∴ $m^2 - 15m + 36 = 0 \Rightarrow (m-3)(m-12) = 0$,

∴ $m = 12$（$m = 3$ 舍去）,

∴ $B\left(12, \dfrac{3}{2}\right)$.

连接 OB,如图 4.211 所示,

∴ $S_{\triangle AOB} = \left(6 + \dfrac{3}{2}\right)(12 - 3) \times \dfrac{1}{2} = \dfrac{135}{4}$.

∵ 四边形 $ABCO$ 为矩形,

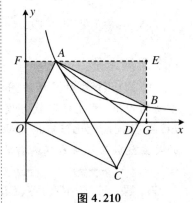

图 4.210

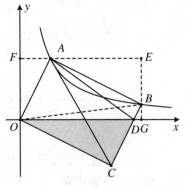

图 4.211

$\therefore S_{\triangle OCB} = S_{\triangle AOB}$, $S_{\triangle ACD} = S_{\triangle OCD}$,

$\therefore S_{\triangle ACD} = S_{\triangle OCB} - S_{\triangle OBD}$.

$\because OF \parallel BG$, $BD \parallel AO$,

$\therefore \angle AOF = \angle DBG$,

$\therefore DG = \dfrac{1}{2} BG = \dfrac{3}{4}$,

$\therefore OD = BG - DG = 12 - \dfrac{3}{4} = \dfrac{45}{4}$,

$\therefore S_{\triangle OBD} = \dfrac{1}{2} OD \cdot BG = \dfrac{135}{16}$,

$\therefore S_{\triangle ACD} = \dfrac{135}{4} - \dfrac{135}{16} = \dfrac{405}{16}$.

思路点拨

通过构造K形相似图形,解得点 B 的坐标,再通过等积变换解得"小喇叭"三角形的面积,并巧妙地利用正切值相等解得 $S_{\triangle OBD}$,最终解决问题.

68. 解 $\because \angle HCE = \dfrac{1}{2}(\angle BCG + \angle GCD) = \dfrac{1}{2} \angle BCD = 45°$,如图 4.212 所示,

又 $\tan \angle HCG = \tan \angle HCB = \dfrac{HB}{BC} = \dfrac{HB}{AD} = \dfrac{1}{3}$,

$\therefore \tan \angle GCE = \dfrac{1}{2}$.

$\because EC$ 平分 $\angle GCD$,

由"12345"模型可知,$\tan \angle GCD = \dfrac{4}{3}$.

$\because \angle DGC + \angle GCD = 90°$,

$\therefore \tan \angle DGC = \dfrac{3}{4} = \dfrac{EF}{GF}$.

$\because GF = 12$,

$\therefore EF = ED = 9$, $FC = DC = 18$, $GE = 15$, $HB = 10$,

$\therefore BC = CG = 30$,

$\therefore AG = AD - GE - ED = 30 - 15 - 9 = 6$,

$AH = AB - HB = 18 - 10 = 8$,

$\therefore S_{\triangle AGH} = \dfrac{1}{2} AH \cdot AG = 24$.

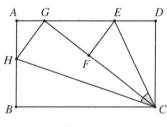

图 4.212

思路点拨

本题多次采用"12345"模型,使得解题非常便捷."12345"模型有两层含义:

(1) $\tan\alpha = \dfrac{1}{2}$, $\tan\beta = \dfrac{1}{3}$, $\alpha + \beta = 45°$, 对于上述三个条件任取其二, 可推余一.

(2) 对于三边长之比为 3∶4∶5 的直角三角形, 设其两个锐角分别为 α、β ($\alpha > \beta$), 则 $\tan\dfrac{1}{2}\alpha = \dfrac{1}{2}$, $\tan\dfrac{1}{2}\beta = \dfrac{1}{3}$. 逆推亦成立.

69. **解** 连接 AO, 如图 4.213 所示.

∵ $A(1,\sqrt{3})$,

∴ $\angle AOD = 60° = \angle BAO + \angle ABO$, $\angle AOB = 120°$.

∵ $\angle BAC = \angle BAO + \angle CAO = 60°$,

∴ $\angle ABO = \angle CAO$.

∵ $l: y = -\sqrt{3}x$,

∴ $\angle DOC = 60°$,

∴ $\angle COA = 120°$,

∴ $\triangle AOB \sim \triangle COA$ (AA),

∴ $\dfrac{AO}{CO} = \dfrac{OB}{AO} \Rightarrow CO \cdot OB = AO^2$.

作 $CH \perp x$ 轴于点 H, 如图 4.214 所示.

∴ $S_{\triangle BOC} = \dfrac{1}{2} BO \cdot CH = \dfrac{1}{2} BO \cdot CO \cdot \sin\angle DOC$

$= \dfrac{1}{2} AO^2 \cdot \sin 60°$.

∵ $AO^2 = 4$,

∴ $S_{\triangle BOC} = \sqrt{3}$.

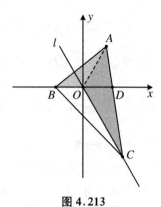

图 4.213

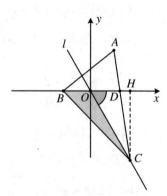

图 4.214

思路点拨

本题中, 由于点 B、C 为动点, OB、OC 的长度不可知, 只有线段 AO 的长度可求. 那么, 欲求 $S_{\triangle BOC}$ 似乎力不从心. 但是, 由已知条件可知 $\angle AOD = 60°$, $\angle DOC = 60°$, $\angle BAC = 60°$, 那么通过导角可证 $\triangle AOB \sim \triangle COA$ $\Rightarrow CO \cdot OB = AO^2$, 从而求得 $S_{\triangle BOC}$.

70. **解** 设 $\odot M$、$\odot N$ 的另一个交点为 D, 连接 AD 并延长交 BC 于点 E, 如图 4.215 所示.

∵ $\odot M$ 与 BC 相切于点 B, AE 为 $\odot M$ 的割线,

∴ $BE^2 = ED \cdot AE$.

同理, $EC^2 = ED \cdot AE$.

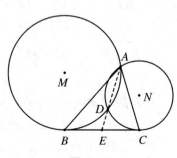

图 4.215

∴ $BE = EC = 4$.

作 $AH \perp BC$ 于点 H,如图 4.216 所示.

设 $EH = x$,则 $BH = 4 + x$, $HC = 4 - x$.

由勾股定理可知, $AB^2 - BH^2 = AC^2 - HC^2$,

∴ $81 - (4+x)^2 = 49 - (4-x)^2$,

∴ $x = 2$,

∴ $EH = \frac{1}{2}EC$,

∴ AH 垂直平分 EC,

∴ $AE = AC = 7$, $AH = 3\sqrt{5}$,

∴ $ED = \frac{EC^2}{AE} = \frac{16}{7}$, $AD = AE - ED = \frac{33}{7}$.

连接 MB、NC,作 $NF \perp MB$ 于点 F,设 MN、AD 交于点 P,如图 4.217 所示,

∴ 四边形 $FBCN$ 为矩形,

∴ $NF = BC = 8$.

∵ MN 为两圆的连心线, AD 为两圆公共弦,

∴ MN 垂直平分 AD,

∴ 四边形 $MBEP$ 为圆的内接四边形,

∴ $\angle NMF = \angle AEH$,

∴ $\triangle NMF \sim \triangle AEH$,

∴ $\frac{MN}{AE} = \frac{NF}{AH} \Rightarrow \frac{MN}{7} = \frac{8}{3\sqrt{5}}$,

∴ $MN = \frac{56}{3\sqrt{5}}$,

∴ $S_{\triangle AMN} = \frac{1}{2}MN \cdot AP = \frac{1}{4}MN \cdot AD = \frac{22\sqrt{5}}{5}$.

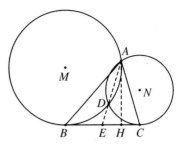

图 4.216

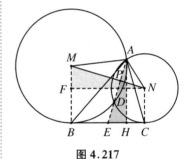

图 4.217

思路点拨

由于两圆的连心线垂直平分两圆的公共弦,故 $S_{\triangle AMN} = \frac{1}{4}MN \cdot AD$,所以线段 MN、AD 的值是解决问题的关键.首先通过切割线定理证明点 E 为线段 BC 的中点,再由勾股定理求解得到 AE,最终由切割线定理解得 ED、AD.线段 MN 在现有的图形中不好求解,我们就构造相似三角形来解决.最后解决面积问题.

71. **解** 取 BC 的中点 F,连接 FO、AF、AO,如图 4.218 所示.

设 $AC = 3k$,则 $BC = 8k$, $BF = FC = FO = 4k$,

∴ $AF = 5k$.

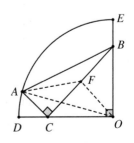

图 4.218

∵ $AF + FO \geq AO$,

∴ $5k + 4k \geq 9 \Rightarrow k \geq 1$,

取等号时，A、F、O 三点共线，

∴ $AC = 3k \geq 3$,

∴ 线段 AC 的最小值为 3.

思路点拨

直角三角形斜边上的中线是中考的高频考点．本题通过构造直角三角形斜边上的中线将有限的条件进行整合规划，转化成两点之间的距离最小的极值模型．

72. **解** 在 $\triangle ABC$ 中，$\angle ABC = 90°$．

由勾股定理得 $AC = \sqrt{AB^2 + BC^2} = 5$．

∵ 点 E 在 $\odot C$ 上运动，

∴ $4 \leq AE \leq 6$．

作 $DN \perp AE$ 于点 N，$BM \perp AE$ 于点 M，如图 4.219 所示，

∴ $S_{ABED} = S_{\triangle AEB} + S_{\triangle AED}$

$= \frac{1}{2} AE \cdot BM + \frac{1}{2} AE \cdot DN$

$= \frac{1}{2} AE \cdot (BM + DN)$

$\leq \frac{1}{2} AE \cdot (DO + BO) = \frac{1}{2} AE \cdot BD = \frac{1}{2} AE^2$

$\leq \frac{1}{2} \times 6^2 = 18$,

∴ 四边形 $ABED$ 面积的最大值为 18．

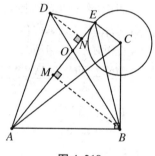

图 4.219

思路点拨

由勾股定理得出 AC，结合半径，求出 AE 的取值范围．对角线相等或存在倍数关系的四边形的面积最大值存在于对角线相互垂直时．

73. **解** 根据翻折的性质，BF 在点 E 运动的过程中，始终满足 $BF = BC$ 且 $BF \perp EF$，那么，点 F 一定在以点 B 为圆心、以 BC 为半径的圆上，且 EF 始终与 $\odot B$ 相切，如图 4.220 所示．

∵ $\angle BAG + \angle DAG = 90°$，为定值，

∴ 当 $\angle DAG$ 取得最小值时，$\angle BAG$ 取得最大值．

当 AG 与 $\odot B$ 相切时，$\angle BAG$ 取得最大值，

此时 CG 取得最大值，点 E、G 重合，

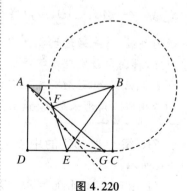

图 4.220

且 $\triangle ABF \cong \triangle GAD$（AAS），如图 4.221 所示.

∵ 在 Rt$\triangle ABF$ 中，$BF = BC = 3$，$AB = 4$，

∴ $AF = DG = \sqrt{7}$，

∴ $CG_{max} = 4 - \sqrt{7}$.

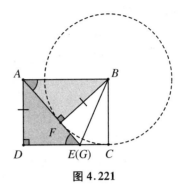

图 4.221

思路点拨

本题考查圆与直线的位置关系. 由于 $CG + DG = DC = 4$（为定值），欲求 CG 的最大值，即求 DG 的最小值. 在 Rt$\triangle ADG$ 中，由于 $AD = 3$（为定长），当 $\angle DAG$ 取得最小值时，DG 取得最小值.

显然，当 AG 与 ⊙B 相切时，$\angle BAG$ 取得最大值，此时 CG 取得最大值.

74. **解** ∵ 点 $P(-1, 1)$ 在双曲线 $y = \dfrac{k}{x}$ 上，

∴ $k = -1$.

设直线 l_2 的解析式为 $y = ax + b (a > 0, b < 0)$，

∴ $ax + b = \dfrac{-1}{x} \Rightarrow ax^2 + bx + 1 = 0$.

∵ 直线与双曲线只有一个交点，

∴ $\Delta = b^2 - 4a = 0 \Rightarrow b = -2\sqrt{a}$，

∴ 直线 l_2 的解析式为 $y = ax - 2\sqrt{a}$，

∴ $C\left(\dfrac{2}{\sqrt{a}}, 0\right)$，$D(0, -2\sqrt{a})$.

∵ $\tan \angle BAO = 1$，

∴ $AO = BO$.

设直线 l_1 的解析式为 $y = x + c$.

∵ 点 $P(-1, 1)$ 在直线 l_1 上，

∴ $c = 2$，

∴ $AO = BO = 2$.

∴ $AC = 2 + \dfrac{2}{\sqrt{a}}$，$BD = 2 + 2\sqrt{a}$，

∴ $S_{ABCD} = \dfrac{1}{2} AC \cdot BD = 2\sqrt{a} + \dfrac{2}{\sqrt{a}} + 4$.

∵ $\sqrt{a} + \dfrac{1}{\sqrt{a}} \geq 2$，

当且仅当 $\sqrt{a} = \dfrac{1}{\sqrt{a}}$，即 $a = 1$ 时取等号，

∴ $S_{ABCD} \geq 8$，

∴ S_{ABCD} 的最小值为 8.

本题从韦达定理入手,解得直线 l_2 的解析式,再解得直线 l_1 的解析式,接着由对角线相互垂直的四边形的面积公式解得四边形面积关于参数 a 的函数关系式,最后由均值不等式解得最小值.解题思路环环相扣、步步为营.

75. **解** 作 $DM \perp FG$ 于点 M,作 $DN \perp AB$ 于点 N,连接 DG,如图 4.222 所示.

∵ $DF = 6$, $\angle DFG = 45°$,

∴ $DM = 3\sqrt{2}$,

∴ $DG \geqslant DM = 3\sqrt{2}$.

∵ $DN = 3$,

∴ $BN = 3\sqrt{3}$,为定值,

∴ 当 DG 取最小值时, GN 取得最小值.

∵ 当 $DG = 3\sqrt{2}$ 时, $NG = 3$,

∴ BG 取得最小值 $3 + 3\sqrt{3}$.

∵ $BG + AG = AB = 8\sqrt{3}$,

∴ $AG_{\max} = 5\sqrt{3} - 3$.

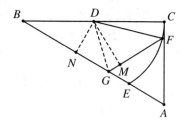

图 4.222

欲求 AG 的最大值,即求 BG 的最小值.由于 BN 为定值,只需求 NG 的最小值.

因为在 Rt△DNG 中,直角边 DN 为定值,所以只要 DG 达到最小值, NG 就取得最小值.再由直角三角形斜边大于直角边可求 DG 的最小值.

76. **解** 延长 CB 至点 G,使得 $GB = DE$,连接 AG、EF,如图 4.223 所示.

易证 △$ABG \cong$ △ADE(SAS),

再证 △$AGF \cong$ △AEF(SAS),

∴ $S_{ABCD} = S_{\triangle AEF} + S_{AFCE}$,为定值.

∴ 当 $S_{\triangle AFE}$ 取得最小值时, S_{AFCE} 取得最大值.

作 $AM \perp EF$ 于点 M,如图 4.224 所示,

∴ △$ABF \cong$ △AMF(AAS),

∴ $AM = AB$,为定值.

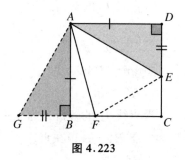

图 4.223

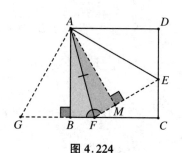

图 4.224

∵ $S_{\triangle AEF} = \dfrac{1}{2} AM \cdot EF$,

∴ EF 取得最小值时,$S_{\triangle AEF}$ 取得最小值,S_{AFCE} 取得最大值.

作△AEF 的外接圆,设圆心为点 P,取 EF 的中点 H,连接 AP、PE、PF、PH、HC,如图 4.225 所示.

∵ ∠FAE = 45°,

∴ ∠FPE = 90°,

∴ △PEF 为等腰直角三角形.

设 EF = 2x,则 HC = PH = x,AP = $\sqrt{2}x$.

∵ AP + PH + HC = $(2+\sqrt{2})x \geqslant AC = \sqrt{2}AB$,

∴ $x \geqslant \sqrt{2}$,

∴ $EF_{\min} = 2\sqrt{2}$.

∵ 当 EF = $2\sqrt{2}$ 时,$S_{\triangle AEF} = \dfrac{1}{2} AB \cdot EF = 2\sqrt{2}+2$,

∴ $S_{AFCE} = S_{ABCD} - S_{\triangle AEF} = 4+2\sqrt{2}$,

∴ S_{AFCE} 的最大值为 $4+2\sqrt{2}$.

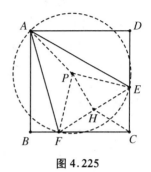

图 4.225

 思路点拨

正方形半角模型是中考的高频考点.通过分析,当 EF 取得最小值时,S_{AFCE} 取得最大值.通过构造外接圆,可以简捷地求解 EF 的最小值.

77. **解** 作点 H 关于 AB 的对称点 P,过点 P 作 AB 的平行线交 CB 的延长线于点 Q,连接 PE、PF,如图 4.226 所示.

易证△AEH ≌ △CGF(SAS),

同理,△HDG ≌ △FBE(SAS),

∴ L = 2(HE + EF).

∵ HE = PE,PA = HA = CF,

∴ HE + EF = PE + EF ≥ PF.

∵ PQ = AB,BF + QB = BF + FC = BC,

∴ PF = $5\sqrt{5}$,

∴ L ≥ $10\sqrt{5}$,即 L 的最小值为 $10\sqrt{5}$.

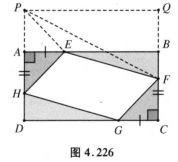

图 4.226

 思路点拨

本题是较为典型的"将军饮马"极值类型.通过作对称变化,利用"三角形两边之和大于第三边"求解最小值.

78. **解** 连接 OD、BP，如图 4.227 所示.

∵ $AD = PD$，$AO = BO$，
∴ $OD \parallel BP$.
∵ $BP \perp AP$，
∴ $\angle ADO = 90°$，为定值.
∵ $AO = 2$，为定值.
∴ 点 D 在以 AO 为直径的圆上.

设 AO 的中点为 E，则 $\odot E$ 的半径为 $AE = EO = 1$.

连接 AC，作 $CH \perp AB$ 于点 H，连接 EC 交 $\odot E$ 于点 F，如图 4.228 所示，
∴ FC 为所求最小值.
∵ $AB = 4$，$\angle ABC = 60°$，
∴ $BC = 2$，$CH = \sqrt{3}$，$BH = 1$，
∴ $EH = 2$，
∴ $EC = \sqrt{7}$，
∴ $CD_{min} = \sqrt{7} - 1$.

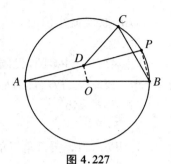

图 4.227

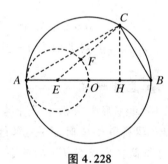

图 4.228

思路点拨

本题是典型的定弦定角轨迹类型极值问题. 通过判定动点轨迹，将所求极值问题转化为圆外定点到圆上的最小距离问题.

79. **解** 将矩形 $ABCD$ 绕顶点 B 逆时针旋转 $60°$，过点 C 作 $A'D'$ 的垂线，交 $A'D'$ 于点 G，交 BC' 于点 M，如图 4.229 所示.

∵ 旋转角为 $60°$，
∴ $\triangle BPP'$ 为等边三角形，
∴ $BP = BP'$，
∴ $PE + PC + PB = P'E' + PC + P'P \geqslant CG$.
∴ $CG = GM + MC = AB + BC\sin 60° = 4 + 3\sqrt{3}$，
∴ $(PE + PC + PB)_{min} = 4 + 3\sqrt{3}$.

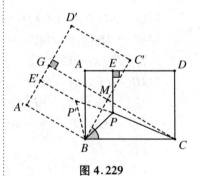

图 4.229

思路点拨

由于所求三条线段相对分散且都是变量，不易直接求极值，势必要另辟蹊径，通过整合线段，向有利于解决问题的方向发展. 本题通过整体捆绑旋转，将复杂的极值问题转化成直线外一点到直线的最短距离问题.

80. 解 连接 MP、NP、AM、AN、AP，如图 4.230 所示.

∵ 点 M、P 关于 AB 轴对称，

∴ $AM = AP$.

同理，$AP = AN$.

∴ $AM = AN = AP$，

∴ 点 M、P、N 在以点 A 为圆心、以 AP 为半径的圆上.

由对称轴可知

$\angle MAN = 2(\angle BAP + \angle PAC) = 2\angle BAC = 90°$，

∴ △MAN 为等腰直角三角形，

∴ $MN = \sqrt{2}AM = \sqrt{2}AP$.

∵ 点 P 在 BC 上，

∴ 当 AP 取得最小值，即 $AP \perp BC$ 时，MN 取得最小值.

∵ 当 $AP \perp BC$ 时，$AP = AB \cdot \sin 60° = 2\sqrt{3}$，

∴ $MN_{\min} = 2\sqrt{6}$.

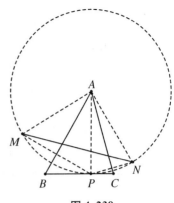

图 4.230

思路点拨

本题的解法很多，其中几何解法比函数法要更胜一筹. 轴对称和"三爪图"是初中经常遇到的题型，做题时要善于利用对称性，并持有"图中无圆，心中有圆"的解题理念.

81. 解 连接 PO、QO，如图 4.231 所示.

设 $BM = k$，则 $AM = 7k$，

∴ $AB = 8k$，$AO = BO = 4k$，

∴ $OM = 3k$，

∴ $\dfrac{S_{\triangle POM}}{S_{\triangle POA}} = \dfrac{S_{\triangle QOM}}{S_{\triangle QAO}} = \dfrac{OM}{AO} = \dfrac{3}{4}$.

设 $S_{\triangle POM} = 3a$，$S_{\triangle QOM} = 3b$ 则

$S_{\triangle POA} = 4a$，$S_{\triangle QAO} = 4b$，

∴ $S_{\triangle APQ} = 7(a+b)$.

∵ $S_{\triangle POQ} = 3(a+b) = \dfrac{1}{2}r^2 \sin \angle POQ \leqslant \dfrac{1}{2}r^2 = 18$，

当 $PO \perp QO$ 时取等号，

∴ $a + b \leqslant 6$，

∴ $S_{\triangle APQ} = 7(a+b) \leqslant 42$，即 $S_{\triangle APQ}$ 的最大值为 42.

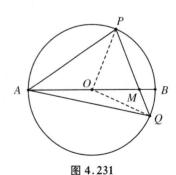

图 4.231

由于 △APQ 中 P、Q 两个顶点都是动点,三边和三个内角均为变量,故直接研究 △APQ 的面积最大值会非常困难. 如果我们能找到一个易于求解的三角形,且这个三角形与 △APQ 的面积有固定不变的关系,那么就可以"化天堑为通途"了. 显然,△POQ 满足条件:△POQ 是腰长已知的等腰三角形,且 △POQ 与 △APQ 的面积有固定比值. 那么,研究 △POQ 的面积值就成了当务之急. 根据 $\sin \angle POQ \leq 1$ 可以轻而易举地解得 $S_{\triangle POQ} \leq 18$,再根据面积之间的关系解得 $S_{\triangle APQ} \leq 42$.

82. **解** 连接 BC、DC、AD,如图 4.232 所示.

$\because \dfrac{DP}{BP} = \dfrac{S_{\triangle ADP}}{S_{\triangle APB}} = \dfrac{S_{\triangle PCD}}{S_{\triangle BPC}}$,

$\therefore \dfrac{DP}{BP} = \dfrac{S_{\triangle ADP} + S_{\triangle PCD}}{S_{\triangle APB} + S_{\triangle BPC}} = \dfrac{S_{\triangle ACD}}{S_{\triangle ABC}}$.

$\because S_{\triangle ABC} = 20$,为定值,

$\therefore$ 当 $S_{\triangle ACD}$ 达到最大值时,$\dfrac{DP}{BP}$ 取得最大值.

作 $DE \perp x$ 轴交 AC 于点 E,如图 4.233 所示,

$\therefore S_{\triangle ACD} = \dfrac{1}{2} AO \cdot DE = 4DE$.

易求 $y_{AC} = \dfrac{1}{2}x - 4$,

设点 $D\left(x, \dfrac{1}{4}x^2 - \dfrac{3}{2}x - 4\right)$,

$\therefore DE = \dfrac{1}{2}x - 4 - \left(\dfrac{1}{4}x^2 - \dfrac{3}{2}x - 4\right) = -\dfrac{1}{4}x^2 + 2x$,

$\therefore$ 当 $x = 4$ 时,$DE_{\max} = 4$,

此时 $S_{\triangle ACD} = 4DE = 16$,为最大值,

$\therefore \dfrac{DP}{BP} = \dfrac{4}{5}$,为最大值.

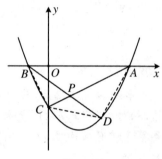

图 4.232

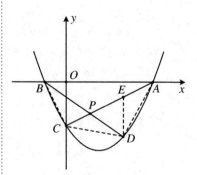

图 4.233

本题将线段比转化为面积比,当 $S_{\triangle ACD}$ 达到最大时,$\dfrac{DP}{BP}$ 取得最大值,这就将复杂的问题转化成我们熟悉的模型,用宽高法求面积是二次函数中经常出现的题型.

83. **解** 作 $\angle BAC$ 的平分线交 BC 于点 P，连接 DP、NP、MP，如图 4.234 所示.

易证 $\triangle AMP \cong \triangle DNP$（SAS），

$\therefore \angle APM = \angle DPN, MP = NP$.

连接 AD，如图 4.235 所示.

$\because \angle MPN = \angle APM + \angle APN$,

$\angle APD = \angle DPN + \angle APN$,

$\therefore \angle MPN = \angle APD$,

$\therefore \triangle MPN \backsim \triangle APD$.

$\because MN = 2MP \cdot \sin \frac{1}{2}\angle MPN = 2MP \cdot \sin \angle APC$,

又 $\angle APC$ 为定值,

$\therefore$ 当 MP 达到最小值时，MN 取得最小值.

$\because$ 点 M 在 AB 上，点 P 为线段外一定点,

$\therefore MP$ 的最小值为点 P 到 AB 的垂直距离,

$\therefore$ 当 $PM \perp AB$ 时，MN 有最小值.

$\because$ 当 $PM \perp AB$ 时，$\angle MAP = 45°$,

$\therefore \triangle AMP$ 为等腰直角三角形,

$\therefore \dfrac{MP}{AP} = \dfrac{\sqrt{2}}{2}$.

$\because \triangle MPN \backsim \triangle APD \Rightarrow \dfrac{MP}{AP} = \dfrac{MN}{AD} \Rightarrow MN = \dfrac{\sqrt{2}}{2}AD$,

又 $AD = 2 \times \dfrac{3 \times 4}{5} = \dfrac{24}{5}$,

$\therefore MN_{\min} = \dfrac{12\sqrt{2}}{5}$.

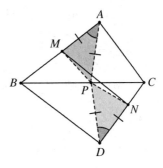

图 4.234

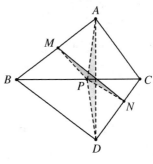

图 4.235

思路点拨

本题中的点 P 仿佛有一种化腐朽为神奇的力量，让我们领略了几何之美. 由点 P 产生的连锁反应，很自然地判定了全等与相似，从而得到"当 $PM \perp AB$ 时，MN 有最小值"的结论. 再由相似结论可轻松地解决最小值.

84. **解** $\because S_{\triangle ABD} = \dfrac{1}{2}AB \cdot AD \cdot \sin 30° = \dfrac{1}{4}AB \cdot AD$,

$S_{\triangle ADC} = \dfrac{1}{2}AC \cdot AD \cdot \sin 30° = \dfrac{1}{4}AC \cdot AD$,

$\therefore S_{\triangle ABC} = \dfrac{1}{4}(AB + AC)AD = \dfrac{3\sqrt{3}}{2}AD$.

又 $S_{\triangle ABC} = \dfrac{1}{2}AB \cdot AC\sin 60° = \dfrac{\sqrt{3}}{4}AB \cdot AC$,

$\therefore \frac{\sqrt{3}}{4} AB \cdot AC = \frac{3\sqrt{3}}{2} AD$,

$\therefore AD = \frac{1}{6} AB \cdot AC$.

设 $AB = x$，则 $AC = 6\sqrt{3} - x$,

$\therefore AD = \frac{1}{6} \cdot x(6\sqrt{3} - x)$,

$\therefore$ 当 $x = 3\sqrt{3}$ 时，AD 取得最大值 $\frac{9}{2}$.

思路点拨

根据面积相等，建立函数关系. 当两个数的和为定值时，乘积在两数相等时取得最大. 由本题推广到一般情况：在三角形中，当邻边和为定值时，其角平分线长在邻边相等时取得最大值.

85. **解** 过点 B 作 BC 的垂线交 CA 的延长线于点 G，连接 GD，如图 4.236 所示，

$\therefore \triangle ABG$ 为等边三角形，

$\therefore AB = AC = AG$.

$\because DE = CE$,

$\therefore AE$ 为 $\triangle GDC$ 的中位线，

$\therefore GD \parallel AE$.

$\because \angle ADB = 120°, \angle BGA = 60°$,

$\therefore B、G、A、D$ 四点共圆，

$\therefore$ 点 D 在 $\triangle ABG$ 的外接圆上.

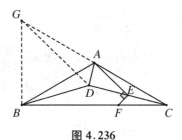

图 4.236

作 $\triangle ABG$ 的外接圆交 BC 于点 M，连接 $MD、GM$，如图 4.237 所示.

$\because \angle GBM = 90°$,

$\therefore GM$ 为 $\triangle ABG$ 外接圆的直径，

$\therefore MD \perp GD$.

$\because EF \perp AE, GD \parallel AE$,

$\therefore MD \parallel EF$.

$\therefore BM = \frac{GB}{\sqrt{3}} = \frac{AB}{\sqrt{3}} = \frac{1}{3} BC$,

$\therefore MC = \frac{2}{3} BC$.

$\because EF$ 为 $\triangle MDC$ 的中位线，

$\therefore MF = FC = \frac{1}{3} BC$，为定值，

$\therefore$ 点 F 为定点.

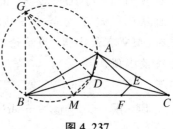

图 4.237

取 GM 的中点 O,连接 FO,交 $\triangle ABG$ 外接圆于点 P,
如图 4.238 所示,则 FP 为所求.

$\because FO = \dfrac{1}{2}GC = AB, OP = OM = \dfrac{1}{2}GM = \dfrac{4\sqrt{3}}{3}$,

$\therefore FP = OF - OP = 4 - \dfrac{4\sqrt{3}}{3}$,

$\therefore FD_{\min} = 4 - \dfrac{4\sqrt{3}}{3}$.

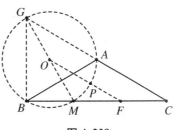

图 4.238

思路点拨

本题乍一看似乎是双动点类型的极值问题,这是一个让初中生感到头疼的问题. 由于 $\angle ADB = 120°$,AB 为定值,这是典型的定弦定角类型的轨迹问题,判定点 D 的轨迹不是一件困难的事情. 本题的难点在于判定点 F 是否是定点. 如果点 F 是定点,那么问题就转化为求圆外定点到圆上的最短距离,这是初中生比较熟悉的题型. 如果点 F 不是定点,那么就是双动点类型的极值问题,比较复杂,解决方法也较多,常见的解决方法是函数法,因为函数本身就是研究变量的有力武器.

86. **解** 连接 AM、BN、EI、FI,如图 4.239 所示.
易证四边形 $IECF$ 为正方形,

$\therefore \angle CEF = \angle MEA = 45°$.

$\because \angle MIA = \dfrac{1}{2}(\angle CAB + \angle CBA) = 45°$,

$\therefore \angle MEA = \angle MIA$,

$\therefore M$、E、I、A 四点共圆,

$\therefore \angle AMI = \angle AEI = 90°$,

$\therefore \triangle AMI$ 为等腰直角三角形,

$\therefore \dfrac{AI}{MI} = \sqrt{2}$.

同理,$\dfrac{BI}{NI} = \sqrt{2}$.

由共角成比例定理得 $\dfrac{S_1}{S_2} = \dfrac{AI \cdot BI}{MI \cdot NI} = 2$.

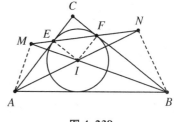

图 4.239

思路点拨

内心的性质是中考的高频考点. 本题由内心性质构造四点共圆,解决 AI 与 MI 的比值问题,再由共角成比例定理(鸟头定理)解决面积的比值问题.

87. **解** 取点 $D(0,2)$、$E(0,3)$,连接 BE、CD,如图

4.240 所示,

∴ △BOE 和 △COD 均为等腰直角三角形,

∴ ∠AEB = ∠CDA = 135°.

∵ ∠BAE + ∠DAC = 45°,

∠BAE + ∠ABE = ∠BEO = 45°,

∴ ∠DAC = ∠ABE,

∴ △AEB ∽ △CDA（AA）,

∴ $\dfrac{AE}{CD} = \dfrac{BE}{AD}$.

∵ $BE = 3\sqrt{2}, CD = 2\sqrt{2}$,

又 $ED = OE - OD = 1 \Rightarrow AD = AE + 1$,

设 $AE = x$,则 $AD = x + 1$,

∴ $\dfrac{x}{2\sqrt{2}} = \dfrac{3\sqrt{2}}{x+1} \Rightarrow x^2 + x - 12 = 0 \Rightarrow (x-3)(x+4) = 0$,

∴ $AE = 3$,

∴ $t = AO = AE + OE = 6$.

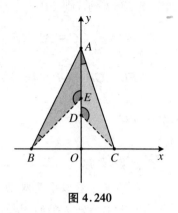

图 4.240

 思路点拨

本题的关键在于内构一线三等角相似模型. 这种解法可以说是平面几何通法. 不论 $BO、CO$ 为何值,均可以此方法解答.

88. 解 延长 ED 至点 G,使得 $ED = DG$,连接 CG,如图 4.241 所示.

∵ $\begin{cases} AD = CD, \\ \angle ADE = \angle CDG, \\ ED = GD, \end{cases}$

∴ △ADE ≌ △CDG（SAS）,

∴ ∠EAD = ∠GCD, $AE = CG$,

∴ $AB \parallel CG$.

连接 FG,作 $GH \perp BC$ 交 BC 延长线于点 H.

∵ FD 垂直平分 EG,

∴ $EF = FG = 3\sqrt{10}$.

∵ $AB \parallel CG$,

∴ ∠B = ∠GCH,

∴ $\tan\angle GCH = \dfrac{3}{4}$.

设 $GH = 3x$,则 $CH = 4x, AE = CG = 5x$.

在 Rt△FGH 中,由勾股定理得

$FG^2 = FH^2 + GH^2 \Rightarrow 90 = (5 + 4x)^2 + 9x^2 \Rightarrow$

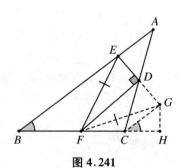

图 4.241

$(x-1)(5x+13)=0$,
$\therefore x=1$,
$\therefore AE=5$.

本题的思路是将△AED 绕点 D 中心旋转得到△CGD,构造 AB∥CG,这样就将∠B 转化到Rt△GCH 中,再解直角三角形就简单了.

89. **解** 作 $BH\perp CP$ 交 CP 的延长线于点 H,作 $AG\perp CP$ 交 CP 的延长线于点 G,设 CP 的延长线交 AB 于点 E,如图 4.242 所示.

$\therefore \dfrac{S_{\triangle APC}}{S_{\triangle BPC}}=\dfrac{AE}{BE}=1\Rightarrow AE=BE$,

又 $S_{\triangle APC}=\dfrac{1}{2}AG\cdot PC,S_{\triangle BPC}=\dfrac{1}{2}BH\cdot PC$,

$\therefore AG=BH$.

$\therefore \begin{cases}BE=AE,\\ BH=AG,\end{cases}$

$\therefore \mathrm{Rt}\triangle BHE\cong \mathrm{Rt}\triangle AGE(\mathrm{HL})$,

$\therefore HE=GE$.

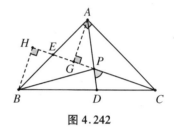

图 4.242

$\because AB=AC=2AE$,

$\therefore \tan\angle AEP=\dfrac{AC}{AE}=2=\dfrac{AG}{EG}$,

$\therefore \angle AEP=\angle CPD=\angle APE,AG=2EG$,

$\therefore AE=AP$,

$\therefore AG$ 垂直平分 EP,

$\therefore HE=GE=GP$.

设 $HE=GE=GP=x$,则 $BH=AG=2x,HP=3x$.

在 Rt△BHP 中,由勾股定理得

$BP^2=BH^2+HP^2\Rightarrow 13=4x^2+9x^2\Rightarrow x=1$,

$\therefore BE=\sqrt{5}$,

$\therefore AB=2BE=2\sqrt{5}$.

本题综合性较强.首先由共边定理得到 $AE=BE$,再由三角形面积公式得到 $HE=GE$,这就为全等证明提供了必要条件,为明确图形中相关线段的数量关系打下了基础.由于等腰直角三角形的三边存在确定的数量关系,论证 $AE=AP$ 不是一件困难的事情,再由等腰三角形三线合一的性质得到 $HE=GE=GP$,这就为解Rt△BHP提供了有利的条件.

90. 解 延长 EF、CA 交于点 S，如图 4.243 所示.

易证 $\triangle FSA \cong \triangle HBA$(AAS)，

$\therefore SA = BA = CA$，

$\therefore SB \perp BC$，

$\therefore \triangle SBC$ 为等腰直角三角形.

作 $AM \perp BS$ 于点 M，交 SE 于点 N，如图 4.244 所示，

$\therefore AM$ 为等腰 $\text{Rt}\triangle SBC$ 的中位线，

$\therefore SM = BD$.

$\because \angle MSN + \angle SEB = \angle DBP + \angle SEB = 90°$，

$\therefore \angle MSN = \angle DBP$.

$\because \begin{cases} \angle MSN = \angle DBP, \\ \angle SMN = \angle BDP, \\ MS = DB, \end{cases}$

$\therefore \triangle MSN \cong \triangle DBP$(ASA)，

$\therefore MN = DP = 12$.

$\because SM = BM, MN \parallel BE$，

$\therefore BE = 2MN = 24$.

$\because EC = 16$，

$\therefore BC = 40, AB = AC = 20\sqrt{2}, BD = DC = AD = 20$，

$\therefore AP = AD - PD = 8$.

连接 HF 并延长交 SB 于点 Q，交 AD 于点 T，如图 4.245 所示.

$\because AF = AH$，

$\therefore HQ \parallel BC, \triangle AFH$ 为等腰直角三角形，

$\therefore$ 四边形 $QBDT$ 为矩形，

$\therefore QT = BD = 20$.

$\because AT \perp FH$，

$\therefore AH = \sqrt{2}TH$.

设 $AH = x$.

$\because S_{\triangle ABH} = \dfrac{1}{2} QH \cdot AP = \dfrac{1}{2}(QT + TH) \cdot AP$

$= \dfrac{1}{2} \cdot \left(20 + \dfrac{\sqrt{2}}{2}x\right) \cdot 8$，

又 $S_{\triangle ABH} = \dfrac{1}{2} AB \cdot AH = \dfrac{1}{2} \times 20\sqrt{2}x$，

$\therefore \left(20 + \dfrac{\sqrt{2}}{2}x\right) \cdot 8 = 20\sqrt{2}x \Rightarrow x = 5\sqrt{2}$.

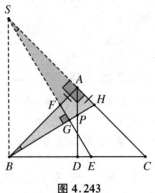

图 4.243

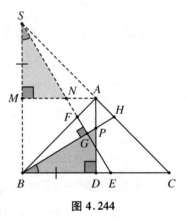

图 4.244

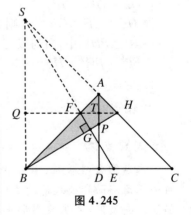

图 4.245

思路点拨

本题综合性较强.通过两次全等解决了 BE,继而解决了腰长问题.再利用宽高法求面积与直角三角形的面积公式建立方程解决 AH.

91. 解 设直线 AB 交 y 轴于点 N,交 x 轴于点 M,作 $AH \perp x$ 轴于点 H,作 $BG \perp y$ 轴于点 G,如图 4.246 所示.

∵ $y_{AO} = x$,

∴ $\angle OAH = 45°$.

∵ $y = \dfrac{1}{x}$ 的图像关于 AO 轴对称,$AB = AC$,

∴ △ABC 关于 AO 轴对称,

∴ $\angle OAM = 15°$,

∴ $\angle HAM = 30°$.

由反比例函数的几何性质得 $BN = MA$,

∴ △$AHM \cong$ △NGB(AAS),

∴ $AH = NG = 1$.

∵ $\angle GNB = \angle HAM = 30°$,

∴ $GB = GN \cdot \tan 30° = \dfrac{\sqrt{3}}{3}$,

∴ $B\left(\dfrac{\sqrt{3}}{3}, \sqrt{3}\right)$.

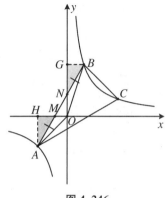

图 4.246

延长 AO 交 $y = \dfrac{1}{x}$ ($x > 0$) 于点 P,连接 BP,如图 4.247 所示.

∵ $y = \dfrac{1}{x}$ 的图像与正比例函数的图像的交点关于原点中心对称,

∴ $AO = PO$,

∴ $S_{\triangle AOB} = S_{\triangle BOP}$,$P(1, 1)$,

∴ $S_{\triangle AOB} = \dfrac{1}{2}(\sqrt{3} + 1)\left(1 - \dfrac{\sqrt{3}}{3}\right) = \dfrac{\sqrt{3}}{3}$.

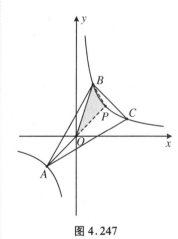

图 4.247

思路点拨

本题的关键在于充分利用反比例函数的几何特性(轴对称、中心对称及 $BN = MA$),首先解决点 B 的坐标问题,然后将"大喇叭"三角形转化为"小喇叭"三角形,这样就回归到我们熟悉的解题轨道上.本题如采用解析法,则运算量超大.

92. 解 连接 FC，延长 DM 交 CF 于点 N，如图 4.248 所示.

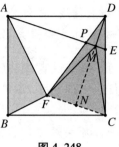

图 4.248

由一半模型可知 $S_{\triangle ABF} + S_{\triangle FDC} = \dfrac{1}{2} S_{ABCD}$，

$\therefore S_{\triangle FDC} = \dfrac{3}{2} = \dfrac{1}{2} AB^2 \sin \angle FDC \Rightarrow \sin \angle FDC = \dfrac{3}{5}$.

由"12345"模型可知 $\tan \angle NDC = \dfrac{1}{3}$，

$\therefore NC = \dfrac{DC}{\sqrt{10}} = \dfrac{\sqrt{2}}{2}$.

易证 $\angle NDC = \angle EAD$，

$\therefore \tan \angle EAD = \dfrac{1}{3}$，

$\therefore DE = \dfrac{1}{3} AD = \dfrac{\sqrt{5}}{3}$，

$\therefore PM = EM = \dfrac{ED}{\sqrt{10}} = \dfrac{\sqrt{2}}{6}$.

$\because AE \perp DN, FC \perp DN$，

$\therefore AE \parallel CF$，

$\therefore PF = \dfrac{2}{3} DF = \dfrac{2\sqrt{5}}{3}, MN = \dfrac{2}{3} DN$.

$\because \tan \angle NMC = \dfrac{NC}{\dfrac{2}{3} DN}$ $= \dfrac{3}{2} \tan \angle NDC = \dfrac{1}{2}$，

$\therefore MC = MF = \sqrt{5} NC = \dfrac{\sqrt{10}}{2}$，

$\therefore L = PM + PF + MF = \dfrac{\sqrt{2}}{6} + \dfrac{2\sqrt{5}}{3} + \dfrac{\sqrt{10}}{2}$.

思路点拨

本题重点考查一半模型和"12345"模型. 初中生必须能够灵活运用这两个模型，才能使计算过程简单，否则计算量超大. 本题欲求 $\triangle PMF$ 的周长 L，即求三条线段之和. 最直接的方法是分别计算三条线段的长度. 由于题目条件非常少，怎样利用有限的条件解决问题是关键. 首先通过一半模型解得 $\angle FDC$ 的正弦值，再由"12345"模型得到点 E 为边长三等分点的结论，然后结合平行线分线段成比例定理，就会得到 $\angle NMC$ 的正切值. 这样，问题很快就解决了.

93. 解 取点 $D(0,-b)$，连接 AD、PD，如图 4.249 所示.

∵ 点 B、D 关于 x 轴对称，

∴ $AD = AB = AP$，

∴ 点 D、P、B 在以点 A 为圆心、以 AB 为半径的圆上，

∴ $\angle BDP = \dfrac{1}{2}\angle BAP = 30°$.

∵ $BO = DO = b, CO = 1$，

∴ $DC = b+1, BC = b-1$，

∴ $PC = \dfrac{DC}{\sqrt{3}} = \dfrac{b+1}{\sqrt{3}}$.

∵ $y_{AB} = 3x + b$，

∴ $\tan\angle BAO = 3$，

∴ $AB = \dfrac{BO}{3}\cdot\sqrt{10} = \dfrac{\sqrt{10}}{3}b$.

在 Rt$\triangle BCP$ 中，由勾股定理得

$$\left(\dfrac{\sqrt{10}}{3}b\right)^2 = \left(\dfrac{b+1}{\sqrt{3}}\right)^2 + (b-1)^2,$$

∴ $b^2 - 6b + 6 = 0 \Rightarrow b = 3 \pm \sqrt{3}$.

当 $b = 3 - \sqrt{3}$ 时，如图 4.250 所示.

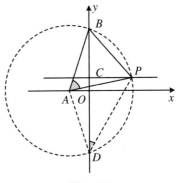

图 4.249

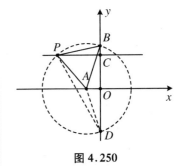

图 4.250

思路点拨

通过构造"三爪图"，利用隐形圆解决关键线段的数量关系，为进一步解决问题创造了必要条件. 由于直线 AB 的斜率已知，b 的值就与等边三角形的边长有直接的数量关系，最终在 Rt$\triangle BCP$ 中利用勾股定理求解 b 的值. 由于点 P 为动点，就有可能在第二象限，但是分析方法与在第一象限时相同，故有两种可能，不能疏漏.

94. 解 连接 O_1F、O_2E、MC、MD，如图 4.251 所示.

∴ $\tan\angle BAC \cdot \tan\angle BAD = \dfrac{CM}{AC}\cdot\dfrac{DM}{AD}$.

易证

$\triangle BAC \backsim \triangle BDM \Rightarrow \dfrac{AC}{DM} = \dfrac{AB}{DB}$, ①

$\triangle BCM \backsim \triangle BAD \Rightarrow \dfrac{CM}{AD} = \dfrac{MB}{DB}$, ②

②÷①得 $\dfrac{CM}{AC}\cdot\dfrac{DM}{AD} = \dfrac{MB}{AB}$,

∴ $\tan\angle BAC \cdot \tan\angle BAD = \dfrac{MB}{AB}$.

设 ⊙O_1 的半径为 R，⊙O_2 的半径为 r.

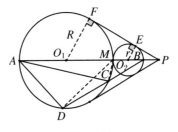

图 4.251

由对称性可知 $\angle FPA = 30°$,

$\therefore O_2E = \frac{1}{2}PO_2 = \frac{1}{2}(O_2B + PB)$,

$\therefore r = \frac{1}{2}(r + PB) \Rightarrow PB = r$.

同理,$R = \frac{1}{2}(R + 3r) \Rightarrow R = 3r$.

$\because MB = 2r, AB = 2R + 2r = 8r$,

$\therefore \tan \angle BAC \cdot \tan \angle BAD = \frac{1}{4}$.

思路点拨

本题的关键在于导比.通过导比,发现 $\tan \angle BAC \cdot \tan \angle BAD = \frac{MB}{AB}$,而 MB、AB 仅与两圆的半径有关,本质上就是求两圆的半径之比.

95. **解** 作 $CD \perp AB$ 于点 D,过点 D 作 x 轴的垂线,垂足为点 F,过点 C 作 y 轴的垂线交 FD 的延长线于点 E,如图 4.252 所示.

$\because \triangle ABC$ 为等边三角形,$CD \perp AB$,

$\therefore \frac{CD}{DB} = \sqrt{3}, AD = DB$.

易证 $Rt\triangle CED \sim Rt\triangle DFB$(AA),

$\therefore \frac{CE}{DF} = \frac{CD}{DB} = \frac{ED}{FB} = \sqrt{3}$.

$\because DF$ 为 $Rt\triangle AOB$ 的中位线,

$\therefore FB = OF = 2, DF = \frac{3}{2}$,

$\therefore CE = \frac{3\sqrt{3}}{2}, ED = 2\sqrt{3}$,

$\therefore x_C = EC + OF = \frac{3\sqrt{3}}{2} + 2 = \frac{3\sqrt{3}+4}{2}$,

$y_C = DF + ED = \frac{3}{2} + 2\sqrt{3} = \frac{3+4\sqrt{3}}{2}$,

$\therefore C\left(\frac{3\sqrt{3}+4}{2}, \frac{3+4\sqrt{3}}{2}\right)$.

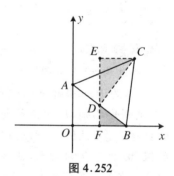

图 4.252

思路点拨

本题通过构造一线三等角相似模型解得线段之间的数量关系,再解决点 C 的坐标问题.这是一种运算量很小的解法.

96. 解 过点 M 作 $MN \parallel BH$ 交 AC 于点 N，如图 4.253 所示.

$\therefore \dfrac{AD}{AM} = \dfrac{DH}{MN}.$

设 $DH = t$.

$\because AM = BH = 2MN,$

$\therefore AD = 2DH = 2t,$

$\therefore BH = AM = 2t + 4.$

在 Rt$\triangle ADH$ 中，$\angle AHD = 90°$，

由勾股定理得 $AH = \sqrt{AD^2 - DH^2} = \sqrt{3}\,t.$

$\because DF \parallel AB,$

$\therefore \dfrac{FH}{AH} = \dfrac{DH}{BH},$

$\therefore \dfrac{\sqrt{3}}{\sqrt{3}\,t} = \dfrac{t}{2t+4},$

$\therefore t^2 - 2t - 4 = 0,$

$\therefore t = 1 + \sqrt{5}$（负值舍去），

$\therefore DH = 1 + \sqrt{5}.$

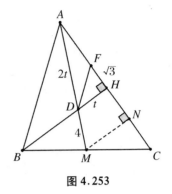

图 4.253

思路点拨

本题通过构造中位线，将 AM、BH 和 MN 建立起数量关系，再由相似性质解出 DH、AD 之间的数量关系，最后通过平行线分线段成比例定理解决 DH 的值.

97. 解 连接 AC、CD，连接 CO 并延长交 $\odot O$ 于点 E，连接 ED，如图 4.254 所示.

$\because \angle CAD = \angle CED,$

$\therefore \tan \angle CED = \tan \angle CAD = \dfrac{BC}{AB} = \dfrac{1}{3},$

$\therefore EC = \sqrt{10}\,CD.$

$\because EC$ 是 $\odot OR$ 的直径，

$\therefore \angle EDC = 90°, EC = 10\sqrt{2},$

$\therefore CD = \dfrac{EC}{\sqrt{10}} = 2\sqrt{5}.$

在 Rt$\triangle BCD$ 中，$\angle DBC = 90°$，

由勾股定理得 $BD = \sqrt{CD^2 - BC^2} = 4,$

$\therefore AD = AB + BD = 10.$

作 $OH \perp AD$ 于点 H，连接 OA、OD，如图 4.255 所示.

由垂径定理得 $HD = AH = 5,$

$\therefore BH = HD - BD = 1.$

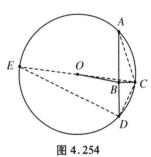

图 4.254

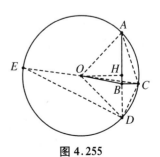

图 4.255

在 Rt△OBH 中，∠BOH = 90°，

由勾股定理得 $OB = \sqrt{OH^2 + BH^2} = \sqrt{26}$．

思路点拨

本题的关键在于将∠CAD 转化到直角三角形中，以便解决问题．在圆中转化角，其常见的手段是利用"同弧所对的圆周角相等"．这样就能解得弦 CD，继而解得弦 AD，再由垂径定理解得 HD，最终解得 OB．

98. **解** 连接 AO 并延长，交 BD 于点 N，交 BC 于点 M，连接 BO、DO，如图 4.256 所示．

∵ AB = AC，

∴ AM 垂直平分 BC．

∵ ∠ABD = 45°，

∴ AM ⊥ OD，

∴ OD ∥ BC，

∴ $\dfrac{OD}{BM} = \dfrac{ON}{MN}$．

易证∠BDC = ∠BOM，

∴ $\sin \angle BDC = \sin \angle BOM = \dfrac{12}{13}$，

∴ $\dfrac{BM}{BO} = \dfrac{12}{13}$．

令 BM = 12k，则 BO = OD = 13k，OM = 5k，

∴ $\dfrac{OD}{BM} = \dfrac{ON}{MN} = \dfrac{13}{12}$，

∴ $\dfrac{ON + MN}{MN} = \dfrac{25}{12}$，

∴ $\dfrac{OM}{MN} = \dfrac{25}{12} \Rightarrow MN = \dfrac{12}{5}k$，

∴ $\tan \angle CBD = \dfrac{MN}{BM} = \dfrac{1}{5}$．

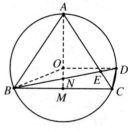

图 4.256

思路点拨

欲求 tan∠CBD，由于∠CBD 非特殊角，要将∠CBD 转化到直角三角形中，因为 AB = AC，所以借助∠BOM 是最佳的选择．由∠ABD = 45°可知，OD ∥ BC，这一结论使得"天堑变通途"，相关线段的比值关系确定了，再求 $\tan \angle CBD = \dfrac{MN}{BM}$ 就简单多了．

99. **解** 延长 BD 交⊙O 于点 E，连接 OE 交 AC 于点

F,如图 4.257 所示.

由相交弦定理得 $BD \cdot DE = AD \cdot DC$.

∵ $OD \perp BE$ 于点 D,

∴ $BD = DE$(垂径定理),

∴ $DE^2 = AD \cdot DC$.

∵ $\overparen{AC} = \overparen{AC}$,

∴ $\angle AOC = 2\angle ABC = 120°$,

∴ $\angle OAC = \angle OCA = 30°$.

∵ BD 平分 $\angle ABC$,

∴ $\angle ABE = \angle CBE$,

∴ $\overparen{AE} = \overparen{EC}$,

∴ $OE \perp AC$ 于点 F,

∴ $OF = OC \cdot \sin 30° = \dfrac{1}{2}OC = EF$,

∴ DF 垂直平分 OE,

∴ $DE = DO$,

∴ $\angle DEF = 45°$.

不妨设 $OF = t$,则 $FC = AF = \sqrt{3}t, DF = t$,

∴ $AD = (\sqrt{3}-1)t, DC = (\sqrt{3}+1)t$,

∴ $\dfrac{AD}{DC} = \dfrac{\sqrt{3}-1}{\sqrt{3}+1} = \dfrac{(\sqrt{3}-1)^2}{2} = 2-\sqrt{3}$.

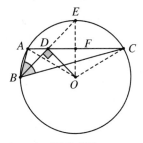

图 4.257

思路点拨

本题由相交弦定理入手,得到 $BD = DE$ 的结论.再判定 DF 垂直平分 OE,则 $\triangle DEO$ 为等腰直角三角形.可以看出,图形中线段大都与 OF 有联系,所以设 OF 为元,即可解决问题.

100. **解** 延长 PM 交 AO 于点 C,延长 PN 交 BO 于点 D,作 $OH \perp AB$ 于点 H,如图 4.258 所示.

设 $\angle AOB = 2\alpha$,则 $\angle AOH = \alpha, \angle OAH = 90° - \alpha$,

∴ $\angle AMC = \angle PMN = \alpha$,

∴ $\angle PAM + \angle APM = \alpha$.

∵ $\overparen{APB} = 2\alpha$,

∴ $\angle APB = \dfrac{360° - 2\alpha}{2} = 180° - \alpha$.

∵ 在四边形 $PCOD$ 中,$\angle PCO = \angle PDO = 90°$,

∴ $\angle CPD + \angle AOB = 180°$,

∴ $\angle CPD = 180° - 2\alpha$,

∴ $\angle APM + \angle BPN = \angle APB - \angle CPD = \alpha$,

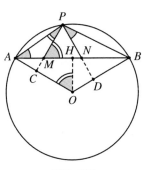

图 4.258

∴ ∠PAM = ∠BPN.

∵ ∠OAB = ∠OBA,

∴ ∠PMN = ∠PNM,

∴ ∠AMP = ∠PNB, PM = PN,

∴ △APM ∽ △PBN(AA),如图 4.259 所示,

∴ $\dfrac{PM}{AM} = \dfrac{BN}{PN} \Rightarrow PM \cdot PN = AM \cdot BN$,

∴ $PM^2 = AM \cdot BN \Rightarrow PM = PN = \sqrt{k}AM$,

∴ $\dfrac{AP}{BP} = \dfrac{PM}{BN} = \dfrac{\sqrt{k}AM}{kAM} = \dfrac{\sqrt{k}}{k}$.

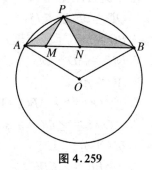

图 4.259

思路点拨

本题的关键在于通过导角判定三角形相似以及 △PNM 为等腰三角形,即判定 PM = PN. 由相似性质得到 $PM^2 = AM \cdot BN$,计算 PM 的长度,再由 $\dfrac{AP}{BP} = \dfrac{PM}{BN}$ 计算比值.

中国科学技术大学出版社中小学数学用书

原来数学这么好玩(3册)/田峰
小学数学进阶.四年级上、下册/方龙
小学数学进阶.五年级上、下册/饶家伟
小学数学进阶.六年级上、下册/张善计　莫留红
小学数学思维92讲(小高版)/田峰
小升初数学题典(第2版)/姚景峰
初中数学千题解(6册)/思美
初中数学竞赛中的思维方法(第2版)/周春荔
初中数学竞赛中的数论初步(第2版)/周春荔
初中数学竞赛中的代数问题(第2版)/周春荔
初中数学竞赛中的平面几何(第2版)/周春荔
初中数学进阶.七年级上、下册/陈荣华
初中数学进阶.八年级上、下册/徐胜林
初中数学进阶.九年级上、下册/陈荣华
新编中考几何:模型·方法·应用/刘海生
全国中考数学压轴题分类释义/马传渔　陈荣华
初升高数学衔接/甘大旺　甘正乾
平面几何的知识与问题/单墫
代数的魅力与技巧/单墫
数论入门:从故事到理论/单墫
平面几何强化训练题集(初中分册)/万喜人　等
平面几何证题手册/鲁有专

中学生数学思维方法丛书(12册)/冯跃峰
学数学(第1—6卷)/李潜
高中数学奥林匹克竞赛标准教材(上册、中册、下册)/周沛耕
平面几何强化训练题集(高中分册)/万喜人　等
平面几何测试题集/万喜人
新编平面几何300题/万喜人
代数不等式:证明方法/韩京俊
解析几何竞赛读本(第2版)/蔡玉书
全国高中数学联赛平面几何基础教程/张玮　等
全国高中数学联赛一试强化训练题集/王国军　奚新定
全国高中数学联赛一试强化训练题集(第二辑)/雷勇　王国军
全国高中数学联赛一试模拟试题精选/曾文军
全国高中数学联赛模拟试题精选/本书编委会
全国高中数学联赛模拟试题精选(第二辑)/本书编委会
全国高中数学联赛预赛试题分类精编/王文涛　等

高中数学竞赛教程(第2版)/严镇军　单墫　苏淳　等
第51—76届莫斯科数学奥林匹克/苏淳　申强
全俄中学生数学奥林匹克(2007—2019)/苏淳
圣彼得堡数学奥林匹克(2000—2009)/苏淳
平面几何题的解题规律/周沛耕　刘建业
高中数学进阶与数学奥林匹克.上册/马传渔　张志朝　陈荣华
高中数学进阶与数学奥林匹克.下册/马传渔　杨运新
强基计划校考数学模拟试题精选/方景贤　杨虎
数学思维培训基础教程/俞海东
从初等数学到高等数学.第1卷/彭翕成
从初等数学到高等数学.第2卷/彭翕成
高考题的高数探源与初等解法/李鸿昌
轻松突破高考数学基础知识/邓军民　尹阳鹏　伍艳芳
轻松突破高考数学重难点/邓军民　胡守标
高中数学母题与衍生.函数/彭林　孙芳慧　邹嘉莹
高中数学母题与衍生.概率与统计/彭林　庞硕　李扬眉　刘莎丽
高中数学母题与衍生.导数/彭林　郝进宏　柏任俊
高中数学母题与衍生.解析几何/彭林　石拥军　张敏
高中数学一题多解.导数/彭林　孙芳慧
高中数学一题多解.解析几何/彭林　尹嵘　孙世林
高中数学一点一题型(新高考版)/李鸿昌　杨春波　程汉波
高中数学一点一题型/李鸿昌　杨春波　程汉波
高中数学一点一题型.一轮强化训练/李鸿昌　等
数学高考经典(6册)/张荣华　蓝云波
函数777题问答/马传渔　陈荣华
怎样学好高中数学/周沛耕

初等数学解题技巧拾零/朱尧辰
怎样用复数法解中学数学题/高仕安
直线形/毛鸿翔　等
圆/鲁有专
几何极值问题/朱尧辰
有趣的差分方程(第2版)/李克正　李克大
面积关系帮你解题(第3版)/张景中　彭翕成
根与系数的关系及其应用(第2版)/毛鸿翔
怎样证明三角恒等式(第2版)/朱尧辰
向量、复数与质点/彭翕成
极值问题的初等解法/朱尧辰
巧用抽屉原理/冯跃峰
函数与函数思想/朱华伟　程汉波
统计学漫话(第2版)/陈希孺　苏淳